유학원 거치지 않고 세부살이,
좌충우돌 정착 이야기

유학원 거치지 않고 세부살이,
좌충우돌 정착 이야기

초판 1쇄 발행 | 2019년 11월 29일

지은이 | 나애정
펴낸이 | 공상숙
펴낸곳 | 마음세상

주 소 | 경기도 파주시 한빛로 70 515-501

신고번호 | 제406-2011-000024호
신고일자 | 2011년 3월 7일

ISBN | 979-11-5636-377-4 (03910)

원고투고 | maumsesang@nate.com

* 값 13,200원

* 마음세상은 삶의 감동을 이끌어내는 진솔한 책을 발간하고 있습
니다. 참신한 원고가 준비되셨다면 망설이지 마시고 연락주세요.

이 도서의 국립중앙도서관 출판예정도서목록(CIP)은 서지정보유
통지원시스템 홈페이지(http://seoji.nl.go.kr)와 국가자료종합목록
구축시스템(http://kolis-net.nl.go.kr)에서 이용하실 수 있습니다.
(CIP제어번호 : CIP2019045739)

유학원 거치지 않고 세부살이,
좌충우돌 정착 이야기

나애정

마음세상

제 1 장

필리핀 세부, 어떻게 가게 되었을까나?

운은 사람을 타고 온다

현재 나는 필리핀 세부 빌리지에서 글을 쓰고 있다. 잠시 여행을 온 것이 아니라 6개월 세부살이를 하고 있다. 아이들은 학교에 갔다. 빌리지 바로 옆에 있는 사립학교에 다니고 있다. 아침 7시 50분까지 학교 간다. 아이들은 초등학교 4학년, 3학년. 아침에 점심 도시락 두개를 준비해서 아침을 먹이고 교복을 입혀서 학교에 보냈다. 학교는 바로 옆이라 데려다 주지 않아도 된다. 아이들이 나가고 나면 나는 간단히 아침식사를 하고 노트북을 켜서 글을 쓰기 시작한다.

가끔 이런 상황이 꿈만 같다. 얼마 전까지만 해도 나는 한국에 있었다. 그런데, 세부살이가 나의 일상이 된 지금 가끔씩 이것이 꿈이냐?, 생시냐?, 라고 묻는다. 정말 짧은 기간 준비해서 이렇게 필리핀 세부에 오게 된 것이다. 결정을 내리기까지 생각을 많이 했지만 결정을 내리고 나니 준비도 빨랐고, 비행기를 타는 것도 그리 오래 걸리지 않았다. 결정 후 딱 한 달 만에 모든 것이 완료되고 아이 둘과 함께 나는 세부를 오게 되었다. 돌이켜 생각해보면 참 신기하다. 이 곳에 오게 된 계기는 우연히 어떤 사람을 만났기 때문이다.

2017년 3월, 다니던 직장에 휴직원을 냈다. 그 동안 직장생활로 많이 지쳐 있었다. 또한 아이들은 늦은 출산으로 어려 집중적 케어가 필요한 그야말로 손이 많이 가는 나이였다. 결국 휴직원을 내게 되었다. 큰 아이가 초등학교 2학년, 작은아이가 1학년이었다. 마흔이 넘어 아이들을 낳아서 내 나이에 비해 아이들은 너무 어리다. 직장생활과 육아를 동시에 하기에 버거움을 느끼면서 삶이 무기력한 즈음에 나는 휴직을 한 것이다.

나는 고양여성회관에 공부를 하러 다녔다. 아이들은 학교에 가고 남편도 또한 제2의 직장에 잘 정착하고 착실하게 일하고 있었다. 아이들이 학교 간 시간에 뭔가를 배우기 위해 고양여성회관에서 하는 NIE 수업을 들었다. 수업 시간 중 같은 동네에 사는 나보다는 한참 어리고 그렇지만 야무진 D엄마를 만났다. 아이들 나이도 비슷하여 간혹 동네에서 만나기도 했다. 어느 날 D엄마는 세부살이에 대한 이야기를 했다. D엄마는 젊었을 때 세부에서 어학연수를 받았다고 한다. 그래서 세부살이에 대해 진지하게 고민하고 있었다. 물론 아이들 교육에 대한 이유가 가장 컸다. 그런 와중 만나는 다른 모임에서 어느 언니의 동생이 아이와 함께 세부에 있다는 소식을 접하고 한 번 방문을 하고 싶다는 생각을 했다고 한다. 하지만 엄두를 내지 못해 실천을 하지 못하고 있다가 그런 자신의 간절함을 이야기했다. 그래서 나는 여행 삼아 같이 가자고 이야기를 해주었다.

여름방학 일주일 전으로 여행 날을 잡고 항공권을 끊었다. 우리는 2박 3일로 여행 날짜를 잡았다. 방학도 하기 전이고 여행의 목적이 학교와 빌리지 사전 방문의 목적이 더 컸기 때문에 짧게 날을 잡았다. 첫 날은 게스트하우스로 둘째 날은 리조트로 숙박시설도 예약을 했다. 젊은 D엄마가 모든 일정을 짜고 예약도 했다. 역시 젊었을 때 해외에서 산 엄마라서 그런지 모든 것을 꼼꼼하면서도 빠르게 계획들을 세웠다. 나는 D엄마에게 정서적 지원 겸 하는 여행이었기에 D엄마의 계획을 믿고 따랐다. 아이들은 함께 여행을 간다는 그 자체로 신났다. 우리는 아들-딸, D네는 딸-아들, 나이도 비슷해서 만나기만 하면 여행 생각에 서로들 마음이 들떴다.

그렇게 여행 날이 되어 인천공항까지 함께 출발했다. 공항 리무진을 타고 공항까지 신나는 마음으로 버스와 함께 달렸다. 기내에서도 아이들은 들뜬 마음을 감추지 못했다. 4시간 30분 정도 비행기를 탄 이후 세부 막탄 공항에 도착했다. 게스트하우스에서 사람이 마중을 나왔다. 그 분의 밴을 타고 가는 중, 우리의 일정을 들으시고 우리가 방문하고자하는 학교를 먼저 방문하고 게스트하우스를 가는 것이 좋겠다고 했다. 게스트하우스는 세부 시내에 있고 학교는 공항 근처 막탄에 있기 때문이다, 라고 이야기했다. 세부에 왔다 다시 막탄을 오려면 차가 많이 막혀서 1시간이상 걸릴 수도 있다는 것이다. 그래서 그 분은 다른 팀을 픽업하러 가고 우리 일행은 택시를 타고 학교를 찾아갔다. 학교는 공항에서 15분~20분 거리에 있었다.

D엄마는 먼저, 지인의 동생, 세부에 살고 있는 동생 분에게 연락했다. 우리는 학교에 도착해서 학교 옆에 있는 빌리지로 갔다. 빌리지는 바로 옆에 있어서 금방 찾을 수 있었다. 우리는 지인 분 동생이 살고 있는 빌리지를 방문했고 학교도 견학하기로 했다.

빌리지는 새로 지은 집이다. 깨끗했고 1층이 아닌 2층집이다. 평수가 아주 넓지는 않지만 아이들이 좋아할 2층집이다. 나는 정말 전혀 알지 못하는 사람을 방문하기가 좀 미안스럽기는 했다. 그래도 외국에 나오면 한국 사람이 반갑고 가족 같은 마음이 들다보니, 처음 보는 사람이라도 그렇게 낯설지가 않았다. 에이미 집에 들어가서 집에 대한 설명을 간단히 들었다. 이 곳 빌리지 집은 세미퍼니처이다, 라고 했다. 세미퍼니처는 기본적은 큰 가구가 비치되어 있는 집이다. 에어컨, 소파, 농, 싱크대, 침대 이렇게 비치되어 있다. 살다보니, 세부에서 렌탈하는 집은 대부분 세미퍼니처 아니면 풀퍼니처이다. 기본적인 짐만 가지고 오면 충분히 생활이 가능하다는 이야기이다. 그것이 처음에 마음에 들었다. 2층도 올라가 보았다. 2층은 방 3개, 화장실 1개가 있었다. 2사람이 살기에 아주 넉넉하고, 3사람이 살기에도 넉넉하고 쾌적해보였다.

학교는 4시에 끝난다. 집 구경을 하다 보니 아이들이 하교하는 시간인 4시가 다 되었다. 4시에는 부모들이 아이들을 데리러 가고 교실까지 들어갈 수 있다고 한다. 그래서 우리 일행도 교실로 향했다.

학교는 사립학교로 아주 아담하다. 입구를 지나 교실로 가는 곳에 식물들이 화분에 심어져 있었다. 텃밭 같은 것도 있어서 그곳에는 잘 모르는 열대 식물이 심어져 있다. 교실은 들어가 보니, 아이들은 이제 집에 갈 준비를 한다고 어수선하다. 한 교실에 15명 정도 있다고 한다. 교실 문에는 아이들 이름이 붙여져 있었다. 물론 영어로 다 쓰여 있다. 지인 동생의 아들이 있는 반에는 한국아이들이 총 2명이다. 지인 아들과 여자아이 한명이 더 있었다. 나머지 아이들은 필리핀 아이들, 아니면 혼혈 아이들이 보였다. 한국 아이처럼 보였는데 물어보니 엄마는 필리핀인, 아빠는 한국인이라고 한다. 이렇게 한국인 혼혈아뿐 아니라 여러 나라 혼혈아들이 있어 보인다. 세부가 관광지고 외국에서 이주해서 사는 사람들이 많은 것과 연관이 있지 않을까 생각된다. 입구와 다른 곳으로 나오다 보니 아주 큰 강당이 있었고 매점도 3군데 정도 있었다. 강당에서 노는 아이들, 매점에서 줄을 서서 사먹는 아이들이 보인다. 아이들은 교복을 입고 있다. 노란색 상의와 곤색 바지와 치마를 입고 있다. 이곳 세부는 대부분 초등학생부터 교복을 입는다고 한다.

강당을 나오는데 정아가 이런 이야기를 한다.

"엄마, 여기 언젠가 한 번 와 봤던 것 같아!"

"그래? 처음 왔는데……. 어디 꿈에서 봤을까?"

라고, 대답하고 넘어갔다. 하지만 그것이 세부살이를 암시하는 것이었음을 나중에 알게 되었다.

세부살이는 우연한 기회로 나의 삶에 찾아왔다. 세부살이는 내 인생 계획에 미리 있지 않았다. 나 스스로 먼저 세부살이를 계획하고 세부를 방문 한 것은 아니었다. 알고 있는 동네 엄마가 간다고 해서 나는 여행 삼아 학교와 빌리지를 방문했다. 하지만 그것이 계기가 되어 지금 세부살이를 하고 있다. 돌이켜 생각해보면 참 인생이 신기하다. 휴직을 할 때만 해도 고민을 했었다. '내가 휴직까지 해야 할까?', 라고 생각했다. 휴직 하는 것은 왠지 무엇인가를 회피하는 일처럼 느껴졌기 때문이다. 나만의 고정관념으로 인해 휴직자체도 꺼려했었다. 정말 닫힌 사고였었다.

나는 결국 휴직을 했고 직장 밖의 사람들을 만났다. 만남은 그들의 사고와 문화 지식, 지혜를 직접적으로 얻는 계기가 되었다. 직장에서 만나는 사람은 나와 비슷한 생각을 가진 사람이 많다. 하지만 직장 밖의 사람은 만나는 사람의 수만큼 생각도 다양했다. 독서로 비유하자면 편식 독서에서 탈피하고 다양한 분야의 책을 읽는다고 할까? 다양한 사람, 다양한 생각의 만남은 나에게 인생의 새로운 계기를 마련해주었다.

내가 만약 휴직을 하지 않았다면, 내가 고양여성회관에 NIE수업 신청을 하지 않았다면, D엄마를 만나지 않았다면 세부에 있는 학교와 빌리지를 찾지도 않았을 것이다. 지금 세부살이를 하지도 않았을 것이다. 세부살이를 하게 된 경위를 거슬러 올라가 보니, 한 순간 한 순간이 그것을 위한 시간들이었음을 느낀다. 이렇게 과거의 한 순간 한순간이 현재 오늘이 있게 하는 것임을 인지할 수 있다. 그 중에서 특히 사람의 만남이란 것에 많은 의미를 둔다. 사람을 통해서 나의 운이 따라온다고 할 수 있기 때문이다. 나의 인생도 내가 만나는 사람과 함께 변화된다. 한 사람 한 사람이 소중하고 감사하다. 이 세부에서도 소중한 만남과 인연으로 인생과 삶이 계속 긍정적으로 변화될 것이다.

책을 읽으면서 자신감과 아이디어를 얻어라

나는 아침마다 독서를 한다. 일부러 독서를 위해 이른 아침에 일어난다. 내가 독서를 시작한 계기는 육아이다. 늦은 나이의 출산과 육아지만 육아에 대해 너무 몰랐기 때문에 독서를 하기 시작했다. 그렇게 시작한 것이 독서의 세계에 빠지게 했다. 독서를 위해 시간을 확보하기 위하여 잠이 누구보다 많은 나는 새벽기상도 도전했다. 그리고 차츰 새벽 기상을 습관화하면서 책을 읽었다. 새벽에 읽는 독서는 그 무엇과도 비교되지 않은 행복함이었다. 또한 새벽독서로 인해 아이디어를 얻고 그것을 삶에 적용해서 많은 인생 변화가 생겼다.

우선은 나는 책을 쓰는 작가가 되었다. 책을 읽다보니 나도 책을 쓰고 싶다는 생각을 하게 된 것이다. 책을 읽는 것과 쓰는 것은 동전의 양면과 같다. 책을 읽는 사람은 언젠가는 책을 쓰게 된다. 시간의 차이가 있을 뿐이다. 만약 새벽 독서를 하게 되면 책을 쓰는 시간이 단축된다는 점을 말하고 싶다. 책을 쓰고 싶다는 소망을 가지고 있다면 새벽에 일어나기를 권하고 싶다. 새벽에 몰입해서 읽으면 사고의 변화와 삶의 변화를 경험할 수 있다. 그리고 책 쓰기도 자연스럽게 도전하게 된다.

사고의 변화가 생긴 만큼 책 쓰기 외에 다양한 도전을 하게 되었다. 그동안 해보지 못한 다양한 경험에 도전하게 된다. 나는 책을 통해 가지게 된 자신감과 아이디어로 필리핀 세부살이도 도전하게 되었다.

'내가 만약 세부살이를 도전하고 시작하지 않았다면 지금 이 곳에서 집중해서 글을 쓸 수 있을까?'

'세부살이를 시작했기 때문에 아이들은 이 곳 사립학교를 다니고, 세부도착 두 달 만에 2개의 초고를 썼고 지금까지 쓰고 있다.'

세부에 와서 아이들은 사립학교에 다니고 있다. 한국에서 알파벳도 모르고 왔지만 잘 적응하고 집에 와서도 친구 이야기이며, 영어에 대한 이야기를 한다. 물론 소소한 문제는 있다. 예를 들어 영어를 너무 못해서 억울함을 당한 이야기나 둘째아이 같은 경우 같은 한국 아이들이 영어를 못한다고 자신을 놀렸다는 둥……. 소소하게 잡다한 일들은 있었지만 크게 문제되지는 않았다.

나도 이곳에 와서 초고를 계속 썼다. 탈고는 일단 뒤로 미루고 글 쓰는 것을 일상으로 만들기 위해 목차를 만들고 매일 초고를 썼다. 아이들이 4시에 돌아올 때까지 식탁에 앉아서 원고를 쓰다 보니, 온지 2개월 만에 여기에서 원고 2개를 완성했다. 여기 와서 쓴 원고 중 첫 번째 원고는 나의 첫 개인저서인 '하루 한권 독서법' 쓴 경험을 풀어내는 '책 쓰기'에 관련된 원고이다. 두 번째는 나의 사랑, '새벽'에 대한 이야기로 원고를 썼다. 그리고 세부에 와서 쓰는 세 번째의 이 원고가 세부정착이야기이다. 아주 단시일 내에 세 번째 초고까지 썼다. 아주 빠른 결과물을 얻게 되었다. 이것만으로도 세부에 온 보람을 느끼고 있다.

이렇게 세부살이를 시작한 2개월 만에 많은 변화가 있었다. 나폴레온 힐의 성공법칙에 나오는 대목처럼 시작했기 때문에 얻은 쾌거이다. 시작하지 않았다면 아이들은 현재 세부에서의 색다른 경험을 누리지 못했을 것이고 나도 2개의 초고를 완성하지 못했을지도 모른다. 책에 나오는 대목을 통해서 지금 내가 있는 이 곳, 세부에서의 생활에 대한 다양한 생각을 하게 된다. 또한 특별한 시간에 대한 감사함을 느끼게 된다.

이렇게 책은 나에게 생각을 할 수 있는 계기를 마련해준다. 미처 인지하지 못하고 지내던 부분을 명확히 알게 해준다. 또한 삶과 관련된 많은 아이디어가 불현 듯 번개처럼 떠오르게도 한다. 책을 통해 나는 생각하고, 책으로 나는 삶에 유익한 수많은 아이디어를 얻는다.

내가 세부살이를 실천하는데 용기와 자신감을 준 책이 있다. 그것은 네빌 고다드의《네빌고다드의 5일간의 강의》이다. 네빌 고다드는 소망 성취에 대한 이야기를 주로 했다. 살아 생전 강의를 다녔고 현재 그의 강의가 책으로 전해 내려오고 있다. 처음 접하는 사람 같은 경우 종교적인 색채를 느낄 수 있는 부분도 있지만 나에게는 전혀 문제가 되지 않았다. 나는 종교인도 아니고 그 책의 내용 중 나에게 도움이 되는 부분을 가지고 와 나는 삶에 적용시켰다.

자신의 욕망, 자신의 소망이 있다면 책을 읽으면서 소망 성취방법을 배우기를 바란다. 비록 자신감은 없지만, 비록 용기는 안 나지만 두려움을 극복하고 과감히 실천할 수 있는 방법들을 책을 통해 배울 수 있다. 네빌고다드의 책은 소망 성취 방법에 대해 알려준다. 모든 결과물은 자신의 의식으로부터 시작된다. 달성도 그 의식에 의해 이루어진다. 세부살이, 지금은 막막하지만 실제 세부에서 살고 있는 것을 상상했다. 그것을 남의 일이 아닌 나의 일처럼 느꼈다. 책에 나오는 대로 소망을 이루는 방법대로 그렇게 실천하면서 자신감, 용기를 얻고 다양한 아이디어까지 얻게 되었다.

책은 나의 삶을 코치한다. 책을 읽는 경우 책으로부터 많은 것을 얻게 된다. 사소한 정보에서부터 삶 전체를 관통할 수 있는 아이디어까지 다양하게 얻는다. 또한 정보를 얻는 것 뿐 만 아니라 아는 만큼 실천력이 좋아지게 된다. 즉, 새로운 도전을 끊임없이 하게 되는 것이다. 우물 안 개구리처럼 자신 사고의 틀에서 한평생 사는 것이 아니라 책에 나오는 내용을 나의 삶에 적용하는 것이다. 세부살이도 책을 읽지 않았다면 도전하지 못했을 것이다. 해외 살아보기가 모든 이들의 버킷리스트로 자리 잡았는 것을 보면, 그것이 꿈이 될 정도로 실천이 어렵다는 것이다. 하지만 책과 함께 하면 세부살이도 어렵지 않다. 세부살이 결정도 쉬워진다. 세부살이 달성 방법도 의식이 이끄는 대로 자연스럽게 깨닫게 되는 것이 많아진다. 책을 읽으면서 자신감과 아이디어를 계속 얻기 때문이다. 아이와 함께 해외 살아보기, 또한 세부살이를 버킷리스트로, 꿈으로만 간직하지 말자. 책을 읽으면서 세부살이 자신감과 아이디를 얻어라. 나는 책과 함께 한다면 세부살이 시작부터 정착까지 어렵지 않다는 점 다시 한 번 이야기하고 싶다.

어느 날 새벽, 세부살이를 결심했다

　나는 잠이 많은 사람이다. 독서를 본격적으로 하면서 새벽에 일어났다. 새벽시간을 활용하기 위해서이다. 처음에는 새벽기상이 불가능하다고 생각했다. 잠이라도 푹 자야한다고 스스로 합리화했다. 하지만 그것은 새벽에 일어나지 않는 변명이라는 것을 알게 되었다. 그 변명을 평생하고 살았다. 독서를 본격적으로 하기 시작한 5년 전까지 잠은 포기할 수 없다고 생각하면서 살았다.

　새벽에는 아이디어가 많이 생겨난다. 새벽에 독서를 하면 주변으로부터 방해를 받지 않고 독서에 몰입할 수 있다. 전화벨도 울리지 않는다. 특히 아이가 어린 엄마들일 경우 아이들로부터 잠시 해방되어 혼자만의 가치 있는 시간을 보낼 수 있다. 누구로부터 방해받지 않는 혼자만의 몰입시간을 가질 수 있다. 그 시간에 나는 책을 읽었다. 책과 함께 하면 수많은 아이디어가 떠오른다. 책과 나의 깊은 대화가 가능해진다. 읽는 책들이 나의 삶의 안내자이자 멘토가 된다. 책을 읽으면서 자신의 삶을 들여다보면서 적용할 생각과 아이디어들도 떠오른다.

《하루 한권 독서법》을 출간하게 된 것도 새벽의 결심 덕분이다. 책을 써야 겠다고 생각을 했다. 우연히 갑작스럽게 그런 생각이 들었다. 이런 생각을 하게 된 이유는 아마도 독서의 영향이라 생각한다. 그 당시 나는 독서를 본격적으로 하기 시작한지 5년이 지난 시점이었다.

나는 육아를 위해 독서를 시작했다. 육아문제를 해결하기 위해 책을 읽기 시작한 것이다. 마흔이 넘어 시작한 출산과 육아는 쉽지 않은 상황이었다. 육아를 도와줄 사람도, 육아에 대해 물어볼 사람도 없었다. 친정어머님은 연세가 많으셔서 주말부부이면서 직장생활을 하는 딸을 위해 아이를 봐주실 수 없는 상황이다. 물론 젊으신 부모님이라도, 아이를 맡기는 것은 부모님의 입장에서 바람직하지 못한 일이란 생각을 한다. 왜냐하면 부모님도 노후를 편안히 즐길 권리가 있기 때문이다. 그래서 나는 결국 육아휴직을 하게 되었다. 또한 육아에 대한 궁금증을 해결하기 위해 책을 읽기 시작했다. 육아서를 읽기 시작하면서 어느 정도 육아에 대해 알게 되자, 관심주제가 넓어졌다.

독서 중에 최고의 독서는 새벽독서이다. 처음 책을 읽을 때는 독서를 하는 것만으로 뿌듯함을 느꼈다. 책에 많은 공감과 감동을 받았다. 공감과 감동은 삶의 적용으로 이어진다고 생각했다. 하지만 적용은 잘 되지 않았고 기억도 가물가물했다. 당연한 결과이다. 모든 책을 다 나의 삶의 것으로 만들 수는 없다. 하지만 어수선한 상태에서 하는 독서나 몰입하지 않은 상태에서 하는 독서는 삶의 적용으로 이어지지 않았다. 읽을 때뿐이다. 하지만 새벽독서는 다르다. 새벽의 기운을 받아 받아들이는 것이 낮의 시간과 다르다. 두뇌도 가장 개운한 상태이다 보니 한 가지 정보를 보더라도 그것과 관련된 다양한 생각과 아이디어를 만들어낸다. 낮의 독서의 3배 이상의 효과가 새벽독서에서는 나타나는 것이다.

새벽독서의 가장 큰 나의 결실은 독서 5년 만에 《하루 한권 독서법》을 출간했다는 것이다. 책읽기와 책 쓰기는 동전의 양면과 같다. 한 몸인 것이다. 책 읽기를 꾸준히 하는 사람은 책 쓰기를 언젠가는 하게 된다. 책 쓰는 사람의 대부분은 책을 읽는 사람이라고 말할 수 있다. 책을 쓰고 싶다면 책부터 읽기를 권한다. 보통 책을 쓰는 작가님들을 보면 보통 독서 7년 만에 독서 10년 만에 책을 썼다고 이야기한다. 하지만 새벽독서를 하면 이 시기를 단축시킬 수 있다. 왜냐하면 새벽독서는 몰입독서가 가능하고 삶을 바꾸는 살아있는 독서가 될 수 있기 때문이다. 새벽독서를 한 것은 4년이다. 독서를 하기 시작하고 1년 뒤 더욱 많은 책을 읽기 위해 새벽에 일어나 책을 읽었다. 새벽독서한지 4년, 독서한지 5년째, 어느 날 새벽 문득 나도 책을 써야겠다는 생각을 하게 되었다.

책을 써야겠다는 결심을 하면 자연스럽게 책 쓰기와 관련된 행동이 따른다. 그 결심이 장난스럽게 한 결심이 아니면 그 결심을 달성하기 위해 노력하게 된다. 자신도 모르게 자신의 환경을 책 쓰기를 위한 환경으로 바꾸게 된다. 책 쓰기에 대한 아무 지식도 경험도 없는 나였지만 책 쓰기를 하기 위해 나의 사고를 바꾸고 사고를 바꾼 만큼 행동과 환경, 생활이 바뀌게 되었다. 책 쓰기 멘토를 찾게 되고 멘토의 조언에 맞추어 책을 쓰기 시작했다. 간절함이 있는 결심일 경우 방법은 얼마든지 찾을 수 있다. 방법보다 더 중요한 것은 결심이다. 하는 방법을 몰라, 라고 옆으로 치워두면 영원히 방법을 모르게 된다. 하지만 만약 하겠다는 결심을 한다면 그 방법은 찾게 된다. 의식, 무의식 자동

활성화되면서 그 방법을 찾고 나는 결심한 것을 이루기 위해 움직인다. 그렇게 해서 나는 인생 첫 책을 쓰게 되었다.

나의 세부살이도 마찬가지였다. 현재 세부에서 생활할 수 있는 것도 새벽 독서를 하던 중 결심이 있었기 때문이다. 책을 읽으면서 사람들은 많은 아이디어를 얻을 수 있다. 평소 생활할 때 전혀 생각하지 않은 새로운 아이디어를 얻는다. 새벽에 일어난다고 해서 이런 아이디어가 다 생기는 것은 아니다. 새벽에 일어났는데 그 시간을 운동을 한다면 상황이 좀 다를 수 있다. 쏟아지는 아이디어는 책을 읽었기 때문에 가능하다. 책에 나오는 단어나 문장을 통해 뇌는 자극을 받고 아이디어를 창조해낸다. 운동하는 것보다 독서가 더 많은 아이디어를 얻을 수 있다고 본다. 그래서 나는 새벽에 책을 읽으면 자신에게 가장 필요한 부분에 대한 아이디어를 얻을 수 있다고 지금도 믿고 있다.

책을 읽으면서 나는 해외살이는 지금이 적기라고 판단했다. 지금가지 않으면 아이들에게 특별한 추억을 만들 수 없다는 생각이 들었다. 아이들이 사춘기가 되기 전에 그 경험을 함께 하고자 한다면 지금이 바로 가야할 때라는 생각을 강하게 했다. 그렇게 반복해서 생각하면서 확신이 들었다. 새벽의 그런 생각들은 나에게 신념이 되었다. 새벽의 아이디어는 곧 현실로 나타나기 위한 전초전이라 할 수 있다. 지금 돌이켜 생각해보니, 새벽의 그런 생각들이 제대로 맞았다. 지금 세부에 오지 않았다면, 하고 생각만 해도 가슴이 철렁 내려앉는다. 그 정도로 세부에 온 것은 내가 잘 한 일 중에 하나라고 생각한다. 인생 첫 책을 쓴 것 만큼이나 세부살이는, 나에게도 아이들에게도 소중한 시간이 되고 있다.

새벽의 결심은 정확할 때가 많다. 새벽시간의 특별함이 있기 때문이다. 새벽시간에는 모든 것이 새롭다. 새벽공기도 새롭고, 나의 뇌도 새롭다. 전 날

쌓여있던 삶의 찌꺼기들이 깨끗하게 씻겨 나가고 새로운 상태가 된 느낌이 랄까? 비 오고 난 뒤 세상이 깨끗하게 씻기듯 그런 상태가 된다. 그리고 몰입의 시간을 쉽게 가질 수 있기 때문에 어떤 주제나 문제에 대해서 최고의 답을 찾을 수 있다. 내가 의식하지 못한 내면 깊은 곳의 욕구를 해결해주고 최선의 해결법도 찾게 된다. 신기할 정도로 새벽의 힘이 놀랍다.

　새벽에 독서를 하게 되면 많은 아이디어들이 샘솟는다. 감추어져 있던 지성이 책을 통해서 밖으로 들어난다고 할 수 있다. 이 시간에 내가 가장 원하는 것도 찾을 수 있다. 내가 원하는 것을 낮에는 잘 인지하지 못했다면 새벽에는 이것이 분명해진다. 결국 이것이 내가 가장 하고 싶은 것이란 것을 알게 된다. 그리고 그것은 나에게 기발한 아이디어가 되어 나의 삶으로 다가온다. 세부 살아도 그렇게 나의 현실이 되었다. 새벽 아이디어가 있었기에 나는 지금 세부살이를 하고 있다. 아이의 평생에 기억 될 특별한 추억거리를 우리는 만들고 있다.

세부살이를 결정한 3가지 이유

한국을 떠나 해외에 살아본다는 결정은 쉽지 않다. 하지만 그렇게 어렵지도 않다. 분명한 이유가 있다면 생각보다 쉽다. 새벽에 일어나 책을 읽으면서 세부살이에 대한 생각을 자주 하게 되었다. 여름 방학 전 아이들과 함께 다녀온 그 곳이 떠올랐다. 한 번 떠오른 생각은 계속 나의 머리를 자극했다. 그때 아는 엄마와 함께 아이들 총 4명을 데리고 갔었다. 2박 3일, 짧다면 짧을 수도 길다면 길수도 있는 시간, 오로지 학교와 빌리지 방문이 주 목적인 여행을 했다.

빌리지에 방문했을 때 2층 집이라서 아들은 아주 좋아했다. 한국에서 아들의 꿈이 2층집에 살아보는 것이었기 때문이다. 한국에서 대안학교 다닐 때 '두레모임'으로 한 달에 한 번씩 다른 집을 방문했다. 그때 2층 집을 방문했고 그 이후부터 2층 집 사는 것이 꿈이 된 수홍이, 세부 빌리지 2층집인 것을 보고 자기는 여기 한번 살아보고 싶다고 집을 보자마자 바로 이야기했다. 정아도 싫지 않은 기색이다. 잠깐 방문으로 아이들도 세부가 싫지 않다는 것을 알게 되었다. 오히려 좋아하는 느낌이었다. 나도 마찬가지로 좋았다. 그런 좋은 마음으로 있다가 방문 한 달 정도 뒤 한국에서 서서히 다시 그 집이 떠올리게 되었다. 새벽시간, 이것저것 생각하면서 이 집이 다시 생각났다. 그리고 그 생각은 세부살이 결심으로까지 이어졌다.

결심을 하기까지 많은 생각을 해보았다. 결국 나는 세부살이를 지금 아니면 못할 것이라 판단하고 결단을 내렸다. 세부살이를 결정하게 된 이유는 크게 세 가지이다.

세부살이를 결심하게 된 첫 번째 이유는 아이들이 어릴 때 엄마와 함께 추억을 만들어 주기 위해서다. 나는 지금이 가장 젊다. 늦게 얻은 아이들, 그렇기에 한 살이라도 젊은 지금, 나는 수홍이와 정아에게 색다른 추억을 만들어 주고 싶었다. 수홍이가 태어날 때 나는 벌써 불혹을 넘긴 나이이다. 다른 엄마들은 20대, 30대 젊은 엄마인 반면에 한참 늦은 나이이다. 수홍이의 입장에서는 다른 엄마들보다 훨씬 늙은 엄마를 가지게 된 것이다. 지금은 수홍이 아직 어려서 '우리 엄마는 나이가 많아'라고 생각 안할지 모르겠지만 좀 더 크면 그런 생각을 하게 될 것이다.

형부는 말씀하셨다.

"처제, 우리 어머님이 42세에 나를 나으셨어. 나는 어머니가 빨리 돌아가실까봐 항상 마음이 조마조마하고 불안했어. 아이들은 엄마가 나이 많은 것을 불안해 할 수 있어. 처제가 아이들 마음을 잘 보듬어 주어야 할 거야."

이 말을 듣고 나는 '아~ 그렇구나, 엄마, 아빠가 나이 많은 것이 아이입장에서 스트레스가 될 수 있구나.', 라고 생각하게 되었다. 그래서 나는 '지금,

한 살이라도 젊었을 때 아이들에게 좋은 추억을 남겨주자. 좋은 추억으로 엄마에 대해서, 건강하고 강한 이미지를 아이들이 가질 수 있도록 하자.' 라고 생각했다.

'우리 엄마는 나이는 좀 많지만, 다른 엄마들보다 더 많이 우리를 사랑하고 더 건강하시고 더 많은 것을 경험하게 해주신다' 라고 든든하게 생각했으면 하는 마음이다. 외국에서 사는 자체가 색다른 추억이다. 눈 뜨고 자고 일어나면 다 새로운 추억꺼리이다. 주변에 보이는 것, 들리는 것, 맛보는 것 등……. 오감으로 들어오는 모든 감각의 대상이 다 우리에게 잊지 못할 추억이 될 것이다. 지금은 일상처럼 느껴지는 세부살이가 시간이 지나 한국에 돌아가게 되면 좋은 추억거리로 마음에 남을 것이다. 아이들의 마음에 평생 추억으로 남으리라 생각한다.

세부살이를 결심하게 된 두 번째 이유로는 아이들에게 한국이 아닌 다른 나라에서 새로운 경험을 체험하게 하기 위함이다. 우물 안 개구리, 자기가 쳐다보는 하늘이 전부다, 라고 생각하고 사는 우물 안 개구리에서 다소 벗어나게 하고 싶은 마음이다. 한국이 아닌 필리핀에서 가난한 아이들도 보면서 자기가 얼마나 행복한 아이라는 것도 느끼게 하고 싶었다. 이때까지 영어의 '영' 자도 모르고 살아왔는데 영어라는 것이 공부의 대상이 아니라 단지 말하는 수단일 뿐이라는 것도 느끼게 하고 싶었다. 한국과 모든 것이 다른 환경에서 처음에는 적응하는 시간이 걸리겠지만 몸으로 부딪히면서 살아가는 과정의 체험도 필요하다고 생각했다.

아이들이 좀 더 어릴 때, 엄마와 함께, 엄마가 해주는 밥을 먹으면서, 편안하지만 나름 치열하게 살아남는 법을 배우길 바라는 마음이다. '살아남는 극기 훈련' 세부에 적응하기 체험이랄까? 그런데 아이들은 적응력이 좋아서인지, 엄마가 걱정하는 것보다 훨씬 잘 지내고 있다. 영어가 문제가 되지는 않는다. 말은 의사표현의 30%도 안 된다는 것이 맞는 것 같다. 바디 랭귀지가 전 세계 공통 언어라는 것이다. 영어 때문에 적응 못할 것이란 생각은 단순히 걱정 많은 어른들의 기우일 뿐이다.

나이 들어서 해외생활을 할 수도 있지만 그때는 엄마와 함께 하지 못할 가능성이 높다. 아이가 지금보다 더 크면 해외 생활하더라도 혼자서 하게 될 가능성이 높다. 지금 초등학생 저학년이니까 엄마와 함께 할 수 있는 것이다. 엄마와 함께, 엄마가 해주는 밥을 먹으면서, 편안하게 새로운 환경 접해보고 다양한 경험을 하게 하기 위해 세부를 오게 되었다.

세부살이를 결심하게 된 세 번째 이유는 엄마로서의 행복과 꿈을 쫓기 위해서이다. 해외 살이를 해보고 싶은 소망이 있었다. 한국에서만 살다가 죽고 싶지는 않았다. 색다른 환경, 색다른 문화를 접해보고 나의 의식을 확장하고 사고의 변화를 희망했다. 아이들로 인해 용기를 낼 수 있었다. 아이들에게 글로벌 시대에 맞는 마인드를 어릴 때 심어주고 싶은 마음에 과감히 도전장을 던졌다. 엄마가 행복하면 아이도 행복하다. 엄마의 행복이 아이의 행복으로 이어진다. 엄마는 아이의 절대적 환경이기 때문이다.

세부살이에서도 엄마가 우선 행복해야 한다. 엄마가 먼저 행복하지 못하면 아이도 행복하지 못한다. 아이의 추억, 아이의 새로운 환경 경험과 적응체험, 다 좋다. 그런데 엄마이기 때문에 희생을 감수해선 안 된다. 엄마도 엄마 자신의 행복감을 느낄 수 있는 목표가 있어야 한다. 세부살이를 통해서 엄마가 달성하고 싶은 목표와 꿈이 함께 있어야 지루하지 않고 진정 행복감을 느낄 수 있다. 그래야 아이도 잘 돌보고 함께 행복할 수 있다. 엄마의 행복에 대해 이웃에 사는 한국인 지인이 한 말이 생각이 난다. 그 지인은 아들 하나 데리고 여기 세부에 2년 동안 머물렀다.

"아들을 잘 키우고 싶으면 나한테 잘하세요. 그러면 그것이 다 아들한테 가요. 똑똑한 남편은 마누라한테 잘 한다고 해요."

라고 한국에 있는 남편한테 이야기했다고 한다. 세부에서 와이프들이 행복하면 그것이 아들 키우는데 긍정적 에너지로 변화된다. 엄마가 화나면 만만한 자식한테 화풀이가 간다. 엄마도 인간이기에 안타까운 일이지만 그렇게 되는 것이 진리이다. 똑똑한 아빠들은 이것을 알고 있는 것이다. 자식을 잘 키우고 싶으면 마누라한테 잘 해야 한다는 것을 본능적으로 알고 있는 아빠들, 아빠들도 힘들겠지만 해외에서 혼자서 아이 뒷바라지 하는 엄마들의 노고도 내가 직접해보니 만만치 않다는 생각을 한다.

세부살이를 계획할 때 엄마도 세부에서 할 수 있는 꿈과 목표를 가져야 한다. 세부살이 주 목적이 아이들을 위한 것이 커지만 엄마에게도 꿈과 목표가 있어야 한다. 아이만을 위한 희생을 생각해서는 안 된다. 나는 세부에 있는 동안 한국에 돌아갈 때까지 완성 초고본에 대한 목표를 세웠다. 아이들 학교간 사이에 집에서 초고를 쓰는 것이다. 목표를 가지고 그렇게 쓰다 보니 세부살이도 즐겁고, 생각보다 빠르게 초고를 완성하고 있다. 아직 탈고 전이지만 완성된 초고를 보면서 이것이 새로운 책으로 출간되겠구나 생각하니, 스스로 뿌듯하다. 오히려 한국에 있었다면 불가능했을 것 같다. 왜냐하면 한국에서는 가야할 곳도, 만나야할 사람도 많기 때문이다. 이곳에서는 갈 만한 곳도, 만나야할 사람도 극히 제한적이다 보니 시간을 많이 확보할 수 있었고 목표와 꿈을 착착 이루어가면서 즐거운 세부살이가 되고 있다. 세부살이, 원고쓰기에 딱 좋은 환경이다.

내가 세부살이를 해야겠다고 한 이유 3가지는 명확했다. 엄마가 나이가 많기 때문에 한 살이라도 젊었을 때 아이들에게 엄마와 함께하는 추억을 남겨주고자 했다. 아이에게 색다른 문화, 새로운 환경을 체험할 수 있도록 했다. 그리고 또한 아이들이 매일 색다른 체험을 하는 동안 나는 집에서 책 쓰는 작업을 꿈꾸었다. 세부살이 3가지 이유를 정하고 보니, 세부살이는 우리가 선택할 수 있는 최고의 선택이 되었다. 가야할 이유가 확실하다면 세부살이 준비는 빠르게 진행된다. 명분이 있는 일은 실현이 빠르고 흔들림이 없어진다. 만약 이유가 모호하다면 진행도 모호하게 된다. 중간에 그만두어도 상관없는 일이 될 수 있다. 세부살이 계획이 있다면 가야할 이유부터 찾아라. 이유가 명확하고 확실하다면 일사천리로 진행 된다. 세부살이 해야 할 이유, 최소 3가지 결정하는 것이 세부살이 진행의 시발점이 된다는 점 잊지 말자.

의식을 바꾸면 세부살이는 남의 일이 아니다

우리는 사는 대로 생각하면서 살게 된다. 바쁜 일상으로 생각할 여유가 없기 때문이다. 시간은 제한적이고 어느 순간 인생이 훅 지나간 것을 알고 후회할 수도 있다. 소중한 인생, 한번뿐인 인생인데, 내가 주체가 되지 못하고 세상에 이끌려 사는 인생이라면 얼마나 안타깝겠는가? 아무리 생활이 바쁘고 인생에 대해 1도 생각할 여유가 없다할 지라도 나의 인생은 소중한 것이기에 챙겨야 한다. 한 번쯤 그것에 대해서 진지하게 생각해보는 시간을 가지자. 그렇지 않으면 항상 바쁘게만 사는 일상의 반복으로만 생이 끝날 수도 있다.

도저히 여유를 찾을 수 없다면 나는 인위적으로라도 환경을 바꾸라고 강조하고 싶다. 직장 휴직을 할 수 있다면 휴직이라도 해라. 단 하루라도 연가를 받아서 어디 경치 좋은 곳으로 훌쩍 떠나라. 인간은 환경의 영향을 많이 받기 때문에 때론 그런 방법도 좋다. 다람쥐 쳇바퀴 돌 듯 생활이 바쁘기만 하기 때문에 나의 인생을 고민하지 못한다. 하지만 가끔은 여유로운 새로운 환경에서라면 꼭 챙겨야할 가장 중요한부분에 대해서 생각한다. 즉, 나의 꿈, 목표, 지금 내가 가장 하고 싶은 것들을 생각하게 된다.

나의 인생 소중한 부분을 챙기면서 살 수 있는 또 한 가지의 방법이 있다. 사는 대로 생각하기보다 내가 생각한 대로 살아가는 것이다. 나는 책을 통해서 생각할 수 있다. 나의 생각은 내가 읽는 책을 따라 긍정적으로 변화된다. 목표 지향적이 되며, 내가 정말 원하는 것을 알게 된다. 왜냐하면 책은 우리 사고의 환경이 되기 때문이다. 읽은 책의 내용과 그 책을 쓴 작가의 영향을 받게 된다. 감동을 받거나 공감한 대목이라면 하루 종일 나의 머리에 남아 있게 된다. 나의 머리에 남아 나의 사고에 영향을 미친다면 그 사고 한 방식대로 나는 살아가게 된다.

책을 읽을수록 책에 나오는 성공한 사람들을 따라하게 된다. 학창시절 공부 잘하는 아이들이 수업 후 단 5분이라도 복습을 하는 것을 보고 따라했더니 성적이 오른 경험이 있다. 건강에 신경을 많이 쓰는 친구가 무엇을 먹는지 보고 그것을 사서 먹었더니 몸에 좋은 변화가 생겼다. 책 쓰기를 하기 전에 어느 작가의 첫 책을 필사하고 반복 연습하면서 꼭지 A4 2장반을 쓰는 기술을 몸으로 익혔다. 그런 것처럼 책을 읽고 책에서 나오는 성공한 사람들의 생각, 태도, 행동대로 따라하게 되는 것이다. 특히 사고는 중요하다 사고가 모든 행동의 씨앗이 되기 때문이다. 생각의 차이에 따라 행동의 차이가 나타난다. 행동의 차이는 생활의 차이를, 삶의 차이를, 인생의 차이를 만든다.

세부살이를 결심하고 준비하는데 도움을 준 것도 역시 책이었다. 세부에 지인이 없다. 단지 세부살이를 마음에 간직한 동네 엄마와 함께 아이들 방학 전, 2018년 7월초에 잠깐 필리핀 세부에 있는 가정집을 방문한 것이 다였다. 그전에 필리핀을 여행하기는 했다. 하지만 패키지여행이라 여행간 장소도,

감흥도 가물가물할 뿐 필리핀에 대한 기억이 거의 없다. 한마디로, 아는 지인도 없고, 아무런 정보도 없는 곳에 살겠다고 결심을 한 것이다. 거기에다가 영어도 귀머거리, 벙어리 수준이다. 거의 십 수 년을 학교에서 공부했지만 무용지물이었다. 무모한 용기일 수도 있는 이 세부살이, 강한 열망뿐이었다. 다른 조건은 너무나 안 받혀 주는 상황이었다. 그래도 나는 책을 읽으면서 위안을 얻고 아이디어와 방법을 찾았다.

책은 어떤 계획을 추진하는 과정에서도 지원자의 역할을 한다. 책을 읽으면서 많은 아이디어를 얻는다. 책을 통해 아는 만큼 아이디어도 얻고 실천도 한다. 쉽게 말해서 남들이 하지 않는 도전을 하게 한다. 책을 꾸준히 읽다보면 행동이 달라지는 것을 알 수 있다. 특히 몰입독서나 새벽독서를 하게 되면 행동의 변화, 생활의 변화를 많이 느낀다. 이렇게 아이디어와 행동의 변화를 안겨다 주는 책이 하는 또 하나 중요한 부분이 있다. 어떤 꿈이나 목표가 있다면 그것을 꾸준히 밀고 나가는 힘을 얻을 수 있다는 것이다. 책에 있는 수많은 주옥같은 내용들이 용기와 인내, 끈기를 가질 수 있도록 도와준다.

내가 매일 아침 포스팅 독서법으로 읽고 있는 나폴레온 힐의 《나폴레온 힐 성공의 법칙》에 이런 내용이 나온다. 포스팅 독서법은 책을 읽고 블로그에 글을 쓰는 독서법으로 나 스스로 그렇게 부르고 실천하고 있다.

"욕망으로부터 성취로 가는 단계이다. 우선적으로 '불타는 욕망'이 있어야 하고 다음으로 그 욕망을 '명확한 중점 목표'로 구체화시켜야 하며 마지막으로 그 목표를 달성하기 위해 충분하고도 적절한 '행동'을 취해야 한다. 반복하지만 성공을 이루기 위해 이 세 단계는 반드시 거쳐야 할 필수요건인 것이다."

'세부살이'는 하고 싶은 마음은 강하게 있는 불타는 욕망이라고 할 수 있다.

살다보면, 이것만은 꼭 하고 싶어, 라고 생각 하는 것이 있다. 갖고 싶고, 되고 싶고, 먹고 싶고, 욕구가 다양하다. 이중에서 하고 싶은 것, 되고 싶은 것이 좀 더 많은 인내와 노력이 요구된다. 세부살이 같은 경우에는 하고 싶은 것으로, 한국에서가 아니라 외국에서 살아보는 것이기에 결정을 내리기 쉽지가 않았다. 과정이 아주 복잡하다고 여겼다. 하지만 실제는 그렇지 않았다. 복잡한 것은 나의 생각이었지 현실은 아니었다. 나는 아주 단 시간 내에 준비를 마치고 세부 행 비행기를 탈 수 있었다.

단시간 내에 세부살이 준비를 마칠 수 있었던 것은 위 대목에 나왔듯이, 나의 욕망에 따른 명확한 중점 목표를 정했기 때문이다. 나의 명확한 중점목표는 9월중에 세부살이를 시작하는 것이었다. 이것을 간결한 문구로 작성했다.

"2018년 9월부터 세부살이 시작한다."

이렇게 작성하고 벽에 붙여놓았다. 눈에 잘 보이는 곳에 붙여놓았다. 오며 가며 한 번씩 보면서 읽어보기도 하고 귀찮으면 눈으로만 읽고 지나갔다. 머리에 세뇌가 안 될 수가 없다. 이렇게 되면 이것은 믿음이 되고 나의 신념으로 바뀐다. 나의 뇌는 목표에 맞추어 작동을 개시한다. 목표를 명확히 정하고 기록함으로써 우리는 뇌도 우리가 조정할 수 있다. 나의 중점목표가 뇌에 완전히 장착되어 그것에 대한 믿음이 생기면 행동은 부차적으로 따라온다.

세부살이 목표를 이루기 위해 나는 어떻게 하면 갈 수 있을지 방법을 먼저 생각했다. 이것은 행동에 대한 사고이다. 목표 달성을 위한 계획이라고 할까?, 큰 목표에 실천계획을 세우는 과정이라고 할 수 있다. 일단 유학원을 알아보았다. 유학원은 가격이 고가이다. 그리고 대부분 숙식이 해결되는 프로그램위주였다. 그래서 생각한 것이 사전방문을 함께 한 D 엄마에게 연락을 해서 세부살이에 대한 나의 마음을 전했다. 그러자 D 엄마는 현재 세부살고 있는 사람, A가 있는 단톡방에 나를 초대했다. 간단히 인사를 드리고 나는 A와 개인톡으로 세부살이에 대해 물어보았다. 그렇게 해서 개인톡으로 연락하고 세부살이를 준비하게 되었다. 자신의 마음을 표현한다는 것은 중요하다. 자신이 하고 싶은 일들에 대해 표현하는 것에서부터 나의 목표는 서서히 달성을 향해 진행되는 것이다.

나는 세부살이를 단순히 소망하지만 않았다. 나는 믿었다. 내가 세부살이를 하는 것에 대해 의심하지 않고 당연히 일어날 일이라 생각했다. 소망하는 것과 소망한 것을 이루었다고 믿는 것은 정말 다르다. 비슷한 것 같지만 아주 다르다. 소망하느냐, 소망하는 것이 달성되었다, 고 믿느냐에 따라 실제 소망성취는 결정된다. 단순히 '소망하는 것'은 아직 이루어지지 않았고 이루어질 수도 있고 안 이루어질 수도 있다는 것을 내포하고 있다. 하지만 '소망한 것이 이루어지리라 믿는 것'은 오로지 이루어진다는 것만을 나의 머리에 입력하고 그것만 집중한다. 만에 하나 안 일어난다는 부정적인 가정은 아예 없다.

소망에 대한 긍정적 결과를 믿고 생각하면 믿는 대로, 생각한대로 그대로 되기쉽다. 긍정적인 마음으로 사람을 대하면 그 마음이 그 사람에게도 전달되어 모든 것이 즐겁고 긍정적인 만남을 가질 수 있듯이 소망성취도 마찬가지이다. 나 자신에게 굳이 소망성취에 대해 긴가민가한 마음을 심어줄 필요가 없다. 오로지 소망성취에 대한 긍정적인 마음으로 긍정적인 결과를 끌어들이면 된다. 이것은 얼마든지 우리가 할 수 있는 일이다. 이런 의식이 있다는 것을 알고 마음에 가지고 있으면 소망성취는 쉬워진다. 내가 원하는 세부살이도 그렇게 어렵지 않게 된다.

모든 것은 자신의 의식이다, 라는 말도 있다. 자신이 믿고 생각하는 대로 현실로 나타날 가능성이 높다는 것이다. 어떤 저자는 의식이 전부이다, 라고 말하기도 한다. 부정적인 생각으로 머리가 꽉 찬 사람은 현실에서 자꾸 부정적인 일들이 생긴다. 자신의 믿음과 생각대로 현실이 돌아간다는 사실을 알지 못한다면 자꾸 이런 일들이 생길 수 있다. 소망 또한 마찬가지이다. 자기가 하고 싶은 소망이 있다면 소망성취를 위해 믿음을 가져라. 분명한 목표도 작성하고 그 목표를 잘 보이는 장소에 붙여서 오며가며 읽기도하고 보기도 하면서 그것에 대한 신념을 키워라. 나의 소망 성취는 시간이 지나면 나의 현실이 되는 것이 당연하다고 믿길 바란다. 믿으면서 행동으로 노력한다면 믿는 대로 현실이 된다. 참고로 나는 비종교인에 가깝다. 하지만 내가 믿는 대로 현실이 되는 것을 생활에서 자주 체험하고 있다. 나의 '세부살이'도 이런 믿음의 과정을 통해서 가능하게 되었다. 먼저 자신의 목표가 이런 과정을 통해 현실이 된다는 사실을 제대로 알아야 한다. 자신의 의식을 세부살이 상태에 집중하고 믿음을 가지고 준비한다면 세부살이도 남의 일이 아니고 나의 일이 된다.

세부생활을 구체적으로 상상하라

내가 생각한대로 나의 세상은 그렇게 돌아간다. 만약 내가 원하는 것이 있다면 그것을 나의 의식에 심어야 한다. 구체적이고 세세한 부분까지 심으면 그것이 나의 의식을 채우게 된다. 되고 싶고, 하고 싶고, 갖고 싶은 것, 모든 소망을 자신의 의식에 먼저 채워야 그것이 나의 현실로 나타난다고 강조한다. 과학적으로 이론적으로 그 과정은 알 수 없다. 하지만 과거의 기억을 통해 부정적인 것이든 긍정적인 것이든 나의 생각대로, 나의 의식대로 일이 풀려나간 경험들이 실제 있다. 직감적으로 의식이 그대로 현실이 된다는 말이 맞다는 생각을 하게 된다.

재수하고 대학교 입학할 때가 생각난다. 나는 국군 간호 사관학교 시험을 9월에 봤다. 시험을 보기 전에 그런 학교가 있는지도 몰랐다. 언니를 통해서 알게 되었다. 9월 전, 언니가 원서를 사서 가지고 와서 말했다.

"미리 시험을 보는 학교야. 너의 실력을 테스트할 겸 한 번 보는 것도 나쁘지 않을 것 같다."

나도 언니의 생각과 같았다. 그 당시 나는 재수를 시작하면서 언니가 있는 서울로 와서 공부를 하고 있었다. 나는 종합반도 아니고 단과 반 학원을 다녔다. 고등학교 생활이 너무 지겨워 자유롭게 공부를 하고 싶은 마음에 단과 반을 선택했다. 단과반이라 내가 공부를 잘 하고 있는지 어떤지 특별히 알 수가 없는 상황이었다. 돈 내고 일부러 모의고사도 보기도 하는데, 그럴 바에야 대학 시험을 함 보자, 라는 생각을 하게 되었다. 미리 시험을 보는 것이라 안 볼 이유가 없었다. 그렇게 해서 나는 시험을 보게 되었고 다행스럽게도 1차 합격을 했다. 1차 합격 후 2, 3차까지 시험이 있다. 2차는 면접, 3차는 서류를 검토하는 과정이다. 2차 면접만 무사히 통과하면 거의 합격이나 마찬가지이다.

1차 시험 합격을 하고 나서 나의 마음은 완전히 국군 간호 사관학교에 집중하였다. 그때부터 국군간호사관학교에 대한 모든 자료를 찾아서 읽기 시작했다. 홈페이지에 들어가 보고, 군에 관련된 내용들도 알아보았다. 그 곳에 대해 알면 알수록 꼭 합격하고 싶은 마음이 커졌다. 생도가 되면 학자금이라고 해서 매달 용돈도 받을 수 있다. 기숙사생활은 물론 영내에서 사용하는 모든 물품, 개인 물품까지 다 지원이 된다. 돈 한 푼 내지 않아도 대학생활을 할 수 있는 것이다. 대신 의무복무 기간이 있다는 것도 알게 되었다. 대략 5년에서 6년간 의무복무를 해주어야한다는 사실은 다른 사관학교와 같다. 졸업하면 간호사 시험을 봐서 간호사 면허증도 취득하고, 바로 소위로 임관하여 시간이 지날수록 의무적으로 대위까지 진급을 한다는 사실도 좋았다. 지위와 명예를 함께 보장받을 수 있다.

가고 싶은 열망이 커질수록 면접에 대한 부담감이 커졌다. 그것에 대한 욕망이 커질수록 불안한 마음에 부정적인 생각도 함께 따라오게 된다.

'만약 입학에 실패한다면 어떡하지?'

라고 생각하니 잠이 오지 않았다. 결국 면접 전날 나는 병원 응급실을 찾았다. 목에서 피가 넘어왔다. 각혈인 것이다. 그 전에 그런 일이 한 번도 없었고 그때이후 지금까지 한 번도 일어나지 않았다. 처음이자 마지막인 이해할 수 없는 증상이 나타난 것이다. 간혹 간이 나쁜 사람 중에 입에서 피를 토하는 사람이 있는데, 나는 간도 나쁘지 않다. 지금까지도 그것이 미스터리로 남아 있다. 병원에서 거의 밤을 새우고 그 날 아침 기운 없이 면접을 보러 갔다. 그렇게 병원에서 밤을 꼴딱 새면서도 나는 합격 후 생도생활을 상상했다. 그런 상상 때문인지 부담이 되고 걱정은 되었지만 마음 한 편에서는 내가 원하는 데로 잘 풀릴 것 같은 예감이 들었다. 긍정적인 예감 덕인지 나는 면접에 합격을 했다. 그리고 3차까지 서류과정도 무사히 통과하고 결국 '국군 간호 사관학교' 입학을 하게 되었다.

세부살이를 결심하고도 나는 이런 비슷한 느낌을 받았다. 세부에서 생활을 곧 할 것 같은 예감을 느꼈다. 모든 것이 마음의 결정을 하기까지 어렵지, 결정을 하고 나면 그 다음은 자연스럽게 행동으로 시작하게 된다. 하나씩 하나씩 세부살이를 하기 위해 필요한 것들을 찾아서 준비하게 된다. 나의 의식에는 '세부살이'라는 과제가 꽉 차 있어 모든 일들이 그것과 연결되어 생각하고 행동하게 된다. 마음의 결정, 목표의 힘이라고 할 수도 있다.

세부살이 결정을 하기 전부터 나는 세부살이를 상상했다. 한 번 방문을 한 곳이기에 나는 더욱 세세하고 구체적으로 상상 할 수 있었다. 교복 입은 필리핀 아이들을 보았기에 나는 수홍이, 정아에게 상상으로 교복을 입혀보았다. 노란색 상의에 남색 하의, 수홍이는 바지를 입고, 정아는 치마를 입고 있다. 교복 입은 모습이 어색하지 않았다. 단정하게 교복을 입고 환하게 웃는 모습이 훤히 보이는 듯했다. 그리고 아이들이 아침에 학교를 가고나면 나는 아이들이 등교하기 전 어지러운 놓은 집안을 청소한다. 2층 집이다 보니 청소할 것이 좀 많을 것이다. 이리 저리 벗어놓은 아이들 옷을 챙겨서 옷걸이에 걸고, 이불을 개서 방을 정리하고, 청소를 하고 빨래를 세탁기에 넣어 돌리고……. 등, 한국에서처럼 청소하고 빨래하고 그렇게 한다. 그리고 간단히 아침도 챙겨먹는다.

그리고 가장 중요한 나의 일, 원고를 쓴다. 원고는 매일 쓴다. 세부살이 하는 내내 쓴다. 세부살이가 6개월이면 6개월 내내 쓰고, 세부살이가 1년이면 1년 내내 매일 한 꼭지 이상씩 쓴다. 세부에서 원고쓰기는 세끼 밥 먹는 것처럼 매일 쓰는 일상이 되는 것이다. 세부에서 매일 책을 쓰는 여자로 살아가는 것이다. 세부에 대해서 잘 알지도 못하고, 영어도 짧다 보니, 할 수 있는 최고의 일이 글 쓰는 일이 된다. 간간히 튜터 불러서 영어공부도 하고 그렇게 한 가지 일, 원고 쓰는 것에 집중하면서 세부살이 하는 나의 모습을 상상했다.

아이들이 학교 갔다 오면 아이들은 이웃에 사는 빌리지 아이들과 논다. 영어로 이야기도 나누면서 신나게 노는 아이들 모습을 상상했다. 삭막한 회색빛 아파트 사이에서 노는 것이 아니라 자연과 더불어 공부의 스트레스도 없이 그냥 아이들 본성그대로 지낼 수 있게 되는 모습이 연상되었다. 아이들 영어도 점점 는다. 처음에는 알파벳도 모르지만 시간이 지날수록 영어로 한 두 마디 하는 횟수가 늘어난다. 그러다가 외국아이들과 영어로 말하면서 노는 것을 목격하고 놀라는 상상도 해보았다. 상상은 행복하다. 세부살이 상상을 구체적으로 하면서 입가에 웃음이 절로 나온다.

상상으로 세부살이를 느낀다. 구체적이고 생생하게 상상하면서 그것은 나의 현실로 당연히 오게 된다. 내가 인식하지 않은 것은 현실이 되지 않는다고 했다. 내가 상상하면서 나의 머릿속에서 구체화되지 않은 일들은 현실로 드러나기 어렵다. 나의 의식이 먼저 있고 현실이 나중에 따라오는 것이다. 하고 싶은 욕구나, 이루어질 상황에 대한 뚜렷한 그림 없이 세상에 일어나는 일은 한 가지도 없다. 세부살이를 생각하고 있다면, 당연히 세부에서 어떻게 살고 어떤 일들이 일어날 것이라는 것을 구체적으로 상상해라. 상상한 만큼 그것은 나의 믿음이 되고 믿고 그것을 당연히 느낀 만큼 현실로 빨리 일어난다. 최대한 구체적으로 생각하면서 상상해라. 새로운 경험, 새로운 기회, 놀라운 결과물이 함께 하는 세부살이가 당신의 현실이 되길 바란다.

한 달 만에 세부 행 비행기를 탔다

　한국에서 세부에 집이 나올 때까지 기다렸다. 학교는 사전 방문한 세부 바로 옆의 막탄에 있는 사립학교로 정했다. 사는 곳도 학교 바로 옆 빌리지이다. 사전 방문한 그곳이 우리의 세부터전이 되는 것이다. 그 당시 그 빌리지에 빈 집이 없다고 했다. 그래서 집이 나오기를 기다리면서 준비해야할 것들을 하나씩 준비하기로 했다. 준비해야할 것은 크게 두 가지이다. 세부에 가지고 갈 짐들과 필요한 서류이다. 서류는 생각 외로 어렵지 않았다. 세부에서 사용해야할 물건들은 이민가방을 구매해서 거실에 펼쳐놓고 오며 가며 수시로 가방에 넣었다.

　서류의 대부분은 아이들과 연관이 있다. 세부에 가서도 학교를 다녀야 하기 때문이다. 학교에 제출할 서류를 준비했다. 우선 현재 아이들이 다니고 있는 학교에 가서 세부살이에 대해서 알려야 하지만 완전히 확정이 될 때까지 보류했다. 물론 그 전에 상담은 미리 받는 것이 좋다. 완전한 확정은 항공권을 구매한 이후가 된다. 우선 학교 입학을 위한 서류를 준비했다.

　학교 관련해서 필요한 서류는 생각보다 어렵지 않다. 이 곳은 테스트가 없이 입학하는 학교이다 보니 더욱 간단한 것 같다. 한국에서 아이들은 고양자 유학교 대안학교를 다녔다. 그곳에서 인지교육을 최대한 뒤로 미룬다. 아이의 발달수준에 맞추어서 교육을 하는 대안학교이다. 그래서 영어공부 시작시 기도 일반학교에 비해서 늦다. 4학년 때부터 영어공부를 시작한다. 수홍이, 정아는 영어를 거의 접하지 않았다. 단지 애니메이션을 영어로 보는 것 외에는 영어에 대해 전혀 접할 기회는 없었다. 사실 알파벳도 잘 모른다. 그래서 입학 테스트가 없는 이곳이 수홍이, 정아에게 딱 맞는 학교이다. 학교에서 영어에 노출되다보면 살기 위해서도 생존영어를 배울 것이라는 추측을 했다. 필요한 서류는 영문 출생증명서, 가족관계증명서, 재학증명서, 사진정도 이다.

아이 학교와 관련해서 서류 준비에 가장 애로사항이 있었던 것은 영문 출생증명서를 떼는 것이었다. 영문 출생증명서는 아이가 태어난 병원을 찾아야 한다. 수홍이, 정아는 수원에 있는 산부인과에서 태어났다. 수홍이가 현재 10살이니까 벌써 9년 전의 병원이었다. 물론 작은 병원이 아니었기에 병원이 없어졌을 것이란 걱정은 하지 않았다. 인터넷으로 병원을 검색하니, 비슷한 다른 이름이 검색되었다. 요양원의 이름이 자꾸 검색되었다. 다행히 병원의 주소를 대충기억하고 있어서 주소를 확인하니 그 요양원의 주소와 같아 그곳에 전화를 했다.

"혹시 그곳이 산부인과는 아닌가요?"

라고 조심스럽게 질문을 하자, 그쪽에서 답을 주었다.

"아~ 맞아요. 산부인과와 요양원을 같이 하고 있어요."

그 소리에 천만다행이란 안도감이 생겼다.

'이런 산부인과 없어지면 어떡해야 하나? 해외연수의 가능성을 미리 생각하고 큰 병원을 이용해야하나?' 그런 생각을 했다. 병원도 요즘은 많이 생겼다 없어지는 경우가 많아서, 그런 생각을 안 할 수가 없었다. 내가 이용한 산부인과는 다행히 건재하고 있어 안심했다. 하지만 혹시 병원이 없어졌더라면 어떡해야하나 궁금증이 생겼다.

그런데 또 문제가 있었다. 출생증명서 떼는 것이 왜 이렇게 어려운지? 무조건 직접 병원을 방문해야한다는 것이다. 일산과 수원. 물론 갈 수도 있지만 굳이 그 한 가지 방법밖에 없는가? 하는 생각을 했다. 만약 해외에 사는 사람이 출생증명서가 필요하면 어떡하겠는가? 물론 그런 상황에서 다른 방법이 없지는 않을 것이다. 우편으로도 안 된다고 했다. 오로지 직접방문만 가능하다고 해서, 세부살이로 마음도 몸도 분주한 가운데 그곳을 찾아갔다. 그렇게 해서 어렵게 영문 출생증명서를 뗄 수 있었다. 영문출생증명서를 떼고 나니, 모든 준비를 다한 듯한 기분이 들었다.

여권 남아 있는 날짜를 미리 확인해야한다. 여권 유효날짜가 얼마나 남아 있는지 확인해야한다. 세부 6개월 살이를 생각하고 가면서 지금으로부터 2개월 남은 여권을 가지고 있다면 세부에 가서 복잡해진다. 한국에서 나갈 수는 있지만 세부에 사는 동안에 여권 유효날짜가 지나서 세부에서 한국여권을 만들어야 하는 상황이 된다. 또한 6개월 살이로 각오하고 가더라도 사람의 마음이 변해 더 있을 수도 있기 때문에 여권 유효기간은 넉넉히 남기고 가는 것이 좋다.

국제운전면허증을 준비한다. 국제운전면허증은 1년 유효하다. 공식적으로 1년 유효하지만 필리핀 현지에서는 3개월 이후부터는 현지운전면허증이 필요할 수 있다고 한다. 나라마다 조금씩 다른 것 같다. 국제운전면허증은 운전면허증만 있으면 가까운 경찰서에서 발급이 된다. 시간도 금방이다. 하지만 운전면허증이 없을 경우 조금 문제가 된다. 경찰서에서 운전면허증을 신청할 경우 최소 1주 이상이 걸린다고 한다. 빨리 하는 방법도 있다. 운전면허

시험소에 가서 신청한다면 거의 하루 만에 가능하다고 한다. 그 당시 나는 운전면허증을 찾을 수가 없었다. 그래도 운전면허시험소를 찾아가는 것이 엄두가 나지 않아서, 다시 한 번 더 찾아보기로 했다. 다행히 사용하지 않던 오래된 가방 안에서 운전면허증을 찾았다. 다시 가까운 경찰서로 가서 그날 바로 국제운전면허증을 발급받을 수 있었다. 갈 때 사진도 챙겨가야 한다. 혹시 모르니까 인터넷으로 다시 한 번 더 정보를 확인하고 가까운 경찰서를 방문하면 된다. 가족관계증명서는 요즘 발급받기가 아주 쉽다. 자신이 사는 동네가 아니라도 어느 곳에서나 동사무소를 방문하면 가능하다. 영문 등본도 손쉽게 뗄 수 있어서 좋았다.

항공권을 예매한 이후에는 세부 가는 것이 확정이 된다. 확정된 이후에 한국 학교에 정식으로 세부살이에 대해서 알린다. 우리 아이들은 대안학교를 다니고 있었고 학교 규정에 해외연수에 대한 특별한 부분이 없어서 자퇴의 형식을 취하게 되었다. 단 한국에 복귀해서는 다시 입학하는 방법으로 진행하기로 했다. 입학할 때 다른 편입의 방법 그대로 간단한 면접을 통해서 재입학하게 될 것이다. 대안학교로부터 필요한 재학증명서를 영문으로 받았다. 또한 사립학교에 입학한 후 학교 다니면서 추가로 필요한 서류가 있었다. 그것은 아이들이 한국에서 받은 상세 교육내용이다. 그것도 중간에 부탁을 해서 이메일로 받아 학교에 제출했다.

비자는 특별하게 필요 없다. 여행 가듯이 간다. 즉, 관광비자로 세부에 들어간다. 아이들은 관광비자가 있지만 학교에 입학하면서 학생비자를 신청해서 받게 된다. 처음에 나는 이것이 몹시 궁금했었다. 자세히 물어볼 데도 없고 너무 쉬운 질문인 것 같기도 해서 질문하기도 쑥스럽고 해서 그냥 눈치로 비자가 없어도 되는구나, 라고 생각했다. 그냥 물어보면 될 것을, 사람은 때론 이해할 수 없는 행동을 할 때가 있다. 그래도 눈치가 적중했다. 관광비자는 주기적으로 기간을 연장한다. 아이를 필리핀 학교에 등록하고 학생비자가 나오면 첫 한 달이 지나기 전에 비자 연장을 하면 된다. 아이가 학교에 다니고 있으면 비자 연장하는 것이 어렵지 않게 된다. 아이의 학생비자는 여권에 붙여 두고 이민국에서 확인할 수 있도록 하면 된다. 결국 아이는 학생비자와 관광비자, 엄마는 관광비자로 필리핀을 떠날 때까지 2달마다 재발급 받으면서 머무르게 되는 것이다. 비자연장은 6개월마다 연장할 수도 있다. 하지만 대부분 2달마다 연장한다. 혹시 급하게 한국갈 수도 있기 때문이다. 한번 나갔다 들어오면 비장연장은 다시 연장해야 한다.

이렇게 준비하는 것은 서류와 짐이다. 서류도 생각만큼 어렵지 않게 준비된다. 필요한 서류가 어떤 것인지 알게 되면 1주일 안에 다 준비가 된다. 싸야할 짐도 미리 정보를 얻으면 좋다. 아이들을 데려가기 때문에 아이들 관련해서 필요한 짐을 꼼꼼하게 싸야 엄마가 덜 힘들어진다. 짐을 쌀 때 싸야할 짐을 항목별로 분류하면 한 눈에 보이고 좋다. 예를 들어 나는 먹는 것, 입는 것, 보는 것, 노는 것, 듣는 것 식으로 오감을 생각하면서 항목을 나누어 세부물품을 정리해서 짐을 쌌다. 또한 세부는 우리나라보다 공산품이 약하다고 들었다. 식기나 조리기구는 같은 가격이라도 한국생산품이 훨씬 좋다. 그래서 먹는 식품 플러스 도구까지 그렇게 하다 보니 짐이 더욱 많아진다. 그래도 한번 가지고 가면 떠날 때까지 사용할 수 있기 때문에 챙겨가기로 했다. 짐 싸기 전에 기록하는 것이 중요하다. 시간차를 두고 오며가며 준비하다보면 생각만큼 시간이 많이 걸리지 않는다. 필요한 서류나 사진은 미리 잘 챙기고 그 외의 것은 여유롭게 준비하자. 세부도 사람 사는 곳이기에 부족한 것은 그곳에서 해결한다는 생각으로 하자. 모든 것이 완벽해야만 움직인다는 생각은 버려야 한다. 부딪히면서, 배우면서, 그렇게 여유를 가진다면 한 달도 안 되어 모든 준비는 끝나고 마음 편히 비행기를 탈 수 있다.

제2장

유학원을 거치지 않고 세부살이를 시작했다

유학원을 거쳐야 한다는 고정관념 버려라

외국에 사는 계획이 있는 사람들은 대부분 유학원을 알아보게 된다. 왜냐하면 그곳의 사정을 잘 모르기 때문이다. 사정을 잘 아는 사람들이 있는 곳이 유학원이다 보니 당연하게 그곳을 찾게 된다. 그리고 유학원을 거쳐야 안전하다는 생각 또한 있어 유학원을 찾게 된다.

나도 마찬가지였다. 얼떨결에 방문한 세부이지만 그 뒤 계속 생각이 났다. 더 늦기 전에 아이들에게 외국 체험을 할 수 있도록 환경을 만들어 주고 싶었다. 아이들이 나이가 들어서 그때 스스로 혼자서 외국체험을 할 수도 있지만 그것보다 어릴 때 체험을 할 수 있는 기회를 주고 싶었다. 그것도 엄마와 함께 하는 외국 생활. 두고두고 귀한 체험으로 기억 될 경험을 아이들에게 선물하자고 생각을 했다. 그런 생각들로 나의 머리가 점점 채워지자 남은 것은 행동뿐이었다. 그래서 유학원을 알아보았다. 내가 알고 있는 가장 쉽고 무난한 방법으로 나는 유학원부터 알아본 것이다.

적당한 유학원을 찾아 인터넷 검색을 하기 시작했다. 세부살이를 검색해보아도 적당한 정보들이 잘 보이지 않았다. 정말 유학원에서 소개하는 어학원에서 먹고 자고 공부하는 식으로 프로그램화되어 있는 '어학원 살이'가 대부분이었다. 정 없다면 그렇게라도 해야지 하는 마음으로 유학원 한 곳에 전화를 걸었다. 부산에 있는 유학원이었다.

"여보세요. 세부에서 한동안 살고 싶은데요. 어떤 프로그램이 있나요?"

"네. 우리 유학원에서 연결된 세부의 어학원은 이런 곳입니다. 그곳에서는 숙박이 제공되고 영어 프로그램 오전, 오후로 운영되고 있습니다. 개인 튜터도 가능합니다."

모든 것이 한국 사람이 좋아하는 스타일로 세팅이 되어있었다. 엄마와 아이가 유학을 가는 경우가 많기 때문에 엄마가 좀 더 편안하게 아이들과 함께 해외 살이를 할 수 있는 프로그램를 만들었다. 3끼 밥을 제공하고 주중에서 영어를 1대1로 하고, 주말에는 원하는 대로 주변 관광도 할 수 있게 만들어져 있다.

아이가 공부하는 시간에 엄마도 영어공부를 할 수 있다. 다 좋은데 걱정되는 것이 하나, 번개같이 뇌리를 쳤다. 비용이 만만치 않을 것이란 생각을 하게 되었다. 모든 것들이 소비자가 원하는 대로 구미에 딱 맞게 세팅이 되어있는데, 저 사람들도 사업하는 사람이기 때문에 편리를 제공하는 만큼, 아니면 그 이상의 수익을 창출하려할 것이다. 그래서 궁금함을 도저히 참지 못하고 바로 가격이 어떻게 되냐고 물어보았다.

"저~ 그렇게 하면 비용이 얼마 정도 되나요?"

"아 ~ 네. 1인당 월 150만 원 정도 생각하시면 됩니다."

역시 그렇군, 1인당 150만 원이면 3명이면 450만 원이다. 1년이면 5,400만원이다. 우리의 살림살이에서 비용이 너무 세다. 동남아 살아보기 하려다 집안 뿌리 뽑힐 상황이다. 아무리 가고 싶어도 비용이 너무 셀 경우에는 힘들어진다. 도저히 힘들겠다는 결론을 내렸다. 거의 포기상태이다. 이렇게 되고 보니 그럼 어떻게 해야 할까? 그냥 계획을 접어야할까? 유학원 통화를 한 이후에 급 좌절감으로 의기소침해졌다.

우리는 고정관념으로 살아갈 때가 많다. 자세히 들여다보면 사회적으로 주어진 정보로 생긴 고정관념이 대부분이다. 내가 직접 경험해보고 얻어진 관념들이 아니라 간접적으로 생긴 고정관념이 아주 많다. 간접적으로 얻는 정보가 때론 유용할 때도 있겠지만 잘못된 고정관념으로 오히려 나의 삶에 도움이 안 될 때도 있다. 도움은커녕 방해가 될 경우가 많다. 그래서 좀 더 자세히 자료를 찾고 고민해볼 필요가 있다.

또한 남들이 하기 때문에 따라서 하는 경우도 많다. 부지불식간에 남들이 하는 것이니 나도 그렇게 해야 안전하고 좋을 것 같은 생각을 하게 된다. 많은 사람들이 가는 곳은 좋다. 이런 공식이 생기는 것이다.

아이들 입학을 예를 들 수 있다. 좋은 학교라고 생각하면 나의 아이에게도 좋다고 생각하고 무조건 따라가게 된다. 하지만 아무리 좋은 학교라도 나의 아이의 성향에는 안 맞을 수 있다. 한국에서 수홍, 정아는 대안학교를 다녔다. 이 학교는 자연친화적이고 인간적이다. 수홍이와 정아에게는 잘 맞았다. 아이들이 학교에 가는 것을 행복해 한다. 하지만 웬만하면 좋아할 것 같은 이곳에서도 맞지 않는 아이들이 있다. 성향이 다르기 때문이다. 다른 아이에게 좋다고 우리아이에게도 적합한 학교라고 판단하는 우를 범하지 말아야 한다. 우리 아이의 성향을 먼저 파악하고 학교든 학원이든 정하는 것이 맞다. 무턱대고 남들이 하니까 나도 따라간다, 라는 사고에서 벗어나야 한다. 남들이 하는 것이 바른 방법이고 안전한 것이라는, 고정관념을 벗어나야 한다. 그렇게 되면 그때부터 다양한 기회들을 접할 수 있고 나의 삶은 긍정적으로 변화된다.

해외살이의 대부분이 유학원 통해 나가는 경우가 일반적이지만 나의 상황에는 안 맞을 수 있다. 앞에서도 이야기했듯이 모든 서비스는 완벽하지만 단한 가지, 경제적인 부분이 안 맞을 수가 있다. 경제적으로 여유로운 사람, 경제적 지출이 크더라도 그 프로그램 체험을 위해 충분히 그 정도 감수할 수 있다고 생각한다면 과감히 실행하는 것도 좋다. 하지만 나의 경우에는 유학원에서 제공하는 프로그램이 고민의 대상이 되었다. 그 이유는 첫째는 경제적인 부분이고 또 하나는 6개월이 아니라 1년, 1년 반도 세부에서 살 가능성이 있기 때문에 어학원에서 세부살이 하는 것은 합당하지 않다고 생각했다. 내가 집을 렌트해서 밥을 직접 해 먹으면서 그렇게 세부에서 한동안 살고 싶다는 생각을 했다. 그래서 처음 전화한 유학원에 다시 전화를 했다. 그리고 질문을 했다.

"세부 어학원 프로그램만 이용할 수 있나요? 집은 다른 곳에 렌트할 수 있도록 도움을 받을 수 있나요?"

라고 질문을 했다. 대답이 완전히 부정적이지는 않았다. 세부어학원에 전화해보고 다시 연락 주겠다, 라고 이야기했다. 하지만 지금 현재 세부에 와서 어학원의 분위기를 보니까, 세부에 있는 어학원이 숙식 제공하는 것이 많은 수익을 창출 한다는 것을 알게 되었다. 아마도 그 당시 그렇게 집을 알아봐주고 하는 것은 좀 어렵지 않았을까 생각해본다.

유학원을 거쳐서 세부에 가는 것은 마음을 접었다. 그래서 다른 방법을 고민해 보아야했다. 오로지 한 가지 방법밖에는 없다. 사전답사로 방문한 빌리지에 살고 있는 한국 분에게 질문을 해보는 수밖에 없다고 생각하게 되었다. 우선 사전답사를 함께 간 엄마에게 연락했다. 그리고 조심스럽게 세부에 살고 있는 엄마와 연락을 할 수 있었다. 현재 바로 이웃에 살고 있는A이다. 그때는 왜 그렇게 어렵게 느껴졌는지, 지금 살다보니 사람이 그렇게 좋을 수가 없는데……. 사람은 첫인상으로는 알 수 없다. 겪어봐야 그 사람의 진정한 모습을 알 수 있다, 라는 말이 딱 맞는 말이다. A의 도움을 받아 현재 세부살이 잘하고 있다. 나에게는 고가였던 유학원을 거치지 않고 나의 경제적 수준에 맞는 세부살이를 할 수 있게 되었다. 현재 나는 집세, 학비, 생활비, 튜터비, 외식비, 기타 월 총비용 200만 원 좀 넘게 사용하면서 알뜰하게 세부살이를 잘하고 있다. 집세, 학비는 고정적 지출이고, 외식비는 유동적이라 외식에 따라 총 생활비는 얼마든지 변동이 된다.

　해외살이는 유학원만이 답은 아니다. 유학원을 통해 편하게 기초 정착을 할 수 있지만 그 만큼 나에게 경제적 부담이 될 수 있다. 직접 방문해서 눈으로 확인하고 알아보는 과정을 거쳤다면 유학원을 거치지 않고 해외살이를 안전하게 시도할 수 있다. 물론 운도 따랐다고 할 수 있다. 하지만 운도 자신이 만드는 것이다. 충분히 만들 수 있다. 마음을 열고 세부살이를 목표로 이것저것 생각하다보면 답을 찾을 수 있다. 또한 열심히 발품을 팔고 준비를 하다보면 그 운은 자연스럽게 따라온다. 이제는 반드시 유학원을 거쳐야 한다는 고정관념에서 벗어나자. 유학원 거치지 않고 얼마든지 안전하게, 나의 경제적 수준에 맞게 세부살이 시작할 수 있다는 점 기억하자.

간절함으로 시작해라

나는 대학 입학에 시원스럽게 떨어졌었다. 그리고 난 후 진로에 대해 고민했다. 고민은 했지만 답은 이미 정해 두고 있었다. 재수였다. 친정엄마는 김천에 있는 간호 전문대학을 가라고 이야기하셨다. 하지만 나는 4년제를 가야 한다는 생각이 강했다. 왜 4년제를 고집했는지 지금은 이해가 가지 않지만 그때는 그랬다. 나의 뜻을 굽히지 않고 재수를 할 수 있는 최선의 방법은 언니를 따라가는 것이었다. 그 당시 언니는 강남세브란스병원에서 간호사 생활을 하고 있었다. 결국 그렇게 고집을 세워 나는 재수 생활을 시작하게 되었다. 종합반도 아니고 단과 반에서 매일 매일 공부와의 전쟁을 치렀다. 지금은 노량진도 시설이 좋아졌지만 그때는 아주 열악하였다. 용돈도 넉넉하지 않아 도시락 2개에 겨우 버스 토큰 2개를 들고 다녔다. 점심시간에 학원가 근처에 맛난 음식을 사서 먹는 재수생들이 그 당시 그렇게 부러울 수가 없었다. 튀김이며, 떡볶이며, 맛난 음식들이 즐비한 골목을 일부러 지나지 않기 위해 둘러서 다녔다.

지금도 생각이 난다. 노량진 학원에서 공부를 하고 있는데, 동생이 찾아왔다. 엄마의 심부름으로 왔다는 것이다. 그러면서 건네준 것이 돈이었다. 돈 5,000원. 지금의 시세로 따지면 밥 2번은 사 먹을 수 있는 금액이었다. 그 돈으로 그날은 일부러 둘러 다녔던 그 골목에 가서 먹고 싶은 것을 실컷 먹었던 기억이 난다. 지금은 행복하고 아쉬운 추억이다. 그런 시절이 있었기에 나는 돈 귀한 줄도 알고 환경이 열악한 사람에 대한 이해도 할 수 있게 되었다. 그리고 힘든 환경을 극복한 경험을 통해 어떤 힘든 상황도 극복할 지혜와 의지력이 쌓인 것이다.

재수생활이 열악했지만 대입에 대한 간절함은 강했다. 환경이 힘들다고 마음까지 약하진 않았다. 환경이 힘들수록 대학 입학에 대한 욕망은 더욱 강해졌다.

국군 간호 사관학교 1차, 2차 시험에 합격하고 나는 3차 시험, 면접을 보러 대구까지 갔다. 대구를 가기 전에 나는 몹시 예민해져 있었다. 3차 면접에서 꼭 패스를 하고 싶은 열망이 컸다. 어떻게 하면 면접에서 통과할 수 있을지 고민했다. 옷도 새로 사고, 면접에서 중요한 자세나 태도, 말하는 법에까지 정보들을 찾아보았다. 면접에서 가장 중요한 것은 자신의 소신이란 생각에 나의 생각과 가치관을 한 번씩 확인하기도 했다. 연습도 해보았다. 예상 질문사항을 뽑아 미리 작성하고 그것에 대해서 소신껏 답을 적고 연습했다. 그래도 마음은 진정되지 않았다. 간절함이 컸기 때문이다. 간호사관학교에서 공부하고 홈페이지에 나온 것처럼 가끔 군사훈련도 받는 자신을 생각해보았다. 구체적인 상상은 더 큰 간절함을 만든다. 그래서 더 합격하고 싶은 마음이 커졌다.

당일 면접장에서 앞 번호의 학생이 면접을 마치고 나왔다. 다음은 내 차례. 이미 질문은 제비뽑기로 받은 상태였다. 5분 정도, 질문에 대해 답할 것을 생각할 시간이 주어졌다. 아~ 그 질문이 생각난다. "가톨릭과 교회는 어떻게 다른가요?"였다. 간호와는 전혀 상관없는 질문이라고 생각했다. 면접장에 들어가니, 면접을 하시는 몇 분이 자리에 앉아 있었다. 그 질문에 대한 답을 해야 하는데, 사실 가톨릭과 교회의 차이를 정확히 알지 못했다. 긴장해서 더욱 무엇이라 말해야 할지 몰랐다. 그래서 솔직히 대답했다.

"가톨릭과 교회의 정확한 차이를 사실 잘 모르겠습니다. 하지만 합격만 시켜주시면 열심히 하겠습니다."

라고 큰 목소리로 대답을 했다. 면접하시는 분들이 다들 웃으셨다. 그리고 나는 합격을 했다. 지금 생각하니, 모르는 것을 모른다고 솔직히 이야기하는 솔직성과 그런 상황에서도 자신의 간절함을 표현한 대견함으로 합격을 시켜준 것 같다. 내가 면접관이라고 생각했을 때, 모른다고 우물쭈물하고 기죽은 소심한 모습보다는 비록 모르더라도 당당한 모습이 훨씬 씩씩해 보이고 문제 해결력이 있어 보였을 것이다. 어떻게 그런 소리를 했을까 하는 생각이 지금도 든다. 하지만 그것은 그 학교에 합격하고 싶은 간절함이 있었기에 그런 말과 행동을 할 수 있었을 것이다. 간절함은 그렇게 나의 행동을 지배했다. 그런 간절함과 열정이 고스란히 면접관에게 전달되어 이 학생은 합격시켜도 학교 생활 잘할 것이라는 판단을 할 수 있게 만든 것이다.

세부살이를 결심하기 전에 고민했다. 세부살이를 지금 시점에서 해야 하는 이유들을 적어보았다. 그 중에서 가장 큰 이유는 아이들이 현재 초등학생으로 다른 나라 경험을 하기에 딱 좋은 나이라고 생각했다. 또한 나에게도 지금 아니면 여유 시간이 없을 것이란 판단했다. 모든 여건이 지금 아니면 아이들과 해외 살이든 세부살이든 힘들다는 생각이었다. 그래서 결심을 했다. 그런데 결심만 했지 어떻게 해야 할지는 전혀 감이 오지 않았다. 책을 찾아보았지만, 세부생활에 대한 책은 거의 찾을 수 없었다. 이때 나는 만약 내가 세부살이 하면 책을 써야겠다고 생각했다. 그렇게 나는 계속 방법을 찾아 고민했다.

세부살이를 하고 싶은 간절함과 열정은 더욱 커졌다. 내가 세부살이를 해야 하는 이유가 명확할수록 더욱 가고 싶어진다. 어떤 행동의 이유, 즉 동기부여가 확실하지 않을 경우에는 그렇게 해도 그만이고 안 해도 그만이기 때문에 괜히 머리만 복잡해진다. 시간낭비, 에너지 낭비만 된다. 명확한 이유가 없다면 조용하면서 빠르게 접는 것이 가장 좋다. 아무리 생각해보아도 시간이 지날수록 확실한 이유가 있고, 간절함 또한 점점 커진다면 그것은 자신이 정말 하고 싶은 일인 것이다. 나에게 세부살이는 그랬다.

간절함이 생기면 자나 깨나 그것을 생각하고 상상하게 된다. 세부살이를 결정하고 나는 어떻게 세부에 갈 수 있을 지를 생각했다. 잠들기 전이나 자고 나서도 가장 먼저 생각했다. 이미 세부 학교와 빌리지는 갔다 온 상태라서 그런지 그 학교와 집도 눈에 선했다. 아이들은 학교에 다니고 나는 빌리지에서 글을 쓰는 모습이 자꾸만 떠올랐다. 그런 생각들이 아예 머리에서 뱀처럼 똬리를 틀고 앉아 있다. 낮에도 밤에도 그 상상은 계속 되었다.

간절함과 열정은 나를 도와 줄 사람을 만나게 해준다. 사람에게는 텔레파시의 효과가 있다, 고 한다. 내가 생각하는 것, 나의 감정, 기분, 세세한 것들까지 파장에 의해 주변사람들에게 전달된다. 그래서 사람들이 비슷한 사람들끼리 어울리게 된다는 것이다. 이것이 유유상종의 법칙이다. 세부에 같이 간 D 엄마에게 나의 결심을 전달했다. 그러자 함께 방문한 빌리지의 A가 있는 단톡 방에 나를 초대해 주었다. 그래서 그곳에서 이야기를 꺼내면서 A의 도움을 받게 되었다. 세부살이에 대해 간절함과 열정이 있다면 주변의 사람을 통해 도움을 받을 수 있다. 나는 간절함으로 조심스럽게 세부살이에 대해 이야기했기 때문에 세부살이를 실행할 수 있었다.

간절함으로 시작해라. 간절함이 없는 말은 생명력이 없는 말이다. 어떤 누군가에게 이야기해도 상대방은 특별한 감흥을 느끼지 못한다. 어떤 행동을 해도 그것은 무미건조할 뿐이다. 자신이 정말 하고 싶다고 느끼는 일에 간절함과 열정을 가져라. 간절함을 얻기 위해서는 자신이 정말 하고 싶은 이유들을 나열해봐라. 그 이유들 중에서 강력한 한 개를 발견할 수도 있고 아니면 여러 가지 이유들이 마음에 남기도 한다. 찾은 이유들로 인해 간절함을 가지고 세부살이 준비하기를 바란다. 간절함은 귀인을 나에게 보내준다. 어느 날 문득, 자신의 여건에 맞는 멋진 세부살이 방법들에 대한 아이디어를 얻고 유레카를 외치게도 한다. 간절함으로 세부살이 시작해라.

세부살이, 멘토가 필요하다

우리가 어떤 새로운 분야를 알기 위해서는 새로운 무엇으로부터 도움을 받는다. 그 무엇이 책일 수도 있고 사람일 수도 있다. 아니면 다른 무엇들도 된다. 지금 현재 내가 있는 여건이나 수준에서 새로운 상황, 더 높은 수준으로 이동하기 위해 무엇인가로부터의 배움이 필요하다는 것이다. 그런 배움이 발생하지 않는다면 새로운 분야나 상황, 수준으로 이동하기 어렵다. 아니 거의 이동이 불가할 수도 있다. 마음의 열망도 새로운 분야를 접하고 난 후에 발생하는 것이다. 그런 열망이 없다면 변화의 시작자체가 안되기 때문이다. 또한 변화하고 싶은 열정과 하고 싶은 열망은 가득하지만 그것을 도와줄 어떤 무엇이 없다면 또한 현실로 이어지기 어렵다.

우리가 독서를 하는 이유 중 하나는 삶의 멘토를 만나기 위해서이다. 책을 통해서 많은 것을 배울 수 있다. 특히 어떤 문제를 가지고 있을 경우 그 문제를 먼저 해결한 사람의 경험과 노하우가 많은 도움이 된다. 비슷한 문제들을 다양한 사람들이 어떻게 해결했는지 알면 일단 그것을 시도해볼 수 있다. 예를 들어, 아이와의 대화가 원활하지 못할 경우에 먼저 아이들을 키운 엄마들은 그것을 어떻게 해결했는가? 이런 의문점을 책을 통해서 찾아볼 수 있다. 많은 엄마들이 아이를 잘 키운 비법들을 책에 공개하고 있다. 집에서 쉽게 그런 경험들과 지식, 노하우를 얻고 우리 아이에게도 그대로 적용해 볼 수 있다. 적용한 결과 우리아이에게는 맞지 않는 경우 다른 책을 또 읽는다. 그렇게 문제의 주제를 가지고 책을 읽다보면 결국에는 먼저 키운 엄마들의 경험과 노하우가 직간접적으로 나의 경험과 노하우가 된다. 그래서 아이와의 대화를 좀 더 원활하게 하는 엄마로 변화될 수 있는 것이다.

나는 독서를 하면서 새벽의 가치를 알게 되었다. 새벽은 나의 삶에서 전혀 상관없는 존재였었다. 나는 항상 이렇게 생각했었다.

"새벽, 나와는 상관없어~! 잠이라도 실컷 자야 직장생활하고 아이도 키울 수 있어~!"

새벽에 대한 생각은 확고했었다. 새벽은 도저히 나의 삶에는 일어날 수 없는 것이다. 최소한 잠이라도 푹 자야지만 멀티플 역할을 할 수 있다, 고 생각했었다. 하지만 새벽에 책을 읽으면서 나는 변화했다. 새벽시간을 위해 피곤한 밤시간을 줄였다. 그리고 진정 독서를 더욱 즐기게 되었고, 즐긴 만큼 삶의 변화도 일어났다. 그리고 무엇보다 새벽의 창조적인 가치를 알게 되었다. 새벽에 일어나 생각하면 많은 아이디어가 나온다는 것이다. 낮에 풀리지 않는 문제들도 새벽에 생각하면 답이 나온다. 아이디어들을 많이 나오니까 답에 대한 다양한 아이디어들도 생기는 것이다. 다양한 아이디어중 가장 적절한 한 가지를 나는 선택한다. 또한 조용한 시간대이다 보니, 하루 중 최고의 집중력을 발휘할 수 있다. 해야 할 일들도 새벽에 하면 금방하게 된다. 어느 누군가 그렇게 이야기했다. " 새벽의 1시간은 낮의 3시간에 해당 된다" 그 정도로 모든 면에서 밀도 있고 알차게 시간을 보낼 수 있다는 의미이다. 새벽시간에 책을 읽기 시작하면서 나는 새벽기상을 나의 습관으로 만들어야겠다는 생각을 하게 되었다. 하루 중 가장 가치 있는 시간이 새벽시간이란 확신이 있었기에 그 새벽시간을 나의 삶으로 끌어들여야겠다고 판단을 한 것이다.

　나는 먼저 새벽기상을 한 사람들의 책을 찾아서 읽었다. 새벽기상의 대표적인 사람이 공병호 작가이다. 공병호 작가는 대학시절부터 새벽기상을 삶의 습관으로 만들기 위해 노력했다. 젊은 나이에 새벽에 일어난다는 것이 쉽지 않았을 텐데, 그 나이에 새벽에 일어나겠다는 계획을 세우고 실천했다는 것이 역시 대단한 사람이라는 생각을 하게 한다. 공병호 작가는 현재 일 년에 여러 권의 책을 집필하고 강연도 왕성하게 하는 성공한 대표적 1인 기업가이다. 많은 성공 결과물을 가질 수 있었던 것도 새벽시간을 활용했기 때문이라고 스스로 이야기한다.

　공병호 작가는 이른 새벽에 일어나 글을 쓰고 낮에는 강연을 한다. 저녁에는 다음 날 새벽을 위해 저녁 8시에 취침에 들어간다. 새벽기상의 노하우가 여기에 있다. 나도 새벽기상 여러 번의 시행착오를 겪었지만 결국 이것이 최고의 답이란 결론을 내렸었다. 공병호 작가도 이른 취침을 강조하고 있다. 새벽기상을 위해 그 전날 일찍 취침하는 것이 중요하다는 것을 재차 확인했다. 피곤한 밤의 시간을 가장 개운하고 왕성한 뇌의 활동이 가능한 새벽의 시간과 대체하는 것이다. 아이디어와 창조력이 발생하는 새벽기상의 최고의 방법은 그 전날 이른 취침이란 것을 재차 확인하고 전날 취침에 신경을 썼다. 그러니 새벽기상이 그렇게 힘든 일이 아니게 되었다. 문제에 대한 답을 확실히 알고 실천한 것이다. 그렇게 나는 새벽에 일찍 일어나게 되었고 그것은 지금의 나의 습관으로 자리 잡게 되었다. 새벽에 나도 꼭지 글을 쓰고 책도 읽으면서 나의 삶은 계속 업그레이드되고 있다. 책을 통해서 새벽시간 활용이라는 나의 목표를 이룰 수 있었다. 새벽기상을 하고 있는 공병호 작가뿐 아니라 여러 성공한 사람들의 경험과 노하우를 나의 삶에 적용함으로써 새벽기상 습관을 더욱 잘 이룰 수 있었다. 책이 나의 멘토 역할을 톡톡히 한 것이다.

세부살이에도 멘토가 필요하다. 세부라는 곳은 내가 알지 못하는 곳이다. 새로운 분야라고 할 수 있다. 이런 새로운 분야로 옮겨가고 또한 제대로 적응해서 살기 위해서는 책과 같은 멘토가 필요한 것이다. 전혀 알지도 못하는데 바로 그곳으로 가기는 쉽지가 않다. 한국에서부터 준비를 해야 한다. 새로운 분야를 알기 위해서 마음의 결정부터 조금씩 실천으로 이어지기까지 조금씩 알아갈 수 있는 멘토의 도움이 필요한 것이다.

세부살이 멘토는 딱 한 사람이 아니다. 새로운 분야를 알기 위해서 책을 본다고 가정해 보자. 앞에서도 이야기했듯이 '새벽기상'에 대한 경험과 노하우를 얻기 위해 처음에는 다양한 책을 읽게 된다. 다양한 사람들의 새벽기상의 방법들을 읽게 된다. 또한 책만 보는 것이 아니라 주변에서 실제 새벽에 일어나는 사람들의 이야기를 직접 듣기도 한다. 직접 사람을 만나 듣는 이야기는 나에게 더 많은 정보를 얻게 하고 동기부여 또한 제때로 된다. 그 사람의 생생한 노하우도 듣게 되어 만약 나의 관심 주제와 관련된 사람이 있다면 아주 운이 좋은 것이다. 그런 사람을 못 만났을 경우에는 책을 통해서 그 방법을 배우게 된다. 세부살이 멘토를 찾을 때도 마찬가지이다. 세부와 관련 있는 주변의 모든 사람들과 책들이 나의 멘토가 된다.

하지만 많은 멘토 중에서 가장 핵심 멘토를 만나야 한다. 새벽기상을 위해 다양한 사람들의 이야기를 직접 듣고 책도 많이 보았다. 그래도 나는 한 사람을 지목했다. 공병호 작가를 새벽기상 나의 멘토라고 생각했다. 공병호 작가의 새벽기상의 방법들이 나의 코드와 맞기 때문이다. 이렇게 나에게 맞는 멘토를 찾아야 한다. 여러 멘토들을 만나서 배우면서 특히 나에게 결정적 도움이 될 수 있는 멘토를 정해야 한다. 여러 명이다 보면 집중도가 분산되고 집중도가 분산되면 결과물이 나오지 않을 수 있기 때문이다. 물론 중간 중간 귀는 열어두데, 한군데 집중할 수 있는 멘토를 정하는 것은 중요하다.

나는 유학원 대신에 사전 방문했을 때 만난 A를 멘토로 생각했다. 가장 쉽게 세부살이를 시작할 수 있는 방법은 한국에 있는 유학원을 거치는 것이다. 유학원이 세부에 대해서 가장 많이 알고 있고, 가장 적절한 길을 제시할 수 있을 것이다. 하지만 나는 그렇게 하지 않았다. 유학원 대신에 다른 멘토를 찾았다. 멘토라는 것이 어떤 분야에 있어서 나보다 먼저 경험하고 정보와 노하우를 가지고 있는 사람이다. 세부살이가 나에게 목표였기 때문에 그런 사람은 세부에서 찾아야 한다. 한국에 있는 어떤 사람도 현지에 있는 사람보다 세부에 대해서 더 잘 알지 못하기 때문이다. 물론 세부를 다녀온 사람일 경우에는 예외일 수 있다. 하지만 내가 가고자 하는 곳에 현재 직접 살고 있는 사람만큼 그 곳 상황을 잘 알고 있는 사람은 없다. 그러므로 내가 가고자 하는 곳을 먼저 방문하는 것이 필요하다. 내가 살게 될 그곳에 대한 정보와 노하우를 가장 잘 알고 있는 사람을 나의 멘토로 만나기 위해서라도 사전방문이 필요하다.

A는 나에게 많은 도움을 주었다. A는 내가 세부 방문 시 살고 있는 빌리지 집을 보여준 한국 엄마이다. 나는 세부살이를 목적으로 사전 방문한 것이 아니었다. 방문을 하고 나서 한국에 살면서 세부살이를 결정했다. 만약 세부살이를 결정하고 사전 방문을 한다면 세부 갔을 때 미리 부탁을 하면 좋을 것

같다. 아니면 정식으로 도움을 받으면 어떤 답례를 드리겠다고 그렇게 한국에서 준비하는 동안 도움을 받을 수 있게 확실히 의사소통을 하면 좋다. 나는 나중에 세부살이를 결정한 만큼 멘토 역할을 할 사람이 없어서 처음에는 난감했었다. 그래도 다행히 운이 좋았는지, A와 연락하게 되었고 A가 나의 멘토역할을 해주었다.

세부 현지에 살고 있는 사람이 나의 멘토가 되면 많은 도움을 받을 수 있다. A는 아이와 함께 세부살이 한지 2년차 된 한국 엄마이다. 나도 아이 둘을 데리고 이제 막 세부살이를 하려고 하는 입장이다. 비슷한 입장에 있기 때문에 더욱 도움이 된다. 집 렌탈하기, 학교에 필요한 서류, 항공권은 1년 유효한 것 예매하기, 기타 등, 소소하고 세세한 것까지 정보를 주었다. 거기에다가 집 렌탈 계약까지 약식으로 미리 해 주었다. 집은 당장 필요하다. 세부에 도착하자마자 머물러야 할 집, 같은 빌리지 내에 집을 계약해주었다. 집도 안보고 계약하는 상황이지만 사전 방문 때 빌리지를 한번 보았기 때문에 믿고 계약금을 보낼 수 있었다.

또한 당장 필요한 냉장고, 세탁기, TV, 전기 스토브까지 미리 주문, 배달까지 해 두었다. 세부는 대부분 전세를 줄 때 풀퍼니처나 세미퍼니처 상태로 세를 준다. 내가 살 곳은 세미퍼니처였다. 세미퍼니처에 세팅되는 가구들은 소파, 소파탁자, 장, 침대, 매트리스, 싱크대이다. 이런 부분도 한국과 다른 부분이고 외국에서 살러가는 사람들 입자에서 도움이 많이 된다. 하지만 나머지는 채워야 한다. 세부 처음이면 영어도 국내영어라 전혀 잘 안 되어 물건 사는 것 자체도 부담이 된다. 이런 점을 고려해서 A는 필요한 가전제품들을 미리 배달까지 해두었다. 휴지, 물까지 미리 주문해 둔 세심함까지 가지고 있었다. 정말 감사한 일이다. A는 말한다.

"언니~ 나도 2년 전 세부 왔을 때, 친구의 도움을 많이 받았어요. 언니도 나중에 다른 사람을 도와주면 되어요."

감동적인 말이다. 감동적이면서 멋진 말이다. 그래서 나는 세부에 대한 책을 써서 세부살이를 하고자 하는 사람에게 도움이 되도록 해야겠다, 라는 생각을 하게 되었다. A가 나에게 알려준 정보나 노하우와 함께 나의 경험을 담아 책을 쓰면 많은 사람이 도움이 되지 않을 까 생각했다.

세부살이, 돌이켜 생각해보니, 새롭다. 어떻게 지금 세부에서 글도 쓰면서 아이들 학교에도 보내고 있는지 신기하다. 나는 세부살이를 결심하고 다양한 루터를 통해 정보를 얻고 방법을 찾았다. 나는 유학원도 알아보고 세부에 갔다 온 사람도 만났다. 그런 과정을 통해 세부살이에 가장 도움이 될 수 있는 멘토를 만나게 되었다. 세부살이에 중요한 멘토는 현재 세부에 살고 있는 사람이다. 아이들이 있다면, 아이들이 갈 세부 학교에 현재아이를 보내고 있는 엄마를 멘토로 삼을 수 있도록 노력해 보자. 새로운 분야를 좀 더 제대로 알기 위해 멘토가 필요하듯이 모르는 외국, 세부에서 잘 정착하고 적응하며 살기 위해서는 멘토가 필요하다는 점 기억하자.

명확한 목표 한가지로 세부살이에 도전해라

세부살이에 대한 결심을 하고 명확한 목표를 설정했다.

"9월 안으로 세부살이 시작한다."

이것이 나의 목표였다. 목표를 정하고 나면 나의 의식은 그 목표로 가득 채워진다. 특히 목표를 잘 보이는 곳에 붙여두었다. 눈에 확 뜨이는 글씨체로 종이에 적어 붙였다. 오며가며 볼 수 있도록 선명하게 적어서 벽에 붙여둔다. 현관문에도 붙여 두었다. 외출하면서 한 번보고 집에 들어오면서 의식적으로 한 번 더 본다. 그러면 하루에 최소 두 번은 나의 소중한 목표를 보게 된다.

기록하고 벽에 붙여두면 명확한 목표는 우리의 잠재의식에 깊이 새겨진다. 잠재의식에 깊이 새겨진 목표는 그것에 대한 구체적인 상상을 할 수 있게 한다. 세부살이를 목표로 정한 후 나는 세부에 실제 살고 있는 아이와 나의 모습을 상상했다. 아이들은 현지에 있는 세부학교에 다니고 나는 아이들이 올 때까지 집안일도 하면서 책도 쓰는 모습이 실제 일처럼 눈에 선했다. 명확한 목표는 우리의 의식, 즉 잠재의식을 지배하게 되면서 상상을 쉽게 하게 한다. 그리고 상상한대로 행동도 하게 한다. 잠재의식이 우리 행동을 지배한다고 할 수 있다. 목표달성을 향해서 행동하게 하는 강력한 역할을 이 잠재의식이 하게 된다. 세부살이를 원한다면 막연하게 생각만 하지 말고, 목표를 명확하게 정하여 잠재의식을 '세부살이'로 가득 채워야 한다.

세부살이를 목표로 정한 후 나의 관심은 오로지 세부였다. 필리핀 세부에 관련된 인터넷 정보와 책들, 주변 사람들의 이야기들이 나에게는 새로운 정보들로 흡수되었다. 무엇보다 직접 사람을 만나기 위해 노력했다. 우선은 사전방문을 함께 한 동네 엄마에게 어렵게 나의 마음을 전했다.

"세부살이 한 번 해보고 싶어요. 나의 인생에서 지금 밖에 시간이 없을 것 같아요. 아이들이 더 크기 전에 아이들과 함께 세부살이 하기로 결심했어요."

"저번에 세부 갔을 때 본 그 사람한테 연락할 수 있도록 좀 도와줘요."

사실 처음에는 사전방문을 함께 한 동네 엄마가 세부살이를 할 계획이었다. 하지만 사정이 생겨 하지 못하게 되었다. 그런 상태에서 내가 세부를 가겠다고 했을 때, 인간적인 심리로 부러우면서도 도움을 주기 싫은 심리도 있을 수 있다고 생각했는데, 그 엄마는 선뜻 이렇게 말했다.

"알겠어요. 언니, 제가 하는 모임방에 초대할게요. 거기에서 한번 물어 보세요."

라고 이야기해 주었다. 참 감사한 일이다. 그렇게 해서 나는 현재 이웃에 살고 있는 A와 연락하게 되었다. 방문했을 때, 좀 어렵게 느껴졌지만 그래도 조심스럽게 연락을 하게 되었다.

초대된 카톡방은 동네엄마, A의 언니, A 이렇게 3명이 있는 방이었다. 나는 간단히 인사를 하고 세부살이에 대해 관심이 있다고 나의 의사를 표현했다.

"제가 세부살이에 관심이 있습니다. 혹시 개인적으로 연락드려도 될까요?"

어렵게 말문을 연 나에게 A는 아주 시원스럽고 쿨하게 대답해주었다.

"네."

그리고 그 이후에는 개인 톡으로 연락을 했다. 자세히 알지도 못하는 사람이었지만 세부 살이에 대한 목표가 명확했기에 그런 용기 있는 행동도 할 수 있었던 것 같다. 또한 세부살이에 대한 목표가 명확하다 보니, 그 목표를 지지해주는 사람들도 생기게 되었다. 내가 만약 단지 생각만 하고 있었다면, 계속 결정을 뒤로 미루고, 어영부영 목표 없이 있었다면 그렇게 연락하고 개인 카톡 방에 연결되어 일을 진행하지 못했을 것이다. 명확한 목표가 나에게 용기를 주었다. 그리고 세부살이 목표달성을 향해 한 걸음씩 나아가게 한 것이다.

세부살이 목표를 정하고 그 동안 세부살이를 하기까지 과정을 돌이켜 생각해보면 이 신속한 결정이 나의 세부살이 하는데 결정적 요소였다는 생각이 든다.

나는 나이를 먹으면서 성향이 바뀐다는 생각을 해왔다. 젊었을 때는 빠르게 하는 것을 좋아해서 일들을 빠르게 처리하고 명확했다. 이것 아니면 저것. 명확하게 구분이 되었다. 사람의 관계도 마찬가지, 일 할 때도 마찬가지였다. 좋은 것 싫은 것이 분명했다. 하지만 살다보니, 내가 옳다고 판단한 것들이 실제로 옳은 것이 아닐 수도 있다는 삶의 연륜이 생겼다. 특히 자식을 키우면서 나의 행동을 자꾸 되돌아보게 되고 다시 한 번 더 생각하는 습성이 생겼다. 좋게 말하면 매사 신중해졌고 나쁘게 말하면 너무 신중한 나머지 결정 장애 환자처럼 결정을 못하는 경우가 많아졌다는 것이다. 이런 나였었는데, 이번 세부살이의 진행 과정은 기존의 그런 행동과 반대되는 행동 양상을 보였다. 신속한 결정과 함께 과감하게 세부살이를 향해 움직인 것이다.

세부에 집이 나왔다는 이야기를 듣고 신속하게 항공권 예매부터 했다. A로부터 집 소식을 듣자마자 그 날 바로 비행기 표 예약을 했다. 비행기 표 예매를 통해 세부살이가 확실히 결정되었다. 목표 달성이 이루어지는 순간이었다. 취소하지 않는한 세부로 날아간다. 나의 잠재의식에 한 달 이상 가득 채웠던 세부살이가 비행기 티켓 예매로 최종적으로 실행이 확실시 되었다.

항공권 예매 후 나온 날짜로 집 계약까지 신속하게 진행되었다. 집 계약을 하려면 날짜가 나와야 한다. 입국날짜가 집 입주 날짜가 되는 것이다. 세부에 도착하자마자 집을 이용하여야 하기 때문에 집부터 예약하는 것이 필요하다. 목표가 명확하니 일의 우선순위도 명학해지고 모든 과정의 결정도 신속하게 된다.

무엇이든지 바라기만 해서는 이루어지기 어렵다. 현실이 되기 어렵다. 바라는 바를 명확한 목표로 간결하게 작성하고 잘 보이는 곳에 붙여두자. 오며 가며 그 목표가 현실이 될 때까지 바라보자. 목표를 명확하게 마음에 매일 새기는 것에서 부터 그 목표는 달성을 향해 나아간다. 명확하지 않은 목표는 모호한 행동을 유발할 뿐이다. 목표를 이루는 행동은 명확한 목표에서부터 나온다. 세부살이 막연하게 소망하지 말고 명확하게 목표를 정하고 나의 삶의 새로운 도전으로 시작해보길 바란다.

노견, 세부로 데려가야 할까? 말아야 할까?

집에 오랫동안 함께 살아온 애완견이 있다. 나이가 14살이다. 나의 청춘과 함께 한 개이다. 이름은 모두. '모두 모여라'의 그 모두이다. 부르기 편한 이름으로 지었다. 모두는 토이푸들이다. 어릴 때는 꽤 활달했는데 지금은 뒷다리쪽 관절이 좋지 않아 다리를 절뚝거린다. 함께 보낸 시간이 긴 만큼 모두는 나를 잘 따른다. 집안에서도 아이들, 남편은 뒷전이고 나만 따라 다닌다. 이 방에서 저 방으로 화장실까지 따라 들어온다.

애완견을 키울 때 가장 큰 애로사항이 있다. 가족들이 여행갈 때 데려가기 힘들다는 것이다. 이렇게 졸졸 따라다니는 강아지를 두고 해외 장기여행이라도 가려고 하면 이 아이가 받을 상실감이 걱정된다. 사실, 그것보다 더 큰 걱정은 모두를 어디에다 맡겨야 할까하는 고민이다. 해외여행이라 데려갈 수 없기 때문이다. 물론 데려갈 수도 있지만 그렇게까지 하기에는 경제적인 부담이 크다. 그리고 방법도 잘 모른다. 또한 모두가 비행기 때문에 스트레스 받을 수 있기 때문에 아예 데려갈 생각은 안한다. 그래서 해외여행을 할 때는 애견 호텔에 맡기고 가는 방법을 주로 사용했다.

한 번은 9일간의 해외여행이 계획되어 있었다. 모두가 12살 때였다. 이 번에는 9일 간이기때문에 애견 호텔 비용도 만만치 않다. 그리고 무엇보다 모두가 나이가 있기 때문에 애견호텔에서조차 스트레스를 받을 수 있다. 모두는 예민한 성격 탓에 낯선 환경에 대한 공포심이 심하다. 그래서 몇날 며칠을 고민했다. 그리고 내린 결정은 집에 두고 가기로 했다. 집에 있으면 일단 익숙한 곳이기 때문에 스트레스를 덜 받을 것이라 판단했다. 그리고 영리해서 집에서 기다리면 주인이 올 것이란 것을 모두가 알고 편안한 마음으로 기다릴 것이라 생각했다. 낯선 곳에 두면 오히려 버림받았을 것 같은 불안감을 가질 수 있는 반면 집에 있으면 최소한 그런 두려움을 가지지 않을 것이다, 라고 생각했다. 사료와 물을 가득 준비해 주고 우리는 떠났다.

9일간의 여행 후 현관 앞에 섰다. 모두가 어떻게 하고 있을까? 궁금했다. 문을 여는 순간 모두는 뛰어 나왔다. 오히려 더 활기차고 건강해 보였다. 사료도 예쁘게 먹었고, 물도 남아 있다. 응가들은 화장실에서 했다. 집안이 생각만큼 지저분하지도 않았다. 모두도 역시 건강하게 잘 있었다. 모두가 나이가 있기 때문에 가능한 일이었다. 만약 어린 개일 경우 오히려 집에 혼자 있는 것이 더 스트레스 상황일 수 있다. 어린 개는 함께 산책도 해주고 놀아주는 보살핌이 노견보다 더 필요하다. 모두 같은 경우 나이가 있어 상대적으로 산책이나 돌봄이 많이 필요하지 않아 가능했다.

세부살이를 결정하고 모두를 어떻게 해야 할까 고민을 했다. 모두를 세부에 데려가야 할까 말아야 할까? 모두를 두고 가면 모두가 얼마나 슬퍼할까?, 라고 생각하니 모두는 데려가야 한다는 것으로 결정을 내렸다. 그래서 필요한 준비를 시작했다. 강아지를 해외로 데려가는 방법을 정확히 잘 모르기 때문에 대행업체를 알아보았다. 대행업체와 연락이 되어 준비해야할 부분을 이야기 들었다. 우선, 해야 할 것은 동물병원에서 건강검진, 예방접종, 칩 장착이었다. 동물병원에 가서 진료 후 광견병, 기타 예방접종을 하고, 건강검진도 받았다. 피부 속에 아이디 번호가 있는 칩도 간단히 장착을 했다. 모두가 노견이라 건강검진이 신경이 쓰였지만 그래도 관절 문제 외에 건강하기 때문에 크게 염려하지 않고 기다렸다.

드디어 결과가 나왔다. 생각지도 못한 이야기를 수의사로부터 들었다.

"모두가 심장이 안 좋아요. 그래서 비행기 타기에 무리가 있습니다."

전혀 예상하지 못한 이야기였다. 심장이 안 좋아지면 무리가 간다면 세부에 못 데려간다는 이야기인가? 나는 벌써 모두를 데려가기로 결정을 했는데… 이런 상황은 전혀 생각해보지 못했다. 그래서 일단 알겠다고 하고 집으로 왔다. 어떻게 해야 할지? 모두를 데려가다가 비행기에서 심장이 안 좋아져서 갑자기 불상사가 생기면 어떡하지? 온갖 부정적인 상상들이 머리를 혼란스럽게 했다. 대행업체에게는 있는 사실을 그대로 알려주었다. 그리고 조금 생각할 시간이 필요하다고 이야기했다. 그리고 고민해 보았다. 모두들 세부에 데려 가야할지, 말아야 할지를. 1박 2일 고민 끝에 결정을 내렸다.

'이때까지도 모두는 운명대로 살아왔기에, 앞으로도 운명대로 살 것이다. 안 데리고 가면 나와 떨어져서 스트레스 받아서 먼저 저 세상으로 갈 수 있다. 한국에 두고 가나, 세부에 데려가나 위험부담은 똑같다. 그렇다면 그냥 데려가자.'

이렇게 생각했다. 그리고 계속 대행업체에 일을 진행 시켰다.

애견 데려가기 위한 과정은 대행업체가 있어서 크게 까다롭지 않았다. 동물병원에서 필요한 서류, 즉 건강검진, 예방접종, 칩 장착까지만 준비하면 된다. 대행업체는 입국할 때 필요한 서류를 따로 준비한다. 사실, 대행업체가 준비하는 서류가 필요해서 업체에 의뢰하는 것이다. 시간은 하루, 이틀 만에 준비가 다 된다.

　애견을 데려 갈 때 항공사의 규정이 있다. 애견을 데려가기 전 항공사에 전화로 애완견 동반 신청을 해야 한다. 이것을 모르고 당일 날 낭패를 당하는 경우도 있다고 한다. 애견이 몸무게 5kg미만일 때는 기내에 함께 탑승할 수 있다. 애완견은 이동 케이스에 넣어야 한다. 케이스 사이즈도 규정이 있다. 케이스에는 하드케이스와 소프트케이스가 있는데, 소프트 케이스가 좋다. 애완견은 소프트 케이스에 넣은 상태에서 의자 밑에 넣어서 간다. 모두는 다행히 5kg미만이라서 짐칸이 아닌 기내에서 함께 동승할 수 있었다. 가는 중간에 케이스를 답답해해서 얼굴만 내밀 수 있도록 해주었다. 그래도 생각 외로 무난히 세부까지 갈수 있었다. 애견 동반 탑승의 자세한 내용들은 해당 항공사 홈페이지를 찾아보면 나와 있다. 전화를 해도 자세하고 친절하게 안내를 해준다. 애견 데려가기 전에 미리미리 확인하는 것이 필요하다.

　도착해서 공항에서 애견 입국 서류 제출하고 돈을 내는 과정이 있다. 그 과정도 처음이라 어리바리, 영어를 몰라서 더 어리바리했다. 모두도 배변을 참았다가 공항 바닥에 쉬를 하기도 했다. 다행히 서류를 받고 돈을 계산하는 필리핀 여자 분이 모두 쉬한 것을 청소해주었다. 걱정한 것과는 달리 모두가 특별한 일도 없이 비행기 안에서 잘 참아주었다. 낑낑거리거나 짓거나 하지 않았다. 비행기 안에 갓난아이를 데리고 있던 엄마들도 있었는데, 그 아이들이 칭얼거리니까 엄마들이 자리에 앉아 있지도 못하고 왔다 갔다 고생하는 모습을 봤다. 애완견도 마찬가지이다. 아기처럼 신경이 쓰인다. 모두는 유별나지 않아서 그래도 천만다행이었다. 만약 불안해하거나 많이 짓는 애견일 경우 다른 방법을 수의사와 상담하는 것이 좋을 것 같다.

　모두는 염려한 것과는 달리 세부에서 현재 잘 지내고 있다. 뒤 관절은 좀 더 안 좋아져서 불편한 듯하다. 뒤쪽 다리가 안쪽으로 쏠리면서 무릎부분이 서로 부딪히는 것 같다. 그래서 최대한 부딪힘을 적게 하기 위한 자세를 취하다 보니, 엉거주춤하다. 눈은 세부 오기 전부터 백내장이 있어서 지금도 한국 백내장 약을 매일 넣고 있다. 이런 증상은 노화로 인한 증상이기에 어쩔 수가 없다. 2019년 올해 4월부로 15살이 되었다. 사람의 나이면 보통 동물나이에서 곱하기 7을 한다고 하니, 105살이다. 사람나이로 치면 모두는 100살을 넘긴 것이다. 그러니 여기 저기 고장이 나는 것은 어쩔 수가 없다. 대신 걱정했던 심장의 문제는 아직 보이지 않고 있다. 천만다행이라 생각한다. 오히려 따뜻한 날씨가 모두에게는 더 좋지 않았을까 생각한다.

현재까지 이 곳 세부에서 동물병원에 딱 한 번 가보았다. 기생충이 생겨서 기생충 약을 받으러 갔다. 동물병원에 사람들이 얼마나 많은지, 결국 3시간 기다리고 처방도 받지 못하고 그냥 나왔다. 이 곳은 길거리 개들도 많지만 애견인구도 많다. 교민들 중에서도 애견인구들이 많아서 애견 단톡 방도 있다. 그곳에서 강아지들에 대한 정보공유를 하고 있다. 기생충 약은 한국에서 남편을 통해서 받았다. 그리고 그 외에는 모두는 아주 잘 지내고 있다. 계속 이 정도로만 유지되어도 좋겠다는 생각이다. 관절도 더 이상 나빠지지 않기를 바를 뿐이다.

모두를 볼 때마다 세부 데려 오기 전에 심각하게 고민했던 게 생각난다. 심장병이 걱정되어 비행기를 태워야 하나, 말아야 하나를 고심했다. 친정집으로 보낼까?,라고 생각했었는데, 그때 보냈다면 모두는 아마 상실감이 커서 어떻게 되었을지 모른다. 동물도 감정이 있다. 사람과 똑 같이 느낀다. 아무리 생각해도 세부 데려오기를 잘 했다. 사람이나 동물이나 미리 속단하지 말자. 미리 걱정하지 말고 노견이라도 세부 데려와도 되었다. 따뜻한 나라에서 더 건강하게 잘 살아간다.

한국에서 세부살이 준비 1순위, 세부 집 알아보기

지금 우리는 세부에 있는 어느 호텔방에 있다. 막탄에서 살고 있지만 어제 저녁 이웃에 살고 있는 A네와 함께 이 호텔에 숙박했다. 내가 있는 막탄은 방학은 아니지만 연말부터 시작해서 새해 1주일 지날 때까지 학교 수업이 없다. 아이들이 학교를 가지 않는다. 그 기간이 무려 3주간이다. 그래서 가까운 세부로 1박 2일 여행을 나온 것이다.

이 곳 필리핀 사람들은 연말과 새해를 아주 특별하게 생각한다. 그래서 학교도 오랫동안 수업이 없다고 한다. 문화적인 차이가 있다. 우리나라는 연말이기 때문에 한 해를 더 잘 마무리하기 위해 노력한다. 새해에도 새로운 다짐과 함께 시간을 알차게 보내려고 오히려 더 바쁘게 움직인다. 하지만 이 곳은 반대의 느긋한 모습으로 연말을 의미있게 보낸다.

3주간의 휴식 시간 동안, 아이들이 좀 더 다양하게 경험하고 재미있게 보내기 위해 이렇게 세부 시내로 나왔다. 어제는 호텔에 오자마자 수영장으로 직행했다. 막탄에서 우리가 다니는 리조트처럼 규모가 크지는 않았지만 유럽풍의 분위기가 느껴지는 수영장이다. 아이들은 물만 있으면 좋아한다. 물에 들어가서 신나게 수영하고 비치 의자에 앉아서 수다도 떤다. 그렇게 놀다가 저녁시간이 되어 호텔 바로 옆에 있는 인근 몰을 가서 장도보고 저녁을 먹은 뒤 들어왔다. 정아는 나를 보고 이렇게 이야기한다.

"엄마, 오늘 집에 안 가는 거야? 집이 있는데 왜 여기서 자?"

집 놔두고 다른 곳에서 자는 것이 아이의 입장에서는 이해가 되지 않았던 모양이다. 사실 나도 그렇게 생각했다. 뭐하러 비싼 돈을 써가면서 호텔을 가나?, 차라리 그 돈으로 아이들에게 맛있는 것이나 실컷 먹이자, 라고 생각했었다. 하지만 가까운 거리이지만 이렇게 막상 나오니까 좋은 부분이 많다. 기분전환도 되고 막탄 생활의 단조로움에서 벗어나 새로운 느낌의 경험도 할 수 있다. 아이들도 색다르게 집 아닌 숙소에서 놀고 잠도 자고 수영도 바로 할 수 있으니 좋은 기분이다. 오기 전, A네랑 이곳 세부에 있는 호텔에 1박 하는 것에 대해서 여러 번 이야기했었다.

"언니, 아이들 방학도 긴데, 세부에 가서 하룻밤 자고 맛난 것도 먹고 올까요?"

"예~~ 좋긴 한데, 그래요. 한 번 생각해 볼게요."

대답을 해놓고 나는 결정을 못했다. 꼭 필요한 예약도 아니고 굳이 그렇게 해야 하나, 라는 마음이 있었기 때문이다. 하룻밤인데, 특별한 여행도 아니고 그냥 확, 당기는 기분이 들지 않았다. 내가 결정을 못 내리고 말을 하지 않으니 A도 여행을 진행 하지 못했다. 평소 나는 기본적으로 새로운 것을 많이 접해야 사고의 고정관념을 깨고 성장한다, 라는 신념을 가지고 있었다. 그래서 이번에도 그냥 A의 말대로 그렇게 해보기로 했다. 결정 후 A는 바로 숙소부터 예약을 했다. 숙소를 예약하니 모든 준비가 끝난 느낌이다. 이제 호텔로 가서 재미나고 즐거운 시간을 보내기만 하면 된다.

모든 여행의 시작은 잘 곳을 정하는 것이다. 잘 곳이 정해지면 그 여행은 진행만이 남는다. 숙소를 정할 때 선택의 폭이 아주 넓다. 종류가 너무나 많아서 시간도 많이 걸린다. 종류가 너무 많아서 예약을 잘 못할 수도 있다. 또한 그 반대일 수도 있다. 숙소가 없어서 기다려야 할 수도 있다. 어쨌든, 중요한 것은 여행을 가겠다고 생각했을 때 첫 번째 할 일이 숙박시설을 정해야 한다는 것이다.

세부살이 시작도 마찬가지이다. 세부살이를 결정했으면 살 집부터 알아보아야 한다. 한국에서 어떻게 세부에 살 집을 구할 수 있을까? 고민스럽기도 하다. 이럴 때는 어쩔 수 없이 현지에 아는 사람이 있다면 그 사람의 도움을 받는 것이 좋다. 사전답사 때 미리 도움을 받을 사람을 정하자. 집은 세부살이 시작에 있어서 가장 중요한 일이다. 집이 어느 정도 정해져야 세부살이가 확정될 수 있기 때문이다.

사전 답사 때 한국에 돌아 온 뒤에도 연락할 수 있는 사람을 마음에 간직해야한다. 만일의 경우에 연락할 수 있는 사람인 것이다. 유학원을 거쳐서 세부에 간다면 이런 문제가 쉽게 해결될 수 있지만 좀 알뜰하게 세부살이를 시작하겠다고 생각했다면 사전답사 때 이런 사람을 한명 마음 속에 간직하는 것이 좋다. 사람의 일이라는 것은 내일 일도 확실치 않을 수 있기 때문에 미리 양해를 구해서 만약 필요하면 도움을 줄 수 있느냐고? 정식으로 이야기를 하는 것도 나쁘지 않다고 생각한다. 대부분의 한국 사람은 이런 부분에 있어서 서로 열린 마음이기 때문에 그런 대화가 충분히 가능하다고 생각한다.

나는 A에게 부탁을 했다.

"A, 그곳에 있는 학교에 아이들 보내고 싶은데, 빌리지 있는지 알아봐줄 수 있나요?"

라고 정식으로 이야기를 했다. 의외로 A에 대한 강한 첫 이미지에 비해 친절하게 그러겠노라고 이야기해 주었다. 그래서 집이 나올 때까지 기다렸다. 내가 현재 살고 있는 빌리지는 그 당시에만 해도 없었다. 학교가 지어진 지도 10년 이내이고 학교 옆 빌리지 또한 지어 진지 2~3년 이내라고 한다. 빌리지 안에 집 수도 대략 10채 정도이다. 지금도 계속 짓고 있기는 하다. 오기 전에 집이 없어서 조금 기다렸다. 그 학교 이사장이 빌리지 집도 짓고 있기 때문에 A가 수시로 학교로 가서 문의를 했다.

세부 집에 대해서 간단히 설명을 해볼까 한다. 세부 집은 전세가 없고 월세이다. 그리고 집안에 가구를 어느 정도 배치해 둔다. 가구 배치 정도에 따라 풀 퍼니처도 되고 세미 퍼니처도 된다. 현재 내가 살고 있는 곳이 세미 퍼니처인데 미리 비치되어 있는 가구는 싱크대, 소파, 식탁세트, 장, 침대, 에어컨이다. 다른 부분은 직접 구매해야 한다. 이렇게 가구를 미리 비치해두니까 외국에서 세부살이를 하는 입장에서 부담이 줄 수 있다. 보증금도 월세의 3개월 치를 미리 내는 정도이다. 그리고 월세도 미리 2개월 치를 받는다. 그래서 보증금 3개월 월세 어드벤처 2개월 식으로 계약 때 이야기한다. 이것은 주인에 따라 조금씩 다를 수 있다. 집은 이층집이다. 한국처럼 집 건설 기술이 아주 좋지가 않아서 깔끔하고 구조 자체가 살기에 편안하게 된 것은 아니지만 그래도 그런 것을 감안해서 살면 크게 무리가 없다. 한국에서는 2층 집에서 살기 어려울 수 있는데, 이곳 세부에서 2층 집에 산다고 아이들이 많이 좋아한다.

세부에 살 집이 정해지자 준비는 본격적으로 시작되었다. 일이 빠르게 진행되었다. 몸은 한국에 있지만 준비가 충분히 가능했다. 물론 현지에서 나의 분신의 역할을 해주는 사람이 있기 때문에 가능했다. 우선 집 계약부터 했다.

내가 세부에 도착하면 정식 사인을 하는 것으로 하고 A가 가계약을 했다. 그리고 디포짓3, 어드밴스2로 해서 나는 한국에서 학교 계좌로 입금을 했다.

한국에서 집을 기다리는 입장이면 집이 나왔다고 해도 직접 보지 못하고 계약을 하게 된다. 내가 본 세부의 집은 내가 살 집이 아니었다. 같은 빌리지의 다른 집을 본 것이다. 그래서 막상 세부에 와보니, A의 집은 건물 가의 집이었으나 아이들과 내가 살 집은 건물 중간 집이었다. 이 곳 빌리지는 집 3~4채가 붙어 있다. 중간집이다 보니 조금 답답한 느낌이 있었지만 그래도 괜찮다. 새 집이기 때문에 실내는 양호하다. 너무 세세한 것까지 완벽히 점검할 수는 없다. 누구를 통해서 계약하기 때문에 조금 만족감이 떨어지더라도 그 정도는 양보한다는 마음을 가지고 있어야 한다. 조그마한 손해를 감수하면 큰 이득을 얻을 수 있다. 그렇게 세부살이 마음가짐을 가져야 한다. 집 계약뿐 아니라 앞으로 세부에 가서 살 때도 마찬가지이다. 너무 까탈스러우면 도움을 주는 사람도 부담이 된다. 서로 간에 좋지 않다.

한국에서 세부살이를 결정하고 가장 먼저 알아 본 것이 빌리지에 집이 있느냐 하는 것이다. 여행을 갈 때도 여행지가 정해지면 숙소부터 알아본다. 숙소가 어느 정도 정해지면 여행은 기정사실이 되는 것이다. 세부살이도 마찬가지로 살 빌리나 콘도미니움이 정해지면 세부살이는 무조건 진행되는 것이다. 빌리지 계약을 위해 계약날짜를 정하기 위해 항공권예매까지 완료되면 모든 것은 결정된다. 현실적으로 세부살이가 확정되고 나면 후련한 마음이 든다. 그 전까지 언제든 없었던 일로 되돌릴 수 있는 상황이었다. 하지만 완전 결정되고 나면 잘 했다는 생각을 한다. 고민을 많이 한 일일수록 결정 후 후련함과 만족감이 크다. 세부살이에 대한 마음의 결정이 되었다면 바로 집부터 알아보아라. 그리고 가치있고 멋진 시간이 될 세부살이를 마음껏 상상해라. 상상한 멋진 일들이 세부에서 펼쳐질 것이다.

한국에서 세부살이 준비 2순위, 1년 유효 항공권 예약하기

여행을 가려면 가장 먼저 숙소부터 정한다. 숙소가 정해지면 여행의 반 이상을 준비한 것이나 마찬가지이다. 집에 대한 사람들의 안정감은 여행에서도 여실히 나타난다. 준비 없이 그냥 떠나는 여행일 경우 이런 숙박시설을 현지에서 당일 해결하지만, 그렇게 여행하는 사람은 여행의 고수에 해당될 것이다. 대부분의 사람들은 숙박시설부터 예약을 하고 여행 준비를 한다.

세부살이를 결정하고 나도 집부터 알아보았다. 현지에 있는 A를 통해 학교 옆 빌리지 집을 물어보았다. 학교에 알아본 결과, 현재 집은 없다고 했다. 나는 기다리기로 했다. 집이 나와야 세부살이도 확실시 되는 것이기에 그냥 집이 나올 때까지 기다렸다. 모든 준비 액션이 스탑 상태였다. A의 말로는 집이 곧 나올 것 같다고는 하지만 집이 확실시되기 전까지는 모든 준비가 뒤로 미루어졌다.

하루 이틀 시간은 지나가고 집 소식은 없다. 그렇다고 계속 물어볼 수도 없고 그냥 기다렸다. 한 2, 3주가 흘러갔다. 어느 날 A로부터 연락이 왔다. 우린 주로 톡으로 연락을 했다. 무료통화도 가능하니 가끔 통화도 했다. A로부터 전화가 왔다.

"집이 나왔어요. 가격이 우리 집보다 세네요. 많이 올랐어요. 그래도 괜찮으시겠어요?"

라고 물었다. 그래서 나는 괜찮다, 라고 대답했다. 나의 세부살이에 대한 결심은 확실하다 보니 이웃의 집세보다 비싸다 하더라도 그것이 세부살이라는 대세에 방해요소가 되지 않았다.

집이 나오기 전과 집이 나오고 난 후의 마음 상태가 완전히 달랐다. 집이 나오기 전에는 세부살이가 막연했다면 집이 나왔다는 이야기를 듣는 순간, 세부살이가 당장 눈앞에 펼쳐 진 듯 선명하게 느껴졌다.

이제 집이 나왔으니, 집 계약을 위해서는 한 가지 필요한 것이 있다. 입주 날짜이다. 입주 날짜는 세부에 입국하는 날짜이다. 그렇기 때문에 항공권예매를 당장 해야 한다. 그래야 집 계약을 할 수 있다. 물론 내가 현지에 있는 것이 아니기 때문에 직접 계약을 할 수 있는 것은 아니다. 그렇지만 예약금이라도 걸어두어야 한다. 나 같은 경우에는 지금의 이웃이 된 사전방문 때 만난 A가 가계약을 해주었다. 가계약하고 서류를 가지고 있다가 내가 세부에 도착해서 다시 담당자와 만나고 정식으로 사인해서 서류를 받았다. 직접 누군가의 도움을 받아서 계약을 진행해도 되고 정 그럴 사람이 없다면 메일로 서류를 받았다가 도착하고 직접 대면해서 계약 마무리 하면 되지 않을까 생각한다. 이렇게 집이 나왔을 때 예약금을 입금하고 가계약해서 집을 확실히 확보를 했다.

항공권예약이 쉽지 않았다. 왜냐하면 주로 항공권 1년 유효한 것을 예약해야 하기 때문이다. 쉽지 않다는 의미는 처음이다 보니 시간이 많이 걸렸다는 의미이다. 세부살이 준비자체가 인생 처음 경험하는 것이 대부분이다. 특히 항공권은 집 계약금 다음으로 돈이 많이 들어가는 것이다 보니, 심사숙고하게 된다.

1년 유효 항공권이라니, 1년 유효 항공권이 있다는 사실 자체도 처음 알았다. 해외여행은 여러 번 갔다 왔다. 초창기에는 주로 패키지를 이용해서 여행사에서 가르쳐준 대로만 했으니 별 문제도 없고, 별 기억도 없다. 그리고 최근부터 자유여행 식으로 몇 번 다녀왔다. 여행기간이 주로 10일 이내이니 그냥 항공권 예매를 했었다. 하지만 1년 유효 항공권이라니~! 나는 왜 1년 유효 항공권이 필요할까?, 라고 생각했다.

외국에 나갈 때 항상 왕복으로만 끊어야 한다. 왕복이 아니면 예매자체가 안 된다. 그래서 입국날짜가 최대인 1년으로 항공권을 주로 예매한다. 영어와 세부에 익숙지 않은 사람은 1년 유효 항공권이 여러모로 편리하다. 교민들 중에도 이것을 사용하는 경우가 많다. 이것은 출국했다가 반드시 입국하라는 의미일 것이다. 여기 세부에 1년, 2년 산 사람도 1년 유효 항공권을 예매하고 한 번씩 일부러 한국에 들어간다고 한다. 안 들어가면 그 표가 없어지니, 한국에 들어가서 가족들도 만나고 오랜만에 한국여행도 하면서 시간을 보내다가 세부로 재입국한다. 여기에서 10년 이상 산 사람들도 그렇게 하고 있었다.

항공권의 1년 유효기간, 한편으로는 좋은 것 같다. 한국인이라는 것을 잊을 수가 없다. 외국에 살면서 한국에 이렇게라도 안 들어가면 완전 외국사람처럼 몸도 마음도 멀어질 가능성이 있는데, 의무적으로라도 한 번씩 한국에 가니 그래도 한국인이라는 것을 항상 느끼게 하는 계기가 된다. 여기 세부에서 태어난 아이들도 그렇다. 자신이 태어난 곳은 세부이지만 1년에 한 번씩 조국인 한국을 가게 되니, 자신의 뿌리를 망각하지 않게 되지 않을까? 정말 내가 아는 부분이 다가 아니라는 생각을 한다.

자, 그렇다면 1년 항공권 예매는 어떻게 할까? 평소 여행가기전 항공권 예매하듯이 나는 인터넷으로 알아보았다. 인터넷에서 한국 출발, 세부 입국으로 해서 여기 저기 알아보았는데, 아뿔싸~!! 1년 유효 기간의 항공권이 없다. "이런, 왜 없지? 그럼 어떻게 예매하지?"라고 순간 머리가 하얗게 되었다. 내가 잘못 봤나?, 하고 다시 한 번 검색을 해보았다. 유효날짜를 확인하는 것 마다 1년 유효기간은 아니었다. 그래서 항공사에 직접 전화를 해 보았다.

인터넷으로 그렇게 찾아 헤매어도 없던 1년 유효항공권이 전화 한통화로 금방 해결되었다. 1년 유효 항공권은 인터넷에 잘 없다. 전혀 없지는 않지만 거의 없다. 왜냐하면 단기 여행객들이 대부분이기 때문에 괜히 고생하지 말고 전화 한 통화로 예매하면 된다. 대신 전화로 하면 비용이 추가된다. 이웃에 사는 A 같은 경우 인터넷으로 한다고 한다. 비용을 좀 아끼는 대신 시간을 좀 더 투자해서 해봐도 된다. 나는 워낙 기계와 안 친해서 시간이 걸려도 잘못할 것 같아, 아예 전화로 예매했다. 기계와 친한 사람이라면 함 도전해보고, 나처럼 기계를 될 수 있으면 멀리 하고 싶은 사람은 추가 비용 좀 내고 전화로 예매해라. 전화로 이렇게 간단히 될 것, 고생하고 시간 버린 것이 조금 억울했다. 그래도 그것도 좋은 경험이라고 생각하면 또 괜찮다.

항공권은 저가항공보다 좀 가격대가 있는 것이 좋다. 왜냐하면, 2가지 이유 때문이다. 하나는 리턴 날짜이고, 둘째는 수하물이다. 우선 첫 번째를 보면 대형항공 일 경우 상대적으로 리턴 날짜 수정이 잘 된다. 사람의 일이란 모른다. 약속을 했다가 그 날짜에 갑자기 병원에 입원할 수도 있는 것이다. 입원하면 비행기를 못 탄다. 그럴 경우 귀국 날짜인 리턴 날짜를 변경해야 한다. 두 번째 수하물에서 보면 대형항공사일 경우 무게 허용기준이 높다. 대략 1인 기준으로 했을 때 위탁은 15kg이고 기내 들고 들어가는 것은 10kg정도이다. 짐이 많을 경우 미리 추가를 하면 당일 공항에서 하는 것보다 50%이상 저렴하다고 한다. 물론 항공사마다 다른 부분이 많으니 공항에 가기 전에 자세히 문의를 해보고 안내를 받는 것이 필요하다.

1년 유효 항공권이 있는 줄도 모르다가 세부살이를 위한 항공권을 끊으면서 알게 되었다. 이런 소소한 정보가 중요하다. 아주 간단한 내용이지만 모르고 잘못 끊을 경우 경제적 손실이 된다. 아무리 생활비가 저렴한 동남아 살이이지만 집세에서부터 해서, 집안 전자제품이며, 먹는 것, 기타, 모든 부분에 있어서 지출이 되어야 하기 때문에 한국생활비 못지않게 소비된다. 그렇기 때문에 최대한 경제적 손실을 줄이는 방향으로 노력하게 된다.

집을 알아보고 두 번째 해야 할 일은 항공권예약이다. 항공권 예약을 해야 입국 날짜가 나오고 집 렌트 날짜도 정해지기 때문이다. 항공권 예약이 되면 집 계약은 언제든지 할 수 있다. 한국에서 준비 1순위가 집 알아보는 것이지만, 집이 어느 정도 정해지면 가장 먼저 취해야 할 행동은 항공권 예매인데, 주로 1년 유효한 항공권을 예매한다. 왕복 항공권만 가능하고 미래의 일이라 여차하면 귀국날짜를 바꿀 수도 있기 때문이다. 전화 한 통화로 1년 유효 항공권을 예매하고 집 계약 예약금을 입금한 후 가계약서 쓰면 이제 본격적인 세부행이 확실히 된다. 이제 본격적으로 세세한 준비에 들어가도록 하자.

입학테스트 없는 사립학교에 아이들을 보냈다

'세부살이' 결국, 아이들을 위해서 시작했다. 만약 아이들이 없었다면 나는 세부살이를 생각지도 못했을 것이다. 한국의 삶이 그렇게 녹록하지도 않고, 여유롭지 않기 때문에 감히 도전하기 쉽지 않았을 것이다. 아이들이 있는 엄마는 용감하다는 말처럼 나는 용감했다. 아이들을 위해서 그까짓 상황이나 두려움 같은 것은 별 문제가 되지 않았다.

사실, 나는 젊었을 때, 30대 초반까지만 해도 해외에 나가서 살아 보아야겠다는 생각을 했다. 간호사 자격증이 있기 때문에 미국RN자격증을 한국에서 취득하고 영어공부 좀 하고 외국에 나가야겠다는 포부를 가졌다. 간호장교 의무복무가 끝나고 나는 그 포부를 실행하기 위해 미국 RN 취득에 도전했다. 열심히 공부했다. 하지만 나에게 외국은 인연이 아니었다. 미국에서 ATT가 누락되어 시험을 보지 못했다. 이 RN 자격증 시험도 토플 시험처럼 외국의 승인을 받아 시험을 보는 시스템이었는데, 그 시스템이 ATT이다. 기다리다 지쳐 결국 RN시험을 보지 못했다. 그 사이에 보건교사 시험을 응시했다. 운 좋게 합격하는 바람에 보건교사가 되었다. 신의 직업이라고까지 하며 부러워하는 보건교사이기에 나의 해외 살이에 대한 생각을 접었다.

아이들을 가진 부모라면 교육에 대한 생각을 안 할 수가 없다. 아이들이 살아가야 할 시대에 맞춰서 아이를 어떻게 키워야 할지 고민하게 된다. 아이가 사는 시대는 지금과 다르다. 지금 우리 부모세대에는 좋은 대학만 나오면 어느 정도 밥벌이 할 수 있었다. 쉽게 말해, 밥 굶지 않고 살 수 있다. 대학이 든든한 삶의 지원군이 되는 것이다. 하지만 아이들이 사는 시대에는 좋은 대학이라는 학벌이 그것을 보장해주지 않을 것이다. 벌써부터 그런 조짐이 다양한 곳에서 보이고 있다. 학벌이 전부가 아니다. 다른 무엇인가를 아이들은 갖추어 자기의 무기로 만들어야 한다. 현재 공교육은 명문 대학 입학에 중점을 주는 경향이 있다. 공교육에 발맞추어 열심히 공부하다 보면 어느 정도 대학은 갈 수 있을지 모른다. 하지만 좋은 대학가서는 어떻게 할 건데? 라는 질문을 스스로 해보았을 때, 그 답을 쉽게 할 수가 없다.

학벌 말고 다른 것이 무엇인지 어렴풋이 알고는 있다. 실력과 인성이지 않을까 개인적으로 생각한다. 그래서 나는 아이들을 공동육아 어린이 집을 거쳐 초등학교 입학부터 대안학교를 보냈다. 고양에 있는 '고양자유학교'라는 고등과정까지 있는 대안학교를 보냈다. 대안학교의 교육은 일반학교보다 아이들의 타고난 재능계발에 중점을 둔다. 그래서 아주 느리다, 모든 부분에서 그렇다. 일반학교의 교육철학이 아이를 이끄는 방법이라면 대안학교의 철학은 인위적 주입을 최대한 줄이고 옆에서 최소한의 도움으로 아이 스스로 찾아가도록 한다. 아이마다 성장과 발달이 천차만별이기 때문에 개별 케어와 교육에 집중하게 된다.

기회는 기회라고 인지할 때 잡아야 한다. 살면서 기회는 여러 번 온다고 한다. 문제는 기회를 기회로 인지하지 못하는 것이다. 인지하지 못하기 때문에 잡지도 못한다. 하지만 나의 머릿속 가장 많은 부분을 차지하고 있는 주제는 기회가 왔을 때 바로 알아 차릴 수 있다. 기회에 예민해지는 것이다. 현실에서 그 주제와 관련된 부분을 민감하게 인지하고 반응한다. 아이들 교육은 항상 나의 머리를 가득 채우는 주제 중의 하나였다. 육아휴직중인 나는 이 기간이 얼마 남지 않았다고 생각을 하면서 이 기간을 기회라고 인지했다. 이 기간 동안 어쩌면 평생 남을 값진 경험을 아이에게 안겨주어야겠다고 생각했다. 그때가 아이들 여름방학중인 2018년 8월 중순쯤이었다.

아이들은 영어 알파벳도 모른다. 대안학교에서 인지교육을 지양한다. 사교육도 받으면 안 된다. 작은 아이 반 아이는 도서관에서 하는 영어교육을 받다가 담임의 권유로 영어교육을 뒤로 미루기도 했다. 아이들은 비밀이 없기 때문에 학교에서 금방 알게 된다. 특히 저학년 아이라면 더욱 대안학교의 방침을 따라야 한다. 학원을 보내고 싶으면 학교를 그만두어야 한다. 그렇게 우리 아이도 영어 공부를 전혀 하지 않고 이곳을 왔다. 영어 알파벳도 모르는 우리 아이가 해외 학교에 다닐 수 있는 방법은 입학 테스트가 없는 학교를 가는 것이다. 다행히 동네엄마와 사전 방문한 사립학교는 입학테스트가 없다. 옆에 빌리지도 있어서 아이들이 편안하게 학교를 다닐 수 있고 여러모로 우리 아이들에게 안성맞춤 학교였다.

나중에 이야기 듣자하니, 한국 엄마들이 세부에 있는 좋은 학교에 들어가려고 대부분 입학테스트를 준비한다고 한다. 세부 학교는 학교마다 새 학기 시작시기가 다르다. 그래서 입학 시기 3개월 전에 세부를 와서 학원을 다니는 것이다. 학원도 한국 사람들이 운영하는 것이 대부분이다. 한국 못지않은 학원 비를 내고 입학 테스트 준비를 한다. 그래서 테스트 받고 초등학교를 입학하는 경우가 많다고 한다. 간혹 우리처럼 바로 테스트 없는 학교를 들어가기도 하지만 학교에 대한 욕심이 있는 경우에는 그렇게 한다.

세부에서 입학 테스트 없는 학교를 바로 보낸 이유는 다음과 같다.

첫째, 학원을 다니지 않고 바로 입학할 수 있다. 나는 특별히 시간을 두고 준비해서 세부 살이를 시작한 것이 아니다. 한 달 이내에 모든 준비가 끝나고 훌쩍 떠나 시작했다. 그래서 더욱 테스트 없는 학교가 필요했다. 바로 입학이 가능하기 때문이다. 하지만 시간이 있다하더라도 나는 아이들 학원을 보내지는 않았을 것이다. 아무래도 학원을 보내면 영어 공부를 열심히 해야 한다. 입학할 학교의 기초 수준에 맞추어서 아이의 실력을 끌어올려야 한다. 하지만 그것이 그렇게 쉽지는 않다. 입학테스트의 대부분이 영어로 하는 대화를 어느 정도 이해하고 반응하는가를 보는 경우가 많은데, 한국에서 태어난 아이들이 생소한 영어를 알아듣기에는 많은 시간이 필요한 것이다. 그 시간을 단축시키려면 그 만큼의 대가를 치러야 한다. 그렇게 되면 세부살이 본격적으로 하기 전부터 아이나 엄마는 진이 빠지게 된다. 스트레스로 시작된 영어에 대한 부담감이 생활하면서도 이어지지 않을까 생각한다. 그래서 나는 바로 입학할 수 있는 테스트 없는 이 학교가 정답이라고 판단했다.

둘째, 영어는 공부의 대상이 아니라 의사소통을 위해 필요하다, 라고 아이는 생각한다. 영어는 하나의 언어이다. 우리나라 사람은 의사소통의 수단일 뿐인 영어를 공부의 대상으로 여기며 살아왔다. 지겨운 공부의 대상이니 영어가 싫은 것은 당연한 것이다. 현지에서 살면서 필요에 의해 배우는 영어가 제대로 된 영어 공부법이라 생각한다. 시험을 잘 보기 위해 하는 영어는 시험을 잘 보고 나면 끝이다. 진급의 수단인 영어는 진급하고 나면 끝이다. 영어의 진정한 가치를 결코 알지 못하게 된다. 영어도 한국말처럼 자연스럽게 하려면 한국식 영어 관점을 버려야 한다. 필요에 의해서 영어를 해야 한다는 마음을 가질 수 있도록 환경을 조성하기 위해 바로 테스트 없는 학교에 입학시켰다.

셋째, 아이들은 놀면서 영어에 익숙해질 것이다, 라는 믿음이 있었다.

한국에서 어린아이들이 말을 배울 때를 생각해보자, 계속 듣다가 말하다가 뜨문뜨문 읽다가 마지막 쓰게 된다. 우선 기본적으로 배우는 것은 듣고 말하는 것이다. 놀면서 이것을 하게 되면 아이들은 빠른 속도로 알아듣게 되고 지지 않기 위해 자신이 필요한 말은 표현하게 된다. 놀이에서 살아남기 위해서 생존영어를 배우게 되는 것이다. 수홍이, 정아는 한국에서 초등하교 3, 2학년 다니다가 왔다. 알파벳도 전혀 모르고 왔지만 잘 적응하고 있다. 문제가 발생해서 특별히 내가 학교에 가야할 상황은 지금까지 없었다.

입학 시기는 맞추어서 오는 것이 좋다. 우리는 세부살이 갑자기 결정되고 최대한 세부살이 오래할 수 있는 것에 주안점을 두고 세부를 왔다. 왜냐하면 내가 육아 휴직할 수 있는 기간이 내년까지가 마지막이기 때문이다. 그래서 올 9월부터 시작하면 최대 1년 6개월 정도 세부살이를 할 수 있다. 보통 영어가 되려면 1년 6개월 이상 시간이 걸리기 때문에 빠른 진행이 필요하다고 판단했다. 물론 6개월만 하고 올 수도 있지만 말이다. 사람의 일이라 확실한 것은 없다. 지내보아야 확실히 알 수 있다. 적응이 잘되고 할 만하다 생각하면 한 해 더할 수도 있다고 생각했다. 이 학교는 6월 중순에 새 학기가 시작된다. 막탄에서는 대부분이 비슷하다. 세부에서는 8월 시작이다. 1년에 4번 시험을 보고 4번의 시험결과가 있어야 다음해 학년이 올라간다고 한다. 우리는 9월에 와서 시험이 한번 지나간 후였다. 이것으로 인해 진급에 약간의 문제가 있었다. 현재 는 친구들과 함께 진급해서 잘 다니고 있다.

학교 관련 문제는 내년에 진급이 안 된다는 것이다. 이것은 아이들이 새 학기가 시작되는 6월을 지나 9월에 입학하였기 때문이다. 현재 아이들이 학생의 신분이 아니라 시터의 신분이란 것이다. 그래서 상담을 했다. 한국에서 그동안 다닌 서류도 이미 낸 상태이기 때문에 진급을 안 시켜주는 것을 이해할 수 없다고 이야기했다. 학적 담당 교사는 상의해서 알려주겠다고 한 상태이다. 사실 아이들이 시터의 신분이라도 크게 문제되지는 않는다. 영어 수준은 낮기 때문에 한 번 더 같은 내용을 배워도 된다. 다만 잠깐이지만 사귄 친구들과 학년이 달라진다는 사실이다. 수홍인 자기만 진급이 안 된다면 한국으로 돌아간다고 이야기한다. 결국 나의 튜터와 함께 교육청에 가서 상담을 하고 진급이 되는 것으로 결정이 되었다. 마무리가 잘 되었지만 그 과정에 있어서 여러 번 번거롭고 신경을 쓰는 상황이 발생했다. 그래서 세부살이 계획이 있다면 입학시기는 맞추어서 오면 좋을 것 같다.

테스트 없이 아이들 학교에 보내면 영어를 생활로 접하게 된다. 테스트 있는 학교는 세부에 와서 입학 준비 공부를 해야 한다. 한국에서 아무리 영어를 잘한다고 해도 이곳에서 의사소통이 잘 되거나 영어실력이 좋다고 말할 수 없는 실력이다. 한국에서 노출시간에 한계가 있기 때문이다. 그래서 이곳에서 학원을 또 다니게 된다. 학원을 다니면 아이들은 한국의 연장선으로 영어를 접하게 된다. 오랜 시간은 아닐지라도 계속 그렇게 접하는 것은 바람직하지 않다. 특히 나의 아이들처럼 영어를 처음 접한다면 피해야 할 영어 공부법 1순위가 학원에서 공부하는 것이다. 영어공부를 어떻게 시작했는지 앞으로 영어를 인지하는데 중요하다 할 수 있다. 테스트 없는 학교 입학으로 아이도 엄마도 여유롭게 세부살이 시작하길 바란다.

제3장

세부 도착 2개월, 좌충우돌 정착 이야기

세부살이, 부딪히면서 준비하고 적응해라

세부살이를 준비할 때 한국에서 모든 것을 다 준비하지 못한다. 세부에 직접 가서 해야 할 것들이 있다. 그런 것은 세부에 도착해서 하는 것으로 마음 편하게 미루어 두면 된다. 세부 도착하면 이런 것들부터 먼저 처리한다. 모든 일에 우선순위가 있듯이, 가자마자 처리해야 할 것들을 미리 메모해둔다. 단지 도착 전에는 마음의 각오 잘 챙겨두면 좋다.

세부도착은 새벽이었다. 주로 비행기가 새벽에 있다고 해서 그러려니 했는데, 이양이면 낮에 도착하는 걸로 예매를 해도 된다. 여건이 안 된다면 어쩔 수 없지만 가능하다면 낮에 도착하면 급하게 해야 할 일을 처리하기에 좋다. 우린 세부 집에 도착하니 새벽 3시 가까이 되었다. 집안 청소가 안 되어 있어서 대충 청소를 하고 취침에 들어간 시간이 거의 아침에 가까웠다. 아이들도 피곤하고 어른들도 마찬가지로 몸이 녹초가 되었다. 새벽에 도착해서 청소까지 했으니, 그때의 피로감이 지금도 느껴지는 듯하다.

당일 오전에 집을 찾은 사람이 있었다. 빌리지 관리인인 P이다. P는 학교관리도 같이 한다. 아이들이 다닐 사립학교로 이 학교의 이사장이 이 빌리지도 건축해서 임대하고 있다. P는 서류를 들고 왔다. 집 계약서이다. 영어로 다 되어 있어, 어리둥절 이웃에 살고 있는 A를 불렀다. A와 함께 계약서를 확인하고 서명을 했다. "월세 3개월 디파짓과 2개월 어드밴스"라고 표현하는데, 이것은 월세 3개월분이 보증금이고, 2개월 월세는 미리 지불한다는 의미이다.

집 계약이 끝나고 간단히 아침을 해결했다. 한국에서 냄비나 라면을 챙겨왔기 때문에 그것으로 아침식사를 했다. 이 곳 세부는 인건비가 저렴한 것에 반해 사람의 기술력이 아직 좀 떨어진다. 그래서 식기나 기타 도구들이 우리나라 수준에 미치지 못한다. 수저 같은 경우도 옛날 우리나라에서 사용하던 수준의 것이다. 즉 감자 껍질 끓어낼 때 할머니들이 사용하던 양은 수저를 사용한다. 냄비도 바닥이 얇아서 쉽게 음식이 눌어붙는다. 프라이팬도 마찬가지이다. A한테 프라이팬은 꼭 사오라는 이야기를 들어 프라이팬 외에 냄비, 수저 기타 식기도구를 챙겨왔다. 프라이팬은 두개 정도 사왔는데, 냄비를 사오지 않아 나는 이곳 몰에 가서 세트로 되어 있는 것을 샀다. 가격은 한국과 비슷한데 질은 한국보다 훨씬 떨어졌다. 그래서 다음에 한국 나갈 때 냄비 좀 사와야겠다고 생각하고 있다. 한국에서 챙겨온 음식으로 간단히 아침식사를 하고 다음에 당장 해야 할 것을 생각했다.

당장 필요한 것은 먹는 것을 사는 것이다. 먹는 것이 중요하다. 한국과 한 시간 시차이지만 학교는 조금 더 적응할 시간을 갖고 보내기로 했다. 한 이틀 정도는 아이들은 쉬었다. 새 학기가 6월에 시작했기 때문에 더 쉬면 안 되었다. 택시를 불러 가까운 몰을 갔다. 필요한 물건이 무엇일까 생각해보았다. 쌀, 임시 먹을 물, 반찬, 고기, 과일, 통조림, 라면… 기타 마트를 돌면서 필요한 것들을 샀다. 남편이 있을 때 사 두어야 한다. 아이 둘 데리고 혼자서 물건 사다 나르는 것은 쉬운 일이 아니기 때문에 최대한 남편이 있을 때 해결하기로 했다. 너무 무리하면 병난다. 아이들 있는 엄마는 객지에서 병나면 안 된다. 엄마가 병나면 아이들도 힘들어지고 불쌍해진다. 이렇게 한 동안 먹을 음식들을 골랐다.

다음으로 구매해야 할 것들이 잠자는데 필요한 것들이다. 침대보와 이불이다. 베개는 있어도 되고 없어도 된다. 베개 같은 경우 우선, 소파의 쿠션을 사용하면 된다. 급한 것부터 구매하고 나중에 구매해도 늦지 않는다. 침대보는 1인용, 더블용, 퀸 사이즈용이 있다. 미리 사이즈를 체크해서 몰에 와야 한다. 이불은 얇은 것으로 해도 된다. 춥지는 않지만 그래도 안 덮으면 좀 허전한 감이 있다. 없어서 못 덮는 것과 있어도 내가 안 덮는 것은 다르기에 이불도 구매를 했다.

다음 날 학교 등록을 하러 갔다. 학교 들어가는 입구 가까이 한국식으로 말해서 행정실이 있다. 행정실로 들어가는 것은 아니다. 시골에서 시외버스 표살 때 조그마한 구멍으로 돈과 표를 주고받으면서 구매하듯이 그렇게 되어 있다. 기록할 양식을 주면 그것에 기록을 하고 입학금과 학비를 낸다. 학비는 매달 낸다. 수홍이, 정아는 6월 학기시작인데 9월, 중간에 들어왔기 때문에 입학금도 학비와 함께 매달 낸다. 학비와 입학금을 합해서 대략 9100페소이다. 한화로 계산하려면 당시 환율인, 22.5를 곱하기하면 된다. 대략 20만원이좀 더 된다. 등록이 끝나고 교복과 체육복을 그곳에서 샀다. 아이들에게 견본품을 직접 입혀보고 해당되는 사이즈를 달라고 한다. 교과서 신청도 했다. 학생 비자 신청도 학교에서 해준다. 필요한 수수료를 내면 된다. 여기까지 하면 학교 등록은 끝났다. 필요 서류는 한국에서 미리 보냈기 때문에 내일부터 당장 등교하면 된다.

한국에서 챙겨오면 좋은 물건들에 대해서 정리해봤다. 먹는 것으로 김이나 미역, 각종 통조림 종류가 필요하다. 이곳은 더운 나라라서 음식 보관을 오래 하지 못한다. 냉장고에 있는 음식까지 열고 닫을 때 따뜻한 공기가 들어감으로 쉽게 상한다. 그렇기 때문에 김이나 미역은 건조, 가공 식품이라 보관이 좋다. 그리고 아이들 영양섭취에도 좋기 때문에 강추하고 싶다. 통조림은 비상 식재료이다. 그래도 입맛에 길들여진 것들이 간혹 필요할 때가 있다. 통조림 역시 보관이 좋기 때문에 간혹 요긴하게 먹을 수 있다. 옷은 여름옷으로 가지고 오는데, 여름옷 중에서도 천이 얇은 옷으로 가지고 와야 한다. 날씨가 워낙 덥기 때문에 너무 짧은 것은 안 되고 나시 보다는 소매가 있는 것이 좋다. 집 안에서는 나시가 좋다. 남자아이들도 소매 없는 얇은 티가 필요하다. 특히 땀을 많이 흘리기 때문에 넉넉히 준비하면 좋다.

그리고 이웃에 사는 A가 한국 나갈 때 마다 꼭 사는 물건이 있다. 그것은 한국 수세미와 고무장갑이다. 수세미는 한국에서 가판대에 1,000원씩 받고 파는 것도 이곳 세부물건 보다 좋다는 것이다. 고무장갑도 역시 마찬가지이다. 또한 속옷 비누를 준비하면 좋다. 왜냐하면 더운 나라라 속옷은 정말 자주 갈아입어야 한다. 그렇지 않으면 요로염이나 기타 질병이 걸릴 수 있다. 특히 여자아이는 더욱 신경을 써야한다. 그래서 속옷을 세척하는 비누이기에 한국 속옷비누를 유용하게 사용된다.

한국 물건이 좋다고 물건들을 다 사올 수는 없다. 사다보면 한도 끝도 없다. 이것도 저것도 한국 물건에 욕심이 생긴다. 하지만 그럴 필요까지는 없다. 세부살이 끝날 때까지 사용해야 하는 것은 한국 물건으로 챙겨 가되, 소모품들은 세부물건으로 사용해도 좋다. 세부에 사는데, 세부 물건을 사용한다는 마인드로 바꾸어야 한다.

세부도 사람이 사는 곳이다. 없는 것 없이 다 있다. 한국마트도 여러 개 있다. 그렇기 때문에 필요한 몇 가지만 미리 준비해오고 나머지는 현지에서 구매해서 사용해라. 이것만은 꼭 챙겨가야 한다는 것 제외하면 웬만한 것은 세부에서 해결하면 된다. 살아보지도 않고 미리부터 걱정할 필요는 없다. 처음 세팅하는 것은 한 1주일 개미처럼 사다 나르고 열심히 살림 장만한다고 마음먹으면 특별히 문제될 것 없다. 모든 것은 마음먹기에 달렸다. 자신의 의지에 달린 것이다. 자기 확신대로 세부 세팅도 수월하게 진행될 것이다.

도착 전,
집 청소만은 미리 부탁하자

　보통 집을 이사하여 입주하기 전에 청소를 한다. 나는 여러 번 이사를 다녔다. 소유한 집은 생활지에 있지 않아서 전세를 주로 살았다. 이사를 할 때마다 입주 날을 하루 미루고 청소를 했다. 비어있는 집이라면 미리 가서 청소를 했다. 완벽하게는 아닐지라도 그렇게 미리 청소를 하고 들어갔다. 새 집일 경우에는 더욱 신경을 써야 한다. 공사 후에 정리를 어느 정도 하였겠지만 살기에 깨끗한 정도는 아니다. 이때는 청소업체에 의뢰하면 좋다. 눈에 보이지 않는 곳까지 세심하게 해주는 것이기에 돈이 아깝지 않다.

　이사 전 청소는 세부살이할 때도 마찬가지이다. 세부살이 할 집이 새로 지은 집이면 도착 전 반드시 청소가 필요하다. 그래야 도착하는 새벽, 고생하지 않고 바로 잘 수 있다.

　우리는 9월 17일 새벽에 세부에 도착했다. 정확히 1시 50분에 도착하여 강아지 수속까지 모두 마치고 공항 문을 나서는 시간이 거의 3시가 다 되었다. 이웃인 A가 현지 렌트회사에 픽 드럽을 의뢰했다. 현지인이 나의 이름을 쓴 네임카드를 들고 공항 입구에 서 있었다. 별것 아니지만 환영 받는 듯 한 느낌을 받았다. 내 이름이 불려지는 것은 어떤 상황에서도 기분 좋은 일이다. 그 것이 픽업업체라고 하더라도 좋다. 그렇게 우리는 렌트 차를 탔다. 현지 기사 가 친절히 가방까지 들어서 차에 실었다. 이른 새벽시간이었지만 피로감도 잠시 잊었다. 렌트한 집이지만 그래도 한 동안 살 우리 집을 향해 간다는 생 각에 졸리지도 않았다. 아이들도 들뜬 기분이다. 남편 역시 피곤하기는 한 표 정이었지만 새로운 곳에 대한 기대감과 긴장감이 함께 보였다. 그렇게 20분 정도 달려 도착한 곳, 가드가 있는 정문을 통과해서 빌리지 안쪽으로 들어갔 다. 집이 많은 빌리지는 아니었다. A가 마중을 나와 있었다. 다행히 A의 집과 멀지 않은 곳에 우리가 거할 집이 있었다. A로부터 열쇠를 건네받고, 짐을 내 려서 집안에 넣고 렌트 직원을 보냈다.

집에 현관문을 여는 순간, 배달된 큰 짐들이 바로 보였다. 냉장고, 사람 키 만 한 스탠드 선풍기 2개, 전기 스토브, 기타 등등 박스채로 1층 거실을 가득 채웠다. 새벽 3시 30분. 시간으로 봐서는 다 덮어두고 잠부터 자야했지만 당 장 필요한 냉장고부터 세팅하기 시작했다. 더운 나라가 아니라면 이것도 생 략하고 취침에 들어갔을 것이다. 냉장고 세팅을 하다 보니, 바닥이 너무 더러 웠다. 그러면서 생각한 것이 이 집의 첫 주인이 우리라는 것을 인지했다.

"맞아~, 이 집은 새집이야~"

우리가 첫 주인이기 때문에 그 전에 한 번도 정성스런 청소가 안 된 집이다. 물론 공사한 사람들이 대충 청소는 한 느낌이 난다. 하지만 생활을 할 수 있 을 정도의 상태는 아니다. 다시 청소를 해야 한다. 청소 도구도 없는데 난감했 다. 해외 살이하면서 걸레를 챙겨 와야 한다고 생각하지 못했다. 그래서 수건 을 잘라서 즉석 걸레를 만들었다. 냉장고 세팅하고 다른 물건들 한쪽으로 정 리하고 바닥청소를 하기 시작했다. 빗자루가 너무 아쉬웠다. 빗자루라도 있 으면 한번 쓸고 걸레질하면 걸레가 덜 더러워 질 텐데, 라고 생각하면서 걸레질을 했다. 걸레질을 하니, 그야말로 실내라서 실내로 인지하지 걸레에서 묻어나오는 것은 밖의 보도 블럭을 닦아낸 것처럼 더러웠다. 도저히 잠을 잘 수가 없다. 어른들만 있다면 그냥 대충하고 잘 것 같은데, 아이들이 있기 때문에 더욱 그냥 잘 수가 없다. 면역력이 어른보다 약한 아이들이기에 바닥의 먼지가 아이들 콧구멍을 통해 폐 깊이 들어가면 안 되기에 본격적으로 소매를 걷어붙였다.

2층으로 올라가 보았다. 집의 구조가 한국과 다르다. 2층집인데, 1층은 부엌과 거실이다. 세미퍼니처 월세라 기본적인 가구들이 비치되어 있다. 에어컨, 소파, 싱크대, 식탁, 의자가 1층에 있다. 잠을 자는 곳은 2층이라 1층 바닥 청소를 대충하고 2층으로 올라갔다. 2층에는 방이 3개 있다. 각 방마다 침대와 장이 놓여 있다. 물론 에어컨도 비치되어 있다. 에어컨은 필수이다. 날씨가 너무 덥기 때문에 현지 적응하는데, 이 에어컨은 꼭 있어야 한다. 2층도 상황은 마찬가지이다. 잠을 자려면 청소를 하고 자야 할 상황이다. 에어컨 작동부터 해보았다. 시원한 바람이 성능은 아주 좋다. 문제는 바닥이 거의 바깥수준의 상태라는 것이다. 거의 검은색으로 변한 수건을 가지고 와서 바닥을 닦았다. 2층부터 바닥청소를 할 걸, 이라는 생각을 하면서 열심히 닦았다. 3번 걸레질을 해도 시커먼 먼지가 계속 나온다. 야밤에 벌을 서는 기분이다. 청소하는 벌. 그래도 별 수가 없다. 아이들 건강을 위해 열심히 몸을 움직일 수밖에 없다.

다행인 것은 새집이지만 나쁜 냄새가 나지 않는다. 새집을 들어가면 특유의 냄새가 있다. 집을 만들면서 사용하는 화학제품의 냄새이다. 그것이 건강에는 좋지 않다. 아토피증상이나 비염, 기타 건강에 안 좋은 영향을 미친다. 새집에서 살면 이런 증상이 나타난다고 '새집 증후군'이라고 한다. 그래서 새집을 꺼리는 사람도 있다. 내가 꺼리는 사람 중 한 명이었다. 내심 새집이라는 것이 마음에 걸렸는데, 생각 외로 특별히 새 집의 냄새가 난다는 그런 느낌은 없다. 나중에 살면서 보니, 그럴 수밖에 없다는 생각이 든다. 이 곳은 공산품의 기술력이 떨어질 뿐 아니라 가격도 비싸다. 벼농사도 농약 살 돈이 없어서 다 유기농으로 재배한다, 라고 하는 것처럼, 집 짓는 것에도 똑 같은 상황이 적용된다. 최대한 비싼 화학제품들을 덜 사용하고 집을 짓는다. 그리고 집에 틈이 많다. 더운 나라이기 때문에 꼼꼼하게 마감처리를 하지 않는다. 예를 들어 에어컨 구멍이 에어컨보다 커서 밖의 바람이 자유자재로 들어오고 나간다. 자연환기가 되는 것이다. 화학제품을 썼다고 해도 창문을 특별히 열지 않아도 자동 환기처리가 된다. 그래서 새집증후군 증상이 없다는 점만으로도 감사하게 생각한다.

2층 청소까지 열심히 하고 보니 아이들은 1층 소파에서 잠에 곯아 떨어졌다. 아이들은 아이들대로 지쳤다. 가까운 동남아이지만 4시간 30분 비행기 타고 왔지, 공항에서 입국 절차 받는다고 서 있었지, 그것도 잠도 못 자고 이른 새벽시간까지 깨어있었으니 얼마나 피곤했을까? 안쓰럽기까지 했다. 어른은 어른대로 고생이다. 무엇보다 청소가 안 되어 있었다는 것이 가장 곤란한 부분이었다. 새벽에 도착해서 짐은 다음날 풀고 바로 잘 수 있는 상황이면 가장 좋았을 텐데, 여건이 그렇지 못했다. 새벽에 바닥을 기면서 청소한 것이 가장 치명타였다. 세부 첫 시작을 바닥을 기면서 청소 한 것. 두고두고 기억에 남는다.

다음 날 우리는 늦게 일어났다. 늦게 일어났다기보다 새벽에 자서 조금 자다가 일어났다고 할 수 있다. 아이들 배고프다는 소리에 잠을 깼다. 한국에서 햇반과 라면을 사서 왔다. 도착 다음날 아침을 해결하기 위해서 미리 준비했다. 아침은 먹고 쇼핑을 가야하기 때문이다. 청소한다고 녹초가 되어 쓰러져

잤는데……. 아이들 소리에 억지로 몸을 일으켰다.

"엄마~! 배고파. 밥 줘요."

혼자 있었다면 밥보다 잠을 청했을 것이다. 엄마는 강하다, 라는 말대로 아이가 배가 고프다는데, 먹여야지, 하면서 일어났다. 햇반에 라면을 반찬 삼아 먹었다.

미처 생각을 못했기에 도착하자마자 청소한다고 더욱 힘을 뺐다. 한국에서도 이사를 가려면 청소부터 하는 것이 일의 순서였다. 여러 번 이사를 다니면서 그렇게 청소하고 들어갔었다. 세부도 집에 이사 들어가는 것이기에 청소를 생각했어야 했다. 더군다나 새벽에 그 집에 들어가는 것인데, 가장 중요한 부분을 놓친 것이다. 새벽에 들어가자마자 집안 환경을 만들어 두었어야 했다. 최소한 청소 정도는 되어 있어야 했다. 잠을 자려면 이불, 베개, 침대보 정도도 있으면 좋다. 한국에서 이런 것을 사 가지고 가기에는 무리이고 그곳에서 준비가 되어야 한다. 만약 들어가는 집이 모든 것이 세팅이 된 집이면 신경 쓸 것이 없다. 새벽에 도착해서 바로 자면 된다. 하지만 우리와 같은 상황, 즉, 한국에서 새 집을 렌트하고 들어가는 경우이다. 이불, 베개, 침대보는 생략하더라도 새집이기에 반드시 청소는 해결을 하고 가야 새벽에 도착해서 바로 잘 수 있다.

살면서 지금 생각해보니, 그때 청소를 부탁해도 되었다 싶다. 새집이란 것을 염두에 두고 청소를 미리 부탁을 했어야 했다. 학교가 빌리지 관리를 하고 있으니, 학교에 의뢰를 해도 되었다. 방법은 찾으면 많다. 중요한 것은 청소를 해야 한다는 생각자체를 못했다는 점이다. 외국에 있을수록 자신이 필요한 것은 먼저 생각해서 요구를 해야 한다. 어떤 누구도 내가 필요한 것을 알아서 채워주진 않는다. 야밤 빡세게 청소하면서 소중한 배움을 얻었다.

세부 오는 항공은 대부분 새벽에 도착한다

세부에 오는 비행기의 도착시간이 대부분 새벽이다. 그래서 누군가 세부 집을 온다고 하면 가장 고민스러운 부분이 이 부분이다. 왜냐하면 픽업을 해야 하기 때문이다. 특히 한국 사람들은 필리핀에 대한 안 좋은 이미지를 가지고 있다. 간간히 사건 사고들이 나기 때문에 그런 이미지를 가지게 되었다. 사실, 어느 나라에서나 위험은 있는 법, 단지 그 사건이 총과 관련된 사건이라 더욱 예민한 것 같다. 그렇게 따지면 미국이나 캐나다도 마찬가지 위험한 나라라고 할 수 있겠다. 어찌하였든 안 그래도 두려운 나라인데, 비행기 도착시간이 대부분 새벽이다 보니 사람들은 마음이 편안하지 않은 것이다. 그래서 가족이나 지인이 오면 고민스럽게 된다.

작년, 남편은 여기, 세부를 두 번 왔다갔다. 우리는 2018년 9월 17일 날 이곳 세부에 왔다. 처음에는 함께 왔었고, 그리고 한 번 더 왔었다. 남편이 두 번째 올 때도 새벽에 도착했다.

'어떻게 하지? 내일 아이들은 학교를 가야하고……. 내가 마중을 나갈 수도

없고…….'

남편이 오기 몇 일전부터 고민을 했다. 남편 도착 시간은 거의 새벽 2시였다. 그 날이 평일이라 아이들 학교 때문에 같이 나갈 수도 없는 상황이었다. 아이들을 재우고 나갈 수도 없다. 아이들이 자다가 일어날 수도 있기 때문이다. 밤이라 또 택시를 타기에도 위험해, 라고 생각했다. 우리나라에서도 택시 관련 사건사고가 간혹 발생한다. 그렇기 때문에 야밤에 택시 타는 것은 한국에서나 세부에서나 좀 꺼리는 마음이 있었다. 결국 다른 누군가가 우리를 대신해서 공항에 픽업하러 가야 한다.

내가 있는 이곳, 막탄은 세부 옆에 있는 섬이다. 막탄 공항과도 가깝다. 차로 가면 15분정도면 거뜬히 간다. 아주 가까운 거리이지만 상황이 여의치 않아서 픽업하기가 어려운 것이다. 그래서 지인을 통해서 알아보니, 렌트 회사에서 픽업대행을 해준다는 것을 알게 되었다. 픽업회사를 통해서 새벽 픽업을 할 수 있었다.

픽업하는 방법은 현지 스마트 폰으로 한다. 간단히 메시지로 의뢰할 수 있다. 나는 영어가 아직 익숙하지 않다. 사실 언제 익숙할지 기약이 없다. 아이들은 학교에서 계속 영어에 노출되지만 엄마들은 영어 노출이 환경적으로 힘들다. 학원이나 튜터 공부를 하는 1시간 2시간이 전부이다. 아이들이 학교에서 8시간동안 시간을 보내면서 노출되는 것에 비해 아주 적은 시간이다. 노력이 많이 필요한 부분이다. 아이들을 위해서도 영어 공부를 해야 한다고 생각하지만 나는 또 하는 일이 있다 보니, 생각처럼 잘 안 된다. 그나마 영어를 메시지로 주고받는 것이 말하고 듣는 것보다는 좀 낫다. 이해가 조금 낫다고 볼 수 있다. 물론 대부분의 내 나이 또래 사람들은 그럴 것이다. 우리가 영어를 배울 때는 회화위주가 아니라 시험위주로 공부를 했기 때문이다. 그때 시험을 못 봐도 좋으니 회화중심으로 배울 수 있었으면 얼마나 좋았을까 하는 아쉬움을 가지면서 나는 메시지를 보냈다. 그나마 렌트 회사에 메시지라도 보낼 수 있어 다행이라고 생각한다. 메시지는 간단히 보내면 된다.

"I need a car tonight 2 am."

요 정도로 보내면 그곳에서 연락이 온다. 그러면 렌트 회사에서 담당 직원 전화번호와 이름을 메시지로 보내준다. 담당자는 픽업당일 새벽 2시에 나의 집으로 온다. 그러면 나는 픽업할 사람의 이름이 적힌 네임보드를 미리 만들어 두었다가 그 사람에게 주어서 공항으로 보낸다. 네임보드에는 픽업할 사람이름과 항공편에 대한 정보, 나의 전화번호, 기타 픽업에 필요한 내용을 적는다. 이것의 지불은 시간당 지불한다. 아주 많이 비싸지는 않지만 쓸데없이 시간을 낭비할 필요는 없다. 방문 시간 적절하게 제시하여야 한다. 만약 비행기 의 도착시간이 01시 50분이라고 하자. 그러면 짐 찾고 나오면 대략 1시간 정도 소요된다. 그래서 2시쯤 집으로 부르면 얼추 시간이 맞다.

그렇게 남편은 3시 좀 넘어서 세부 집에 도착했다. 세부에서 필요한 짐으로 가방은 무겁다. 1인당 가지고 올 수 있는 짐이 위탁은 10kg, 그리고 비행기에 소지하고 들어갈 수 있는 가방이 있다. 물론 항공사에 따라 짐무게는 다르다. 렌트하면 직원이 가방을 차에 실고 내려주고 해서 좀 더 수월하다. 하지만 가족이나 지인 중에서 나이가 많거나, 여성들이 온다고 했을 때는 즉, 친정어머니나 언니가 올 때는 상황이 다를 수 있다. 새벽이라도 좀 더 편안하게 느끼고 안전하기 위해서는 직접 픽업을 나가는 것이 가장 좋다.

오늘 아침 바닥을 쓸고 이제 노트북을 켜고 작업을 하려는데 캐빈이 이층에서 내려온다.

"캐빈, 잘 잤어? 일찍 일어났네~"

캐빈은 우리 옆집에 사는 한국아이이다. A의 아들이다. 이 곳에 온지 2년 정도 되었다. 이 곳에서는 대부분 잉글리쉬 이름을 가지고 있다. 왜냐하면 외국아이들이 한국 이름을 부르기 어려워서 잉글리쉬 이름을 지어준다. 친구들과 잘 지내라는 의미이다. 캐빈은 어제 우리 집에서 잤다. 나이 어림에도 불구하고 이웃 형아 집에 잔 이유는 오늘 새벽 할머니랑 이모가 공항 도착이라 새벽에 엄마가 픽업을 나갔기 때문이다. 씩씩한 캐빈 우리 집에서도 잘 잤다.

사실 외국에 나와 보니, 이웃 간에 서로 배려하고 도와야 한다는 생각을 더욱 하게 된다. 특히 이웃에 한 두 명의 한국 사람이 있으면 가족처럼 서로 의지하며 살게 된다. 어려운 일이 있어도 서로 힘이 되어준다. 새벽공항 픽업 같은 경우에도 아이가 어리더라도 하루 밤 부탁을 해서 문제해결을 할 수 있다. 만약 아무도 없다면 새벽 2, 3시에 다음날 학교 가는 아이를 데리고 공항을 가든지 아님 세부 오는 가족들에게 야밤 공포 드라이버를 선물하든지 해야 한다. 공포 드라이버도 심장이 약한 가족들은 예외이다. 그래서 A는 친정어머니와 언니 새벽 픽업을 직접 나선 것이다.

해외에 있다 보면 집을 방문하는 사람들이 종종 있다. 가족들은 걱정 반, 궁금함 반으로 주로 방문 한다. 눈으로 잘 살고 있는지 확인을 하고 싶은 것이다. 나의 어머니도 팔순이 넘었지만 항상 걱정을 하신다. 필리핀 위험한 나라라고 하는데, 잘 있니?, 조심해라, 라고 말하면서 안 그래도 걱정이 취미이실 정도로 사서 걱정하시는 어머니에게 제대로 된 걱정거리를 안겨다 주었다. 하지만 생각만큼 그렇게 위험한 곳은 아니다. 어느 나라이든 자기하기 나름이라 말할 수 있다. 사실 가까이에서 총기사건이 났었다. 처음에는 밤에 잠이 오지 않았다. 하지만 대부분의 총기 사건의 이유가 마약이나 보복이라고 한다. 현지사람들은 바로 옆에서 총기사건이 나도 전혀 개의치 않았다. 총기사건 자체로 동요되거나 하지 않았다. 자기들끼리의 싸움일 경우가 많기 때문이다. 원한을 산다거나 마약관련 일 등, 특별히 필리핀에서 금기시 하는 나쁜 일을 하지 않는다면 그런 사건에 연루되지 않는다. 필리핀이라고 무조건 위험한 것은 아닌 것이다.

지인이 세부 집을 방문하는데, 새벽에 도착할 경우에는 고민을 한다. 하지만 크게 문제가 되지는 않는다. 렌트회사 대행을 맡기는 것이 가장 편안하면서 안전하다. 이 곳에서도 렌트 회사끼리 경쟁이 있어 직원관리도 신경 쓰고 서비스도 좋다. 짐이 있으면 싣고 내려서 집안까지 들어다 준다. 만약 방문하는 사람들이 나이가 많거나 여자 분일 경우 세부에 대한 선입견 때문에 불안한 마음을 가지고 있기 때문에 가족이 직접 나가는 것이 좋을 수 있다. 그럴 때 아이가 어리다면 이웃에 부탁을 해서 하룻밤 아이를 재우면 된다. 한국과 달리 그것도 별문제가 안 된다. 서로 애로사항에 대해 잘 알고 있기 때문이다.

사실 세부 오는 비행기가 주로 새벽에 있다는 것이 조금 아쉽다. 한국에서 가장 가깝고 사람들의 왕래도 많고 교민들도 많은데 왜 주로 새벽에 도착하는지 잘 모르겠다. 항공사만의 이유가 있을 것이라 생각한다. 이곳 교민들은 1년에 한 번씩은 한국을 다녀온다. 왜냐하면 티켓 유휴기간이 1년이기 때문이다. A는 한국에서 입국하는 날은 공항 앞에 있는 호텔에서 1박을 하고 들어온다. 차로 15분 거리이지만 새벽이라 자고 들어온다고 한다. 돈은 조금 들지만 안전한 방법이다. 새벽도착이지만 다양한 방법을 찾게 된다. 인간은 적응의 동물이기에 어떤 상황에서도 적절한 적응력을 발휘한다. 처음에만 새벽도착이 불편하게 느껴졌을 뿐이다. 세부의 문화처럼 이것도 수용한다. 로마에 가면 로마법을 따르듯이, 새벽비행기가 세부만의 문화처럼 자연스럽게 받아들이게 된다.

처음 왔을 때, 이동수단은 Grab택시이다

"엄마, 칼국수 먹고 싶어."

휴일이면 가끔씩, 칼국수를 먹으러 갔다. 일산에 유명한 칼국수 집이 있다. 그곳은 닭고기로 육수를 우려내고 닭고기까지 고명으로 듬뿍 올려주는 집이다. 아이들 영양보충으로도 제격이다. 맛도 좋아서 주말이면 간혹 간다. 집과는 좀 떨어져 있는 곳이지만 크게 문제되지 않는다. 자가용을 타고 부르릉~! 한 30분이면 넉넉하게 도착한다. 자가용이 있으니, 먹고 싶은 맛집의 음식, 마음만 먹으면 먹을 수 있다. 마트 가는 것도 늦은 밤에도 급한 것이 있으면 가까운 거리라도 밤이라 차를 타고 갔다 온다.

한국에 있을 때 자가용은 나의 발이었다. 자가용이 있었기에 행동의 제약을 받지 않았다. 아이들이 원하는 것, 요리를 하다가 갑자기 필요한 양념도 후루룩 갔다 올 수 있다. 의례 그랬었기에 크게 불편함 없이 살았었다.

세부에 처음 와서 가장 불편한 것이 마음대로 다닐 수 없다는 것이다. 내가 살고 있는 이곳은 마트와 좀 떨어져 있다. 가드 하우스까지 걸어서 나가는 데도 한참이 걸린다. 가드 하우스가 있는 정문 앞 도로에도 택시는 잘 다니지 않는다. 큰 길이 아니고 작은 길이기 때문이다. 그래서 어디를 가는 것이 여간 큰 맘 먹지 않으면 힘들다.

세부에 처음 도착했을 때, 소소하게 살 것들이 많다. 월세자체가 세미 퍼니처라 웬만한 큰 가구들은 다 있지만 나머지 소소한 것들은 사야 했다. 당장 필요한 것이 마시는 물이다. 이 곳은 석회수라 수돗물을 먹을 수가 없다. 물이 가장 시급하다. 밥을 해 먹기 위해서도 당장 물이 필요하다. 숟가락은 한국에서 가져왔다. 가져오기를 잘했다. 여기 숟가락은 너무 빈약해서 매일 먹는 숟가락은 꼭 필수로 가져와야 한다. 밥그릇, 물 컵, 소쿠리, 냄비 같은 것들, 그리고 청소할 때 필요한 세제, 비누, 기타, 하루에 다 사서 나를 수가 없다. 이런 것들은 없으면 당장 불편한 것들이 대부분이다. 그렇기 때문에 생활하는데 꼭 필요한 것들이다. 메모를 해서 구매를 해야 한다. 메모를 해도 놓치는 것이 있어서 최소 3~4번 이상은 마트를 왔다 갔다 해야 한다.

만만하게 이용할 수 있는 이동수단은 크게 4가지가 있다. 트라이시캇, 트라이시클, 지프니, 택시이다. 트라이시캇은 자전거이다. 자전거 옆에 사람 두 명이 탈 수 있는 의자를 달았다. 필리핀 사람들은 체구가 작아서 두 명 타고 한국 사람은 어른 두 명은 좁고, 어른 하나, 아이 하나 정도 타면 되는 공간이다. 지붕도 있다. 비가 불현듯 내리는 이 곳 날씨라, 지붕이 없으면 안 된다. 햇볕 가리용으로도 사용한다. 임시로 한 것 같은 느낌이 들 정도의 지붕이지만 요긴하게 사용된다. 트라이시캇은 가까운 거리에 유용하게 탈 수 있다.

트라이시캇은 정말 돈 없는 가난한 사람들이 자전거를 개조해서 돈 벌이를 하는 것이다. 트라이시캇을 하는 사람들의 행색은 허름하다. 가난한 사람이란 느낌이 든다. 연령대도 다양하다. 어린 아이부터 노인에 이르기까지 천차만별이다. 빌리지 근처에서 음식을 먹고 한 번 타 본적이 있다. 할아버지가 끄는 트라이시캇이었다. 마른 체형의 할아버지, 나는 타고 가면서도 그 뒷모습이 안쓰러워 보였다. 기름이나 전기를 사용한 기계로 이동하는 것이 아니라 사람이 직접 힘들여 이동한다는 것이라 돈을 지불하지만 미안하다는 생각이 들 정도였다. 먼 거리가 아니라 짧은 거리라 다행이다, 라는 생각을 했다. 반면, 아이들은 신나 했다. 생전 처음 타보는 트라이시캇이 놀이처럼 여겨지는 모양이었다. 집까지 왔지만 한 번 더 타고 싶다고 한다.

트라이시클은 트라이시캇보다 좀 더 먼 거리를 갈 수 있다. 이 것을 타고 주변 몰까지 가본 적이 있다. 타고 20분 정도 달렸다. 구조는 트라이시캇과 비슷하다. 오토바이 옆에 사람이 앉을 수 있는 지붕이 있는 의자를 달았다. 한 가지 다른 점은 트라이시캇보다 사람을 더 태울 수가 있다. 오토바이 뒷자리에도 탄다. 오토바이 바로 옆 두 사람, 의자 뒤쪽에 2사람. 오토바이 운전자 뒤에 2사람을 태워 택시만큼이나 사람을 태운다.

지프니는 한국의 마을버스 같은 개념이다. 대신 큰 도로만 다닌다. 차 자체도 작고 무조건 앉아서 가야한다. 설 수 있는 공간이 안 된다. 설 수 있는 곳 한 곳은 차 뒤쪽 옛날 우리나라 버스 안내양처럼 매달려서 가는 곳에서 서있을 수 있다. 손님이 많은 경우, 남자들은 뒤에 서서 간다. 처음에는 저 사람은 지프니 직원인가? 그렇게 생각했었다.

이 지프니를 자가용으로 사용하는 집도 있다. 가족이 많은데 좋은 차를 살 형편은 안 되고 차는 있어야 하고 할 때 지프니를 자가용으로 사용한다. 현재 우리 바로 옆집이 그렇다. 대가족이 함께 살고 있다. 지프니 운전은 할아버지가 하신다. 할아버지라도 젊은 할아버지이다. 평소 애지중지 항상 차를 닦으시고 새벽이면 식구들 직장을 데려다 주는지 식구들을 태우고 나간다. 이것도 처음에 지프니 영업하시는 분이 이사 오셨구나 생각했는데, 자가용이라는 것을 나중에 알게 되었다. 어쨌든 지프니는 자가용보다 많은 사람을 태울 수 있으니, 대가족에게는 유용한 차이다.

나는 물건을 살 때 Grab택시를 타고 다녔다. 이동수단이 이렇게 여러 개가 있지만 나에게 적당한 것은 Grab 택시였다. 왜냐하면 필요한 물건을 사려면 가까운 마트보다 집과 떨어져 있는 큰 몰을 가야 하기 때문이다. 그리고 Grab 택시는 집 앞까지 부르면 온다는 장점이 있다. Grab 택시이용 방법은 스마트폰으로 앱을 깔면 된다. 앱을 깔고 그 앱에서 나오는 순서대로 간단히 택시를 부를 수 있다. 영어로 다 되어 있지만 영어를 잘 하지 못하더라도 이용하는데 무리가 없다. 사용하기 쉽게 되어 있다.

Grab 택시의 단점은 부르고 나서 기다려야 한다는 점이다. 어떨 때는 빨리 오는 경우도 있지만 대부분 좀 기다려야 한다. 차가 오는 것이 네비처럼 앱에서 확인이 된다. 오다가 되돌아가는 경우도 있다. 그러면 그 회사에서 다른 택시를 다시 불러주는 시스템이다.

한 번은 몰에서 장을 보고 입구에서 택시를 불렀었다. 아무리 기다려도 택시가 오지 않는다. 몰 입구가 정문과 후문이 있는데 나는 후문 쪽에 있었고 이 택시 기사는 후문을 찾지 못하고 포기하고 가버렸다. 그래서 결국 다른 Grab 택시를 불러야 했다. 무사히 집에 올 수 있었지만 그날은 많이 기다렸다. 지금 돌이켜 생각해봤을 때 물건이 많지 않다면 트라이시클을 타도된다. 트라이시클은 15분~20분 거리면 충분히 운행을 한다. 몰 바로 옆에 대기하고 있는 트라이시클은 많았다. 집에서 갈 때는 Grab 택시를 타고 올 때는 트라이시클을 타고 오면 된다.

세부에 처음 도착하면 생필품을 많이 구매하러 다니게 된다. 그럴 때 이동수단이 마땅찮아서 고민하게 되는데, 그나마 가장 편안한 이동수단이 Grab 택시이다. 처음에 오면 지리도 잘 모르고 하기 때문에 Grab 택시가 제일 무난하다. 택시비는 한국물가에 비해 저렴한 편이라 부담이 없다. 한국에서 오기 전부터 Grab 택시 앱을 깔고 사용하는 방법을 연습해오면 좋다. 특히 기계에 약한 사람일 경우 연습도 몇 번씩 하고 오면 된다. 아무리 간단한 것이라도 처음 할 때는 어렵게 느껴지는 것이니, 미리 그런 마음 없이 편안하게 사용하기 위함이다. Grab 택시 타고 다니면서 필요한 물건도 사고, 차츰 길도 익히고 하면서 세부에 조금씩 익숙해진다. Grab 택시와 함께 점점 세부 사람이 되어 가는 것이다.

도착 한 달 이내에 꼭 챙겨야 할 중요한 일이 있다

어느 날 남편으로부터 전화가 왔다.

"자동차가 길에서 섰어."

자동차가 운행 중 속도가 줄더니 갑자기 도로에서 섰다는 것이다. 위험한 상황이었다. 다행히 길 옆 카 센터가 있어 그곳에 끌고 가서 확인하고 있다고 한다. 남편의 자동차는 출퇴근용으로 사용하고 있다. 주로 집에서는 내 자동차를 타고 다닌다. 둘 다 직장생활을 하고 있기 때문에 2개의 자동차가 필요해서 그렇게 사용하고 있다. 어느 날 남편의 차를 탔는데, 차에서 이상한 소리가 귀에 들렸다.

"딱딱."

아주 미세하게 들렸다. 남편은 전혀 인지하지를 못하고 있었다.

"여보, 이상한 소리가 들려. 안 들려? 카 센터라도 가 봐요."

라고 이야기를 했다. 그리고 며칠 있다가 다시 남편 차를 타게 되었는데 그

때도 여전히 들렸다. 남편은 차일피일 카 센터 점검을 미루고 있었다. 그 소리가 전구증상이었다. 사람들이 병이 발병하기 전 전구증상 같은 것이었다. 뇌출혈이 오기 전에 한 쪽이 미약하게 마비되는 증상, 그 때 본인은 잘 알지 못하고 주변에 있는 사람이 발견한다. 환자가 말을 어눌하게 하거나, 침을 흘린다든지 하면은 골드타임 전에 바로 병원으로 데려가야 중증 장애를 미연에 예방할 수 있다. 차도 마찬가지였다. 이상한 소리인 딱딱 소리가 날 때 바로 카 센터를 갔어야 했다.

결국 차는 폐차 처리했다. 연식도 오래되기도 했고, 중요한 것은 엔진이 완전히 파괴되어 엔진 교체하는 것이 중고로 구매할 때 차 값보다 더 나올 수 있다는 것이다. 고민의 필요성도 없이 바로 폐차 결정을 내리게 되었다. 돌이켜 생각해 봤을 때 딱딱 소리가 날 때 바로 카센터에 가서 조치를 취했다면 좀 더 잘 타고 다녔을지 모른다. 아마도 잘 타고 다녔을 것이다. 시기적절하게 행동하지 못함으로 인해서 출퇴근용 차를 새로 구매해야 하는 상황이 되었다. 경제적인 손실이 생겼다. 그 뿐 아니라 여러모로 에너지 소모와 시간 낭비까지 생긴 것이다.

이렇듯 시기적절하게 일 처리하는 것은 중요하다. 그것이 원활하지 않을 경우 시간과 노력의 낭비뿐 아니라 경제적 손실도 따라오게 된다. 차 같은 경우에는 안전에 위험이 될 수 있다. 안전의 위협까지는 않지만 세부생활에서도 타이밍을 맞추어서 처리해야 할 일들이 있다. 이것은 타이밍을 놓치지 말고 해야 할 일들이다.

세부에서도 시기적절하게 처리해야 할 일이 있다. 세부 도착 후 1달 이내에 해야 하는 중요한 일이다. 1달 이내에 하지 않으면 손해를 본다. 손해뿐 아니라 귀찮은 일들이 생길 수 있다. 영어도 잘 되지 않으면서 영어를 하면서 처리해야 할 일들이 생기는 것이다. 정착하는데 있어서 이런 일들은 최대한 뒤로 미루는 것이 좋다. 사람이 살면서 문제가 없을 수 없지만 한국이 아니기 때문에 영어를 해서 해결할 일은 영어가 어느 정도 될 때까지 그런 상황이 되지 않게 해야 한다. 최대한 문제가 발생하지 않도록 세부 정착에 해야 할 일, 반드시 해야만 할 일은 정확하게 잘 하면 번거로운 일이 발생하지 않는다.

첫 번째 일은 리턴 날짜 수정하는 것이다.

한국에서 세부로 올 때 관광비자로 들어오게 된다. 관광비자로 들어오면 왕복항공권을 예약한다. 왕복이 아니면 항공사에서 티켓자체를 판매 하지 않는다. 그래서 출국날짜는 자신의 일정에 맞추어 잘 맞추고 입국날짜는 일단 임시로 정한다. 왜냐하면 입국날짜는 세부 도착해서 1년 이내 원하는 날짜로 다시 바꾸어야 하기 때문이다. 항공권은 1년 유효한 것으로 미리 예매를 했다. 나는 한국 출국과 입국을 1주일 기간으로 정해서 예매했다. 너무 기간을 길게 해두면 리턴날짜 변경을 잊어버릴 수도 있기 때문에 1주일 간격을 두고 예약을 했다. 그리고 세부에 도착해서 티켓팅 한 리턴날짜가 오기 전 리턴 날짜를 변경 했다. 옆집에 살고 있는 A가 도움을 주었다. 세부 도착해서 1주일 이내에 한 중요한 일이 리턴 날짜 바꾸는 것이다. 세부 도착해서 내가 예약한 항공사에 연락이 잘 안 될 수가 있다. 그래서 A는 여러 날 동안 시도를 했다고 한다. 결국 안 되어서 한국에 있는 A의 언니에게 부탁해서 날짜를 바꾸었다. 정말 감사한 일이다. 이렇게 세부에서보다는 한국에 있는 사람이 전화해서 리턴 날짜 바꾸기가 더 쉽다.

다음에 할 일은 한 달 이내 비자를 연장해야 한다.

세부에 들어올 때 관광비자이다. 아이들이 학생비자가 나오면 관광비자이지만 비자연장이 가능하고 쉬워진다. 처음 입국 후 한 달 이내에 이민국에 간다. 한 번 들어오면 한 달간 유효하다. 그래서 유효기간이 끝나기 전인 1달 이내에 이민국에 가서 비자 연장을 하는 것이다. 비자 연장 신청하는 코너에 가서 이렇게 말하면 된다.

"Extension."

다른 말도 필요 없다. 비자 연장하는 사람들이 많기 때문에 길게 이야기하지 않아도 잘 안다. 아직 영어가 짧아서 길게 이야기할 수도 없지만 실력이 된다고 해도 그냥 간단히 Extension, 이라고 이야기하면 된다. 영어 울렁증이 있어 외국사람만 보면 긴장되고 긴장 되다 보니 더욱 못 알아듣는 1인인 나도 크게 어렵지 않다. 상상하면서 더욱 어렵게만 생각하지 말고 방법만 제대로 알고 있으면 특별히 어려움 없이 비자 연장할 수 있다.

비자 연장은 처음 1개월 내에 하고 두 번째부터는 2개월 이내에 한다. 6개월짜리도 있긴 하지만 급하게 한국 나갔다가 들어오면 남은 기간은 없어지고 새로 비자 연장을 해야 한다. 사람이 살다보면 가족들이 살고 있는 한국에 급하게 들어갈 일이 생기기도 한다. 그렇기 때문에 2개월마다 자주 연장하러 가야하는 불편감이 있지만 그 방법을 사용한다. 돈이 넉넉한 사람은 6개월짜리 연장해도 된다. 비자연장 대행해주는 사람들도 있다는 이야기도 얼핏 들었다. 자세히 알아보고 자신의 상황에 맞게 연장을 하면 된다.

비자 연장하는 방법은 구체적으로 다시 말하면, 일단 담당자에게 가서 "Extension⋯", 이라고 말한다. 그 사람이 서류를 줄 때까지 기다린다. 그 사람이 기분에 따라 직접 여기에 머무는 이유가 무엇이냐고 물어볼 수는 있다. 물론 영어로 묻는다. 긴장하지 말고, 'tour'라고 답하거나, 아이들 학생비자를 보여주면 된다. 그리고 서류를 받아 들고 옆 테이블로 가서 서류에 채워 넣는다. 우리나라 같은 경우에는 견본품이 테이블에 비치되어 있는데 그런 것은 없다. 세부 시내는 있다고 하는데, 막탄에는 없다. 대략 적어 넣는 내용들은 이름, 주소, 여행 목적, 전화번호, ……. 기본적인 신상정보에 대한 것들이다. 자신이 거주 하는 주소는 미리 외어두는 것이 좋다. 다 외우지 못했다면 두꺼운 종이에 주소를 적어서 항상 들고 다니면 요긴하게 사용한다. 얇은 종이는 금방 헤어질 수 있기 때문에 노트 앞 두꺼운 종이에 적어서 그 종이만 가지고 다니면 좋다. 그렇게 가지고 다니면서 주소를 많이 쓰다 보면 자연스럽게 외워진다. 그럴 때는 가방 비좁게 계속 안 가지고 다녀도 된다. 나는 그렇게 해서 자연스럽게 주소외우고 지금은 그냥 쪽지 없이 다닌다.

서류는 아이들 신상정보도 각각 적는다. 비자연장은 학생비자와 상관없이 아이들도 똑같이 연장한다. 학생비자가 있더라도 아이들 비자를 연장하고 비용도 똑같이 지불해야 한다. 학생비자는 다행이 1년에 한번 내면 된다. 아이들은 직접 데려가지 않아도 된다. 아이들이 어디에 있느냐고 물으면 현재 학교에 있다고 콩글리시로 간단히 이야기하면 된다.

도착 한 달 이내에 한국 리턴 날짜를 바꾸고 비자연장을 해야 한다. 리턴 날짜를 변경하지 않으면 한국 돌아가려면 새로 티케팅을 해야 한다. 돈을 그냥 버리게 된다. 1년 유효기간이 있기 때문에 여유롭게 날짜를 변경하자. 비자연장은 한 달 이내 하지 않으면 그만큼 패널 틱을 지불해야한다. 세부살이로 인해 한국 집과 두 집 살림이다 보니 생활비가 적지 않다. 날짜에 맞추어서 하면 낭비 없이 최대한 경제적인 세부살이가 될 수 있다는 점 기억하자. 그리고 비자연장 같은 경우에는 경제적인 부분도 해당이 되겠지만 이 나라의 규정이기 때문에 규정을 지킨다는 의미에서 잊으면 안 되겠다. 사람 사는 곳은 다 똑 같다. 내가 할 일은 제대로 하면서 누릴 것도 누려야 한다는 점 한국이나 세부나 마찬가지이다. 세부 도착 1달 이내에 할 일, 탁상달력에 꼭 기입해놓고 누락되지 않고 잘 챙기도록 하자.

세부에 특이한 점 2가지가 있다

세부에 와서 특이하다고 생각하는 것이 두 가지가 있다. 하나는 거리에 개들이 많다는 것이다. 또 하나는 성 소수자의 모습이 눈에 쉽게 뜨인다는 사실이다. 세부에도 길거리에 개들이 많다. 특히 내가 살고 있는 세부 옆 섬인 막탄에는 개들이 거리에 늘려있다. 세부는 도시, 막탄은 시골이라 더욱 그런 것 같다. 개들은 작은 애완견이 아니다. 우리나라 시골 촌에서 마당에 묶어서 키우는 큰 누렁이종류이다. 간혹 털 색깔이 검은 계통을 띄면서 누런색도 섞여 있는 개들도 있다. 전반적으로 깨끗해 보이지 않는 털 색깔을 가진 개들이 거리를 돌아다닌다. 떼를 지어 다닐 때도 있다.

개들이 너무나 많아서 오히려 신기할 따름이다. 한국 같으면 상상할 수 없는 상황이다. 유기견 한 마리라도 거리를 배회하고 있다면 바로 신고를 한다. 신고하는 이유는 첫째는 그 개가 어떤 개인지 몰라 두렵기 때문이다. 어린 아이들이 있는 곳에서는 그 개로 인해 아이들이 다칠까 봐 걱정이 된다. 또한 지저분한 몰골로 그렇게 돌아다니니 동네 미관상 좋지 않아 바로 신고를 한다. 하지만 이곳은 신고하는 사람이 없는 것 같다. 아니면 신고할 곳이 없을 수도 있을 것 같다. 개들이 길거리에 돌아다닌다. 여기, 저기 개들이 없는 곳이 없다. 그야말로 사람 반, 개 반이라 표현해도 지나치지 않다.

안타깝게도 거리의 개들은 피부병을 가지고 있다. 길거리에 있는 개들은 하나같이 피부병을 가지고 있다. 가려운지 고개를 휙 돌려 이빨로 등을 물어대는 개들을 쉽게 볼 수 있다. 손이 없으니 이빨로 가려운 곳을 물어댄다. 발로 배를 긁는 개들도 보인다. 피부병은 대부분의 개들이 다 가지고 있다. 어떤 개들은 털이 빠진 개들도 있다. 털이 거의 빠지고 피부에 부종이 있거나 두꺼운 각질이 생긴 개들도 보인다. 전반적으로 피부병을 다 가지고 있다. 그러면서도 사람들에게 얻어먹기 위해 꼬리를 흔들면서 사람 옆으로 온다. 처음에는 저 개들의 피부병이 사람한테 전염되면 어떡할까? 생각했다. 하지만 다행히 사람에게 전염되지는 않는다고 한다. 개들끼리만 전염되는 피부병이다. 그래서인지 필리핀 사람 중에는 피부병이 있는 개들을 만지기도 한다. 그런 사람은 동물을 좋아하는 사람들일 것이다. 한국에서도 동물을 좋아하는 사람들은 거리에서 만나면 꼭 머리를 쓰다듬고 간다. 그것과 같은 것이다.

나는 동물을 좋아한다. 그래서 이곳 세부에서 피부병 있는 개들을 보면 마음이 안쓰럽다. 병원에 데려가고 싶은 충동을 느낀다. 하지만 한두 마리도 아니고 불가능하다. 항상 생각뿐이다. 약이라도 뿌려줄까 생각해보았지만, 그것도 혼자서는 역부족일 것 같아 생각만 할 뿐이다. 피부병 있는 개들을 어쩌다가 보는 것도 아니다. 차를 운전해 밖으로 나가면 거리에 수많은 개들이 있고 피부병을 앓고 있는 개들이 많이 보인다. 불쌍해서 눈길을 피한다. 필리핀 사람들도 워낙 가난하기 때문에, 물론 빈부의 격차가 심해 부자는 우리보다 더 부자인 사람도 많지만 대부분 가난하기 때문에 길거리에 있는 개들을 어떻게 관리할 수가 없는 것 같다. 동물을 사랑하는 사람으로서 가슴 아픈 일이다. 동물을 좋아하는 사람이라면 세부살이 계획이 있다면 이런 부분도 있다는 것 알고 마음의 각오를 하고 시작해야할 것이다.

개들은 피부병이 있다. 그러니 개들을 만지거나 아이들이 접촉하지 못하도록 하는 것이 좋을 것 같다. 자신이 키우는 애완견도 길거리 개들과는 접촉을 하지 않도록 해야 한다. 혹자는 광견병 있는 개들도 있다고 이야기한다. 돌다리도 두들겨 가라고 했듯이, 의심스러운 부분은 조심하는 것이 가장 좋다. 개들이 피부병이 많이 있듯이 다른 질환도 감염가능성이 있다고 생각하자.

길거리 개들의 가장 특이한 점은 순하다는 것이다. 개들은 덩치가 크다. 한국으로 말하면 촌에서 키우는 누렁이들이다. 한국 사람들이 쉽게 말하기를, 일명 '똥개'라고 말하는 개들이다. 덩치에 비해서 표정이 하나같이 순하다. 짖는 개들도 없고 으르렁거리는 개들은 더욱 찾아보기 어렵다. 오로지 사람들에게 의지해서 먹고 사는 개들이기에 사람들에게 순종적이기까지 하다. 사람들은 개들에게 먹을 것을 나누어 준다. 길거리에 개들 중에 마른 개들보다는 마르지 않은 개들이 더 많은 것을 봤을 때, 사람들이 그래도 잘 챙겨주는 것 같다. 간혹 쓰레기를 뒤지는 개들도 있지만 대부분 영양상태가 나빠 보이지 않는다. 개들은 오히려 난폭한 사람을 보면 두려워한다. 조금이라도 고함을 지르면 바로 도망을 가버린다.

개들은 도로가 자기들의 집이다. 도로 가에서 느긋하게 잠을 잔다. 4다리를 쭉 벗고 평안하게 잠을 잔다. 신기한 것은 개들이 도로 가의 하얀 선을 넘어오지 않는다는 것이다. 잠을 자더라도 하얀 선 밖에서 대자로 뻗어 잔다. 개들도 생각이란 것이 있으니 나름의 규칙이 있는 모양이다. 도로 가의 하얀 선을 넘어서 자는 개들은 없다. 그런데 그것도 사실상 위험하다. 운전자가 순간 핸들을 조금만 돌려도 바로 치일 수 있는 상태이다. 그래도 사람도 개들도 차에 대해 겁이 없다. 운전을 하다 보면 사람들도 차가와도 길을 건너간다. 어떨 때는 사람이 불쑥 튀어나와 놀란 적도 여러 번 있다. 운전하는 사람들이 많지 않아, 차가 자신들을 피할 것이라고 생각하는 것 같다. 이런 행동은 사람이나 개나 매 한가지이다. 운전할 때는 사람도 피해야 하지만 도로가에 누운 개들도 피해서 운전해야 하는 상황이다.

두 번째 세부의 특이한 점은 성 소수자가 눈에 자주 뜨인다는 것이다. 한국에서는 성 소수자를 전혀 볼 수가 없다. TV에서만 볼 수 있다. 내가 알고 있는 성소수자는 연예인 중에 커밍아웃하고 당당히 연애생활을 하는 사람이나 아니면 트랜스 젠더 한두 명이 전부이다. '성 소수자' 말로만 들었지 실제 보지는 못했다. 하지만 이 곳 세부에서는 자주 보인다. 마트에 가도 보이고, 리조트에 수영하러 가도 보인다. 이웃집에도 있고, 심지어는 아이들 학교 선생님 중에도 보인다. 너무나 자주 보인다. 필리핀사람 자체가 성 소수자가 많나? 처음에는 그렇게 생각했다. 하지만 또 한편으로는 이렇게 생각할 수도 있다. 한국 같은 경우에는 그것을 들어냈을 때 많은 용기가 필요하다. 인정을 받지 못하고 안 좋은 이미지를 평생 받게 될 수도 있다. 그렇기 때문에 숨길 수밖에 없다. 하지만 이 곳 세부에서는 성 소수자에 대한 비난이 그렇게 크지는 않는 것 같다. 그렇기 때문에 성소수자에게 좀 더 수용적인 사회분위기이기에 리조트나 학교에서도 그런 사람을 고용한다.

성소수자는 외모에서부터 차이가 난다. 어느 날 무심코 마트 앞을 지나게 되었다. 계단을 내려오는데 계단 옆에 어떤 여자가 서 있었다. 키도 크고, 통통했다. 분명 치마를 입고 하이힐까지 신고 있었는데, 턱에는 수염이 있었다. 전반적으로 남자 같은 분위기가 풍겼다. 입은 옷과 얼굴이 언밸런스해서 자연스럽지 못했다. 딱 봐도 성소수자이구나, 하는 생각을 할 수 있었다. 그리고 아이들 수영하러 자주 가는 리조트에 키즈카페가 있다. 크리스마스 행사 준비한다고 직원들이 뭘 만들고 있었다. 그 여러 명의 직원 중에 한 명이 눈에 띄였다. 머리카락은 곱게 빗어 머리 뒤로 모아서 쪽진 머리모양을 하고 있었고 행동도 여자같이 행동했으나, 목소리와 얼굴모양은 남자였다. 다른 직원들은 그 사람과 서로 이야기하면서 전혀 어색해 하지도 않았다. 당사자도 물론 마찬가지였다.

한 번은 학교 행사가 있었다. 커스튬 행사이다. 애니메이션이나 책에 나오는 캐릭터 중 자신이 마음에 드는 캐릭터를 정해서 그 사람 복장을 입고 퍼레이드 하는 행사하는 것이다. 이 날은 선생님들도 단체로 나와서 노래와 춤을 췄다. 노래와 춤을 추는 사람들 가운데 남자 선생님인데 유독 눈에 뜨이는 사람이 있었다. 복장은 남자선생님의 유니폼이었지만 행동은 여자보다 더 여성스러웠다. 춤도 잘 추고 아이들 지도할 때도 여성스러운 손짓으로 시선을 끌었다. 그 사람도 성 소수자처럼 보였다. 그 누구도 그 사람과 어울리기를 꺼리는 사람은 없었다. 그 사람도 아무렇지도 않게 학부모 앞에서 행동했다. 오히려 아이들을 더 알뜰살뜰 챙겨주는 모습을 보였다.

어떤 곳에서나 특이한 점은 있다. 세부는 거리에 개들이 많다는 것과 성소수자가 눈에 자주 뜨인다는 점이 있다. 거리의 개들이 많아 사람 반, 개 반인 세상인 듯한 느낌이다. 세부사람들은 거리의 개들을 자연스럽게 받아들인다. 먹을 것도 나누어 준다. 가게 앞에 쪼그리고 자는 개들을 쫓아 내지도 않는다. 개들은 사람을 의지하면서 순한 양처럼 잘 따르면서 살고 있다. 또한 성소수자는 자신의 성정체성을 드러내기 주저하지 않는다. 있는 그대로 자신을 들어내고 산다. 그것을 바라보는 사람도 그것에 대해 특별하게 말하지 않는다. 타고난 성 정체성을 비판하지 않는다. 그냥 받아들여준다. 세부사람들은 경제적으로 아주 넉넉하지 않지만 주어진 환경을 그대로 받아들이면서 있는 것에 만족하며 산다. 길거리의 개들도 비록 더러워 보이지만 자신의 것을 조금 나누어주어야 할 대상으로 여긴다. 성소수자도 함께 더불어 살아가는 평범한 인간이라 받아들인다. 부자는 아니지만 자연 그대로 타고난 그대로 받아들이며 수용하는 지혜를 세부사람들은 가지고 있다.

나는 핸드폰이 2개이다

간혹 뉴스에 대포 폰을 사용해서 나쁜 일을 저지른 사람들이 나온다. TV 화면에 핸드폰이 쭉 나열 되어 있고 대포 폰으로 좋지 않은 일을 한 일당들의 모습들이 나온다. 정상적인 사람들은 대부분 핸드폰을 한 개만 가지고 다닌다. 두 개 이상을 가지고 있는 사람들이 거의 없다. 사실 한 개도 가지고 다니기 귀찮을 때가 있는데, 다른 의도가 있지 않는 한 불편함을 감수하고 두 개를 가지고 다니지 않게 된다. 그 다른 의도란 남에게 해를 끼치거나, 무엇인가를 숨기기 위한 일인 것이다. 그래서 사람들은 핸드폰이 2개 있는 사람들을 이상한 눈으로 쳐다보게 된다. 나도 그렇게 의심을 하면서 쳐다봤었다. 그런 사람이 흔하지 않기 때문에 더욱 신기해하면서 의심스럽게 보았다.

하지만 나는 핸드폰이 2개이다. 현재 나는 세부에서 살고 있으면서 핸드폰 2개를 사용하고 있다. 2개 가지고 있는 이유가 있다. 한국 핸드폰 하나, 현지 핸드폰 하나이다. 한국 핸드폰은 가끔씩 한국으로부터 메시지를 받는다. 그

곳에 저장된 자료들을 계속 이용할 수 있다. 전화번호나 기타 자료들이다. 이 것도 임시 해제하면 그만큼 경제적 이득일 수 있어서 해제한 사람도 있지만 나는 그냥 이용하고 있다. 나머지 하나는 현지 핸드폰이다. 현지 핸드폰은 현 지에 있는 동안 필수이다. 그래서 2개가 되었다.

2개를 다 가지고 다닐 경우 불편하다. 그래서 외출할 때는 현지핸드폰만 가 지고 다닌다. 한국 핸드폰은 집에서만 잠깐씩 보면 된다. 처음에는 그렇게 하 지 못했다. 한국핸드폰에다가 필요한 것들을 메모를 했기 때문에 장을 보러 가도 한국핸드폰이 필요했다. 작은 가방이지만 그래서 2개를 쑤셔 넣고 다녔 다. 이렇게 미련스러울 수가 없다. 때론 사람들이 아무생각 없이 하던 대로 하 는 경우가 많다. 그러다가 어느 날 문득 계기가 마련되어 생각한다.

"내가 왜 이 생각을 못했지? 군이 이렇게 하지 않아도 되는데……."

라고 생각할 때가 종종 생긴다. 지금 글을 써다 보니 현지핸드폰만 가지고 다녀도 된다는 생각을 한다.

현지 핸드폰으로 구체적으로 무엇을 하는지 자세히 정리해 보았다.

현지 핸드폰은 현지에서는 필수품이다. 전화통화외에 여러 가지로 생활에 필요하다. 우선 현지 핸드폰이 있으면 집밖에서도 신청 여부에 따라 데이터 를 무제한으로 인터넷을 사용할 수 있다. 인터넷이 되어야 카톡도 이용할 수 있다. 요즘은 대부분 카톡으로 서로 정보를 공유한다. 이 곳 세부도 교민 방이 있다. 카톡이 안되면 그날그날 어떤 일이 있었는지 깜깜무소식이 된다. 교민 관련 사건사고나 세부나 막탄 사건사고 같은 것은 안전과 관련 있기 때문에 알고 있어야 하는데, 그런 것도 모르게 된다. 만약 문제가 발생했을 때 경험이 많은 세부사람들에게 문의도 할 수 있다. 카톡방이 직접적 정보획득의 수단 이다. 집에 있을 때나 밖에 나가 있을 때 장소불문하고 인터넷을 할 수 있어 현지 핸드폰이 꼭 필요하다.

현지 핸드폰으로 집에서 사용하는 와이파이를 신청할 수 있다. 세트로 주문이 가능하다. 집에서 와이파이를 사용하기 위해서도 현지핸드폰을 있어야 한다. 한국에 있을 때는 와이파이 신청하지 않아도 인터넷 사용하는데 크게 문제가 없었다. 하지만 이곳에서는 집에서 노트북으로 인터넷을 사용하려면 이 와이파이를 신청해서 한다. 노트북으로 블로그라도 작성하려면 집에 인터넷이 되어야 하고 인터넷은 와이파이가 있어야 가능하다. 다른 방법이 있을 수도 있지만 일단 장기체류가 아닌 이상 이 방법을 사용한다.

내가 집에서 와이파이가 필요한 이유는 다음과 같다.

첫째는 노트북으로 블로그 포스팅하는데 필요하다. 블로그 포스팅을 하려면 노트북으로 하는 것이 수월하다. 스마트 폰으로 작성할 경우 왠지 답답한 느낌이 든다. 블루투스로도 해보았지만 그것도 매번 불편하다. 그래서 노트북으로 하게 된다. 책을 출간하게 되면 독자와의 커뮤니케이션을 위해서도 SNS 하나 정도는 해야 한다. 나는 《하루 한권독서법》 출간하고 블로그를 하기 시작했다. 1년이 되지 않았다. 이 곳에서도 블로그 포스팅을 매일 한 개씩 하려고 노력하고 있다. 그래서 와이파이가 필요하다.

둘째는 아이들에게 TV대신에 유튜브를 보여 주고 있다. 여기에서 TV를 신청하지 않았다. 약정이 있기도 하고 또 TV가 있으면 아이들이 TV만 보는 경향이 있기 때문이다. 약정기간은 최소 1년이다. 세부살이 상황이 변화가 가능하여 TV는 일단 보류했다. 대신 아이들에게 유튜브를 보여주었다. 사실 유튜브가 TV보다 더 안 좋을 수 있지만 프로그램과 시청시간을 정하는 것으로 통제하기로 했다. 시청시간은 주말에만 보는데, 토요일, 일요일 각각 2시간씩 보는 것으로 했다.

셋째는 인죠이 TV를 보려면 와이파이가 있어야 한다. 인죠이 TV는 이웃에 사는 A의 집에서 보고 있다. 한국 TV프로그램을 볼 수 있는 것이다. 수홍이 정아도 가끔씩 가서 보고 있다. 이것 또한 와이파이가 필요하고 아이들이 워낙 원해서 인죠이 TV 기계를 구매할까 고민했지만 그것은 하지 않기로 했다.

유튜브, 인조이TV 이런 것을 이용하지 않고 인터넷도 현지핸드폰으로만 사용한다면 와이파이가 특별히 필요 없다.

핸드폰 사용료나 와이파이 데이트 지불방법은 먼저 돈을 내고 사용하는 후 지불제가 아닌 선 지불제이다. 한국처럼 필요한 만큼 사용하고 한 달 뒤 결재하는 방법도 있지만 주로 선 지불제로 사용한다. 와이파이 사용 신청은 기간별, 상품별 여러 가지가 있다. 나는 주로 15일거나 한 달 것을 이용한다. 와이파이 사용 기간별 금액이 다르다. 기간에 따라 사용할 수 있는 데이터양도 다르다. 내가 사용하는 것은 핸드폰 사용처럼 15일거를 주로 사용한다. 데이터양은 충분하다. 보통 하루에 1G정도 사용할 수 있다. 일단 따로 따로 신청하여 사용한다는 점 기억하면 된다.

선 결재하는 방법은 통신사가 발행한 카드를 구매해서 핸드폰에 충전해둔다. 카드는 구매 후 우리나라 로또 복권처럼 동전으로 긁는다. 보통 통신사에서 발행하는 카드는 500, 300, 200, 100페소 다양하다. 이 카드를 긁어서 나온 번호를 현지 핸드폰으로 통신사의 번호를 누르고 카드에서 나온 번호를 입력한다. 돈이 넉넉히 충전해 두면 통신 신청 기간이 종료되어 갑자기 사용을 못할 때 바로 다시 데이터를 요청할 수 있다. 이 부분의 자세한 내용은 나의 블로그에 포스팅한 것을 참고하면 좋을 것 같다.

나는 기계치이다. 처음에 왔을 때 통신요금 선불제 자체를 이해 못했다. 통신사에 돈을 충전해두고 상품을 신청하는 자체도 너무 어렵게 여겨졌다. 아마 기계에 대한 약간의 두려움 때문일 것이다. 평소 기계를 잘 다루는 사람이 가장 부럽기까지 했다. 그래서 나와 같은 사람을 위해 여기에 대한 정보와 나의 경험을 블로그에 포스팅을 했다. 다른 사람이 보면 너무 쉽다, 라고 생각할 수 도 있겠지만 기계에 서툰 나와 같은 사람에게 유용한 정보가 되기를 바라는 마음으로 포스팅했다. 기계치가 세부에서 어렵게 생각하는 통신 선지불제에 대한 것들을 포스팅했기 때문에 아주 쉽게 이해될 것이다. 나의 블로그에서 '데이터요금 선불제'로 치면 검색이 된다.

한국에서 특별할 것 없이 사용했던 것들이 세부에서는 쉽지가 않다. 시스템이 다른 부분이 있기 때문이다. 집에서 노트북으로 인터넷 사용이 그렇다. 하지만 어렵다고 못하는 것은 아니다. 선불로 돈을 지불하고 와이파이와 현지핸드폰 통신상품 신청하는데 약간의 적응시간이 필요하다. 나라가 다르고 환경이 다르기 때문에 수용적인 마음상태로 받아들인다. 나라마다 특성이 있는 것이다. 인터넷이나 통신 기술력에 있어서 한국이 우세하다고 들었다. 그런 만큼 한국에서 그동안 통신관련 기계들을 편안하게 사용했었다는 생각을 해보면서 세부의 상황들을 받아들인다.

핸드폰이 2개라서 처음에는 어색했다. 한국핸드폰, 현지핸드폰 두 개를 다 가지고 다녔다. 크로스백에 핸드폰 2개를 넣고 다니면서 어깨통증도 느꼈었다. 지금은 그렇게 사용하지 않는다. 밖에 나갈 때는 현지 핸드폰, 집에 있을 때는 와이파이를 통한 한국핸드폰과 노트북을 주로 이용한다. 현지 핸드폰은 와이파이를 끄고 항상 '모바일데이터'를 켜둔다. 통신료 신청시 인터넷을 무제한으로 해두었기 때문에 가능하다. 무제한으로 신청하는 이유는 밖에서 응급상황일 때 언제든지 인터넷을 기본으로 하는 카톡 방에서 조언을 구하기 위함이다. 세부 경험이 풍부한 사람들에게 의견을 듣거나 정보를 급하게 구할 수 있다. 와이파이의 소중함을 느낀다. 눈에 보이지는 않지만 이것으로 인해 많은 작업을 하고 있다. 소식을 전하고 받는다. 2개의 핸드폰도 이제 적응이 되어 하나이면 오히려 이상하다.

중고차는 세부살이의 든든한 지원군이다

아이들이 다니는 사립학교에는 행사가 많다. 이 곳 학교는 유치원부터 고등학교까지 있다. 이사장이 빌리지 오너이면서 학교오너이다. 그 와이프가 교장과 같은 역할을 하고 있다. 이사장의 자녀들도 이 학교를 다니고 있다. 여기 9월에 중순경 입학해서 4달이 안 되는 동안 행사가 여러 번 있었다. 커스튬행사, 크리스마스 행사, 또 앞으로 있을 패밀리 행사, 기등, 종류도 다양하다.

행사가 있을 때마다 준비물이 있다. 커스튬행사는 커스튬의 말 그대로 자신이 좋아하는 캐릭터의 특정한 의상을 입고 학교에 가는 것이다. 그리고 퍼레이드를 한다. 자신의 의상을 뽐내는 시간을 갖는 것이다. 그리고 춤도 추고 게임도 한다. 선생님들이 특별히 준비한 이벤트도 볼 수 있고, 그야말로 작은 축제이다. 이 행사는 부모들도 참석한다. 실내 강당에 전교생이 앉을 수 있는 의자와 부모들이 앉을 의자를 준비한다. 전교생이라고 하면 한 학년에 2반씩이고 한 반은 15명 정도 되는 아이들이다.

나는 이런 행사가 생소했다. 수홍이와 정아도 마찬가지로 어색해 했다. 캐릭터를 정하는 것도 쉽지 않았다. 만화캐릭터, 애니메이션 캐릭터, 책에 나오는 다양한 캐릭터가 있다. 그 중에서 고르면 되는데, 그것이 쉽지 않다. 워낙 많은 캐릭터가 있기 때문이다. 그리고 그 캐릭터의 의상을 구하는 것, 또한 쉽지 않기 때문에 고민이 된다. 그래서 몰을 찾았다. 차가 없었기 때문에 몰에 가는 것도 번거로운 면이 있다. 그랩 택시를 불러서 겨우 몰에 도착했다. 다행히 몰에는 캐릭터 옷들이 있었다. 그런데, 아이들이 원하지 않는 캐릭터들만 있어 의상은 제외하고 소품 몇 개만 사서 돌아왔다.

집에 와서 아이들은 다시 마음이 바꼈다. 다시 캐릭터 옷을 사러 가겠다고 한다. 아무리 생각해보아도 입어야 된다는 생각을 했던 것 같다. 학교에서 커스튬 행사하기 전에 서로 자기는 어떤 옷을 입겠다고 자랑을 한다고 한다. 그런데 수홍이, 정아는 캐릭터 옷을 정하지 못했기에 할 말이 없었을 것이다. 그리고 집에 와서 다시 캐릭터 옷을 입겠다고 한 것이다. 사실 아이들 마음이 갈팡질팡 하는 것 같았다. 입기는 싫은데 분위기상 입어야 할 것 같고, 그래서 결국 다시 몰을 찾아 갔다. 몰을 한번 가는 것이 쉽지 않다. 세부시내가 아닌 가까운 몰을 찾았다. 그곳은 세부시내보다 선택의 폭이 더 좁았다. 결국 그곳에서도 의상을 사지 못했고 수홍인 사복을 입고, 정아는 체육복입고 행사를 참석했다. 어쨌든 처음이다 보니 커스튬 행사는 이렇게 하는 구나, 하는 경험을 얻은 것으로 만족했다. 차 없이 어렵게 왔다 갔다 한 기억 또한 선명하게 남았다.

어느 날 정아가 커뮤니케이션 노트를 내보인다.

"엄마, 준비물 있어."

"또 준비물이야? 준비물이 많네."

준비물을 보니, 색지 5가지 색깔로 2장씩, 앞치마, 물감…기타 등이었다. 이틀 후에 사용한다고 미리 보냈다. 이제 또 준비물을 사러 가야 한다. 다시 택시를 불러야 한다. 내가 있는 곳은 빌리지라 교통이 불편하다. 부를 수 있는 교통수단은 택시뿐이다. Grab택시를 부르면 바로 올 때도 있고 시간이 많이 걸릴 때도 있다. 아이들의 학교 준비물을 택시를 타고 몰을 갔다 오면 거의 반나절의 시간이 소비 된다.

결국 나는 중고차를 구매하기로 결정했다. 중고차를 구매하기로 결정한 구체적 이유는 다음과 같다.

첫째, 아이들 준비물이 많다. 아이들은 한국에 있을 때 대안학교를 다녔다. 이 학교는 초등과정부터 고등과정까지 있는 학교로 주입식 교육을 지양하고 아이들의 발달에 맞는 교육을 지향하는 학교이다. 이 곳에 다니면서 준비물을 준비하기 위해 일부러 마트를 가본 적은 거의 없다. 일반학교도 마찬가지일 것이다. 하지만 이 곳 세부는 준비물이 많이 있다. 즉, 부모가 준비해 주어야 할 물건들이 학과 과정 중간에 많이 있다. 그나마 차가 있어야 아이도 어른도 스트레스를 덜 받고 준비해 갈 수 있다.

둘째, 갑자기 병원을 찾아야 할 경우가 있을 수 있다. 이곳은 따뜻하여 감기가 자주 걸리지는 않는다. 지금까지 특별히 심하게 감기에 걸린 적은 없다. 최근 아침, 저녁으로 선선하여 잠시 콧물이 난 적은 있었지만 금방 또 좋아진다. 감기 바이러스가 사람 몸에 살수 없는 환경이랄까? 아직까지는 특별히 병원에 간일이 없다. 하지만 응급상황은 언제든지 발생할 수 있는 것이다. 급하면 택시를 불러도 되지만 택시도 잡기 어려운 야밤에 응급상황이 발생했다면 난감해 지는 것이다. 그래서 차가 필요하다

셋째, 이 곳에서 중고차 시세는 좋다. 필리핀에는 대부분은 수입 차들이 많다. 그래서 그런지 한국 차들도 많이 보인다. 낯익은 현대마크가 붙은 한국 차들이 보인다. 일본차도 많다. 렌트해서 차를 사용할 수도 있다. 하지만 렌트비가 만만치 않다. 렌트비가 집 렌트비와 맞먹는다. 집 렌트비에 차 렌트비까지 하면 한 달 생활비가 한국에서의 생활비보다 더 나오게 된다. 당장 목돈이 들어가더라도 중고차를 사면 팔 때도 중고시세가 그렇게 많이 떨어지지 않는다고 하니 그것이 경제적이라고 할 수 있다.

넷째, 무엇보다 차가 안전하다. 세부에서 외국인은 돈이 많은 사람으로 인식된다. 세부사람들은 빈부의 격차가 심해 부자들은 보통 한국 사람보다 더 부자이다. 탱크 같은 차들을 몰고 다닌다. 그것도 요일마다 차를 바꾸어 끌고 다닌다. 아이들이 다니는 사립학교에는 탱크 같은 차들이 자주 보인다. 좀 사는 사람들이 보내는 학교라는 생각을 순간 하게 되기도 한다. 어쨌든 그런 일부사람 제외하고 대부분의 세부사람들은 가난하다. 그래서 혹시 나쁜 마음을 먹은 세부사람이라면 돈 많아 보이는 외국인을 표적으로 할 것이다. 그런 측면에서 나 외국인이다, 라고 쓰여 있는 얼굴을 들어 내놓고 다니기보다 차를 타고 다니면 안전할 수 있다. 특히 밤에 더 안전하다. 대부분 밤에는 안 다니는 것이 좋다고 생각한다. 하지만 간혹 어쩔 수 없는 상황에서는 밤에도 외출을 하게 된다. 그럴 때 차가 안전하다는 것이다. 한국에서나 외국에서나 안전이 최고이다. 돈보다 안전이 더 중요하다.

중고차를 사는 방법은 그리 어렵지 않다. 나는 A랑 함께 중고차를 사러 갔다. 중고 매매 센터는 현지인이 운영하는 곳으로 아주 작았다. 그곳에 있는 차가 10대 미만이었다. 차 선택은 설명을 들어보고 직접 차를 타고 도로 운행까지 해보고 결정했다. 운전대나 도로 상황은 한국과 같다. 운전대가 반대로 되어 있지 않다. 다만 도로에 오토바이가 많고 횡단보도가 거의 없어서 사람들이 불쑥불쑥 튀어나와 길을 건넌다. 이것도 점점 적응이 된다. 차를 선택했으면 예약금을 주고 집에 돌아왔다. 딜러가 며칠 뒤 입금 확인하면 다시 가서 서류 받으면 끝이다. 입금은 한국에서 차 딜러 계좌로 입금했다. 그렇게 매매가 끝나면 등록을 하는 시간이 필요하다. 중간에 세부시티에 가서 차 점검을 받아야 한다고 하는데 그것도 딜러가 알아서 해준다. 약간의 수고비만 주면 된다. 차 등록은 시간이 좀 걸린다. 관련 서류는 잘 보관해 두어야한다.

아이들과 있을 때는 차가 요긴하게 쓰인다. 학교 준비물이 있는데 아이가 잊어 버리고 있다가 밤에 이야기했다. 그럴 때도 차를 몰고 부담 없이 몰로 갈 수 있다. 걱정 또한 준다. 그런 일이 있으면 안 되겠지만, 응급상황이 발생하면 차는 앰블런스의 역할을 한다. 아이들과 어디를 갈 때도 차가 있으면 엄마로서 부담이 확 준다. 일부러 전철타고 버스타고 여행가는 것 아니면 그런 어려움이 차가 덜어주기 때문이다. 세부에서도 마찬가지이다. 처음에는 차까지 사면 너무 경제적 부담이 된다고 생각했다. 차를 사고 나니 생각이 180도 바뀐다. 차가 있을 때와 없을 때의 생활 차이가 너무나 확연하기 때문이다. 물론 차가 없는 것보다는 있는 것이 세부살이 삶의 질이 높아진다. 시간이 지날수록 세부살이 어려움증이 점점 크게 느껴질 때 중고차라도 있으면 세부살이에 큰 힘이 된다. 세부살이, 어린아이가 있는 엄마에게 중고차는 세부살이의 세부살이를 도와주는 든든한 도우미이다.

물과의 전쟁도 시간이 지날수록 No problem

한국에서 수홍이의 친구들이 필리핀 세부로 놀러 왔다. 고양자유학교 다니는 친구들이다. 가장 친한 친구들이 엄마와 함께 왔다. S와 S의 엄마, J와 J의 엄마 이렇게 4명이 2018년 12월 31일 낮, 막탄 공항에 도착했다. 인천공항에서 막탄 공항까지 직항이 있어서 얼추 4시간 30분이면 도착한다. 해외여행치고는 제법 짧은 비행일 것이다. 그래서 사람들이 세부에 오는 것에 부담이 덜하다고 말한다. 한국의 겨울에 따뜻한 나라 세부는 부담 없이 몸의 피로를 풀면서 겨울에 여름을 맛볼 수 있는 매력적인 곳이 된다. 수홍이 친구들과 엄마들은 첫째 목적으로 아이들끼리의 상봉, 두 번째는 휴가를 즐기기 위한 목적으로 우리 집을 방문했다.

6박 7일 동안 우리 집에 있었다. 다행히 방이 3개라 방 하나씩 사용할 수 있었다. 엄마들은 각자 짐을 풀고 쉬고 싶을 때 방해 받지 않고 각자 방에서 쉴 수 있어서 좋다. 아이들의 오랜만의 상봉, 하지만 생각 외로 무덤덤하다. 원래 아이들은 처음에는 그렇다. 반가워도 반갑다고 유난을 떨지 않는다. 남자 아이라 더욱 그렇다. 특히 말 수가 적은 J는 쳐다만 보고 한 번 씩 웃기만 한다. S도 반갑다고 하면서 그저 웃을 뿐이다. 하지만 처음만 그랬다. 시간이 지날수록 목소리는 커지고 행동반경도 넓어진다. 이리 저리 몰려다니면서 놀기 바쁘다. 밤에는 1층 소파에서 같이 자겠다고 한다. 다행히 소파가 넓어서 두 개를 붙이니 3명이서 잘 수 있다. 여러 밤을 소파에서 서로 일부 몸을 포개서 아이들은 잤다.

식사는 외식을 많이 했다. 아침은 집에서 해먹고, 점심과 저녁은 외식을 했다. 대식구가 되다 보니, 요리하기도 쉽지 않다. 간단히 라면을 끓여 먹을 때는 괜찮았지만 밥이라도 해먹으려면 머리가 복잡해지면서 쉽지가 않았다. 그렇다고 외식만 할 수도 없는 상황이기에 최대한 외식과 집 밥을 적절히 섞어가면서 식사를 해결했다.

사람들이 많다 보니, 물도 많이 필요했다. 여기 세부는 수돗물이 석회수라고 해서 생수를 배달해서 먹는다. 보통 한국에서 먹는 정수기 통을 배달한다. 대략 우리 3식구는 1주일에 세 통씩 배달해서 먹었다. 설거지하고 그릇도 이 물로 헹군다. 그릇뿐 아니라 야채, 채소도 마찬가지이다. 밥 할 때도 쌀은 필터기를 통한 수돗물로 씻고, 생수 물로 2번 정도 헹구어서 버리고 밥물을 넣는다. 물도 끓여서 먹었다. 바쁘면 그냥 생수를 먹어도 된다. 크게 탈나지는 않았다. 하지만 그냥 끓여서 먹는 것이 마음이 편해서 생수를 끓여서 먹었다. 이렇게 하다 보니 물을 생각보다 많이 사용하게 된다. 그런데 식구들이 늘다 보니, 배달하는 요일 전에 물이 떨어졌다. 그래서 급하게 톡으로 메시지를 보냈다.

"오늘 물 배달 부탁 좀 드릴게요. 오늘 꼭 배달해주세요."

라는 부탁에 사장은 친절하게 메시지로 답을 준다.

"네. 이야기해 둘게요. 늦어도 오늘 배달 해드릴게요."

내가 있는 곳은 세부 옆에 있는 막탄 섬이다. 내가 거래하는 물 업체는 한국 사람이 사장인데, 세부에서 막탄까지 배달을 온다. 주로 수요일 날 막탄 배달이 있다고 한다. 그래서 급하게 배달을 부탁했다. 배달은 현지인들이 주로 한다. 필리핀 사람들이다. 이 곳은 인건비가 저렴해서 사업을 하는 한국인들은 현지인들을 많이 고용한다. 현지인을 고용하면 인건비에서 부담이 많이 줄게 된다. 단, 단점이 세부사람들의 특유의 성격이 있어서 그것만 잘 조절하고 적응한다면 저렴한 인건비는 매력적인 사업의 메리트가 된다.

저녁이 되어도 물은 배달되지 않았다. 사장이 전달을 잘 못했는지, 현지인이 빠뜨렸는지 그것은 알 수 없다. 그 날이 토요일이고 일요일은 배달이 아예 없다. 결국 물은 배달되지 않았고 집에 먹을 물은 없고 해서 개인적으로 해결해야 한다. 이렇게 물이 떨어지면 불안해 진다. 친정엄마가 옛날 가난한 살림에 아이들은 많았지, 쌀이 떨어지면 불안했다고 했다. 그래서 돈이 있으면 쌀부터 사서 방안에 쌓아두었다고 한다. 쌓여 있는 쌀푸대를 보면서 행복했다고 이야기하시던 것이 생각난다. 나는 이 곳 세부에서 쌀이 아니라 물이 떨어져 가면 불안해 졌다. 결국 물은 마트에서 구매를 해야 했다. 마트에서 구매하는 물은 용량이 커지 않는다. 마트 물은 용량이 커지 않기 때문에 물을 아끼게 된다. 꼭 필요한 곳에만 물을 사용하게 된다. 밥을 할 때도 두 번 헹굴 것을 한 번 헹군다. 가격도 차이가 많이 난다. 마트 물은 배달 물보다 양도 적으면서 가격도 상대적으로 아주 비싸다. 생활용수로는 사용할 수 없다.

한국에서는 상상해 보지 않은 일이다. 한국의 물은 정말 좋다. 수돗물을 그냥 먹어도 탈이 안 난다. 이 곳은 수돗물을 그냥 먹을 수 없다. 석회수이기 때문에 바로 증상이 나타난다. 이 곳에 2년을 산 A는 양치물을 수돗물로 사용하고 탈이 난 이야기를 했다.

"양치하고 미량을 마셨는데, 그 다음 날부터 설사하고 아주 힘들었어요."

물론 사람에 따라서 증상이 다를 수 있다. 나는 처음에 수돗물을 먹어서는 안 된다는 것을 자주 잊어버렸다. 습관이 되지 않아서이다. 더군다나 양치물도 생수로 하는 것이 익숙하지 않았다. 아이들도 마찬가지이다. 한두 번, 한국에서 하던 대로 수돗물로 입 헹굼을 했었다. 미량 마시기도 했을 것이다. 하지만 다행히도 A처럼 그런 증상은 없었다. 본인이 장이 약하다고 생각하면 먹는 물은 꼭 생수로 먹는 것이 좋다. 누구는 식당에서도 물을 사서 먹으라고 이야기한다. 하지만 식당에서 주는 물, 즉 식당의 서비스 워터 같은 경우에는 장이 약한 A도 그냥 시켜서 먹는다. 하지만 양치물 같은 경우에는 큰 생수통의 생수로 꼭 하는 것이 좋다.

세부에 온지 1년이 지났다. 세부 처음 왔을 때 세부라는 낯선 환경에 적응하는데 시간을 할애했다. 아이들은 아이들대로 학교에 적응하고 영어 환경에 익숙하기 위해 노력했을 것이다. 가족 외손님을 치른 것은 세부에 어느 정도 적응하고 4개월이 지날 즈음이었다. 남편이 거의 한 달에 한 번씩 오기는 했지만 1명이고 가족이기 때문에 특별히 더 준비할 필요가 없다. 하지만 방문하는 인원이 많거나 오랫동안 머무를 경우에는 아예 생수 주문 개수를 늘려야 한다. 어른 하나, 아이 둘에서 1주일에 세통을 쓴다면 그것을 기준으로 생수를 더 받으면 된다. 물이 있어야 마음이 안심이 된다. 쌀 만큼이나 물도 중요하다는 것을 알게 된다.

생수를 사용하는 방법은 간단하지만 요령이 필요하다. 우선 생수 거치대가 있어야 한다. 몰에서 쉽게 구매할 수 있다. 거치대 말고 다른 종류도 있다. 그래도 거치대를 가장 많이 사용한다. 거치대는 가장 견고하면서 가장 오래 사용할 수 있다. 거치대와 세트로 수도꼭지처럼 생긴 마개가 있다. 물이 든 생수통 입구에 수도꼭지처럼 생긴 마개를 돌려 끼워서

생수 통을 비스듬히 생긴 거치대 위에 올려서 수도처럼 사용한다. 거치대에 무거운 생수 통을 올릴 때 힘과 요령이 필요하다.

처음 나는 생수 통을 거치대에 올리는 자체가 곤욕이었다. 물이 가득 담긴 생수통의 무게가 어마 어마했기 때문이다. 힘으로만 하면 자칫하면 허리를 삐끗할 수도 있다. 힘이 있는 사람은 문제가 안 되겠지만 힘이 약한 여성들은 요령이 필요하다. 그 요령은 거치대에 올리기 전에 생수 통을 바닥에 눕히는 것이다. 물통을 올려놓는 거치대는 옆에서 봤을 때, 통 목을 걸치는 부분은 낮고, 통 뒷부분이 놓이는 뒷부분은 높게 만들어져 있다. 그래서 결국 통 자체가 비스듬히 얹히게 된다. 거치대에 걸치기 전에 바닥에서 통을 눕히고 옆으로 돌려 힘을 주기 좋게 놓는다. 그리고 1차로 한번 들어서 거치대가 놓인 책상이나 싱크대 위에 물통을 올린다. 그리고 나서 잠시 숨을 돌렸다가 2차로 다시 들어 올려 거치대에 얹는다. 그렇게 하면 덜 힘들이고 거치대까지 물통을 올릴 수 있다.

나라마다 인간이 어쩔 수 없는 취약한 부분이 있다. 주로 자연환경에 해당된다. 땅덩어리가 그렇게 만들어진 것은 인력으로 바꾸기가 힘들다. 한국 같은 경우 지리적 위치로 인해 미세먼지가 많다는 것이 취약한 부분이라 할 수 있다. 미세먼지를 피하고 싶어도 한국이란 곳에 있는 한 완전 벗어나기 싫지 않다. 세부는 다름이 아니라 평상시 항상 먹는 식수를 조심해서 먹어야 한다.

세부는 물이 취약하다. 수돗물 자체가 석회수라 석회수의 영향아래에서 벗어날 수가 없다. 석회수이기 때문에 생수를 먹어야 하고 가정에서 먹는데 사

용되는 모든 것은 생수를 사용하게 된다. 처음에는 가정에서 사용하는 물에 대한 구분을 짓기도 어려웠다. 하지만 이제 익숙해졌다. 수돗물을 사용하고 마지막에는 생수를 사용한다. 그것이 다소 불편한 감도 있지만 이제 자연스러워졌다. 또한 물 배달이 제때 안 되어 불편한 감도 있지만 그것에 대한 대비도 이제 생각하게 된다. 전쟁처럼 느껴지는 물의 문제도 시간이 지나면서 나름 전략이 생긴다. 그래서 물이 당장 없는 응급상황에서도 대처법이 생긴다. 정해진 요일에 맞추어 생수 사용을 조절 하고, 갑자기 식구가 늘었다면 미리 생수 통을 더 주문한다. 물의 문제가 전쟁 같지 않다. 단지, 물이라면 세부의 다소 취약한 한 일부분으로 받아들일 뿐이다. 물 문제도 이제 No problem 이다.

알파벳도 모르고 온 아이들, 어떻게 잘 적응할까?

아이들은 알파벳도 모르고 세부에 왔다. 왜냐하면 집에서도 학교에서도 영어 교육을 받지 못했기 때문이다. 아이들이 다닌 학교는 인지 교육을 지양하는 대안학교였다. 고양에 있는 학교로 저학년 때는 예체능도 엄격히 통제한다. 그렇기 때문에 집에서도 영어 교육을 시키지 않았다. 알파벳 정도는 시켜도 된다고 생각했지만 그래도 가르치지 않았다. 무엇이든지 첫 인상이 평생 영향을 미치는 경향이 있기 때문에 신중하게 접근하려 했다.

그렇게 알파벳도 모르고 세부 사립학교를 입학했다. 알파벳도 모르는데 학교는 어떻게 들어갔냐고? 궁금할 수 있다. 세부에 있는 학교들이 대부분 입학시험을 보고 들어간다. 하지만 우리 아이들이 간 이 학교는 입학시험이 없다. 그래서 알파벳도 모르지만 입학하는데 문제가 되지 않았다. 지금 생활을 잘하고 있다. 나이가 어릴수록 입학시험은 크게 의미가 없지 않을까 싶다. 시간이 지나면서 자연스럽게 영어를 습득하게 된다. 나이가 어릴수록 그렇다. 오히려 입학시험 있는 학교는 입학시험에 합격하기 위해 세부에 있는 학원을 다니고 입학 하게 된다. 그러면 영어는 잘 할 수 있을지 모르겠지만 '영어도 의사소통의 도구이다', 라는 자연스러운 영어의 필요성을 덜 느끼게 된다. 영어는 공부이다, 라는 첫인상을 받게 될 수도 있다.

영어 생활권에서 적응하는 과정은 두 아이가 다르다. 가만히 지켜보니, 확연히 다른 모습이다. 타고난 성향도 있겠고 남자, 여자아이라는 성의 차이도 있다.

첫째인 수홍이는 학교 이야기를 거의 안 한다. 수홍이가 잘 지내고 있는지 전혀 알 수 없다. 다만 추측을 할 뿐이다. 아이의 행동이나 친구들 관계를 보면서 추측한다. 아이가 집에 올 때는 항상 땀에 젖어있다. 물론 더운 나라라서 그렇기도 하지만 최근 아침, 저녁으로 선선한 지금도 마찬가지이다. 열심히 뛰어 놀았을 것이 확연히 보인다. 집에 필리핀 친구들이 찾아온다. 한 두 달 지나서부터이다. 아이들은 4시에 끝나면 부모들이 데리러 오는데 부모가 데리러 올때까지 학교나 빌리지 안에 와서 논다. 우리 집은 학교 바로 옆 빌리지라 아이들이 방문하기 좋다. 그렇다고 해도 정아는 한 번도 없는데 수홍인 자주 친구들이 집을 찾는다. 여기에서 태어난 한국여자아이인 이슬, 필리핀 아이 데릭, 커넬……. 필리핀 이름이 어렵다. 영어라 더 어렵게 느껴진다. 들어도 금방 잊어버리지만 얼굴은 잘 기억한다.

하루는 수홍이 한테 물어보았다.

"수홍아, 생활하는데 어때? 필리핀 아이들 영어로 말하는데 어렵지 않아?"

"아니, 그냥 눈치로 알아. 괜찮아 "

세부 온지 4개월이 다 되어 갈 때였다. 얼마 전 어느 날은 이렇게 말한다

"엄마, 필리핀 아이들이 하는 말 좀 알아듣겠어"

"그래?"

하지만 아직 검증을 못했다. 아이가 그렇다고 생각하니, 다행이라고 여긴다. 하지만 분명한 것은 수홍이가 필리핀 아이들이 영어로 이야기해도 최소한 주눅 들지 않고 당당한 태도를 보인다는 것이다. 발음이 필리핀 식이기는 하지만 그래도 영어이다. 발음은 그렇게 중요하지 않다. 아이는 영어에 조금씩 매일 적응해가고 있다. 수홍이는 친구들과 놀면서 적응하고 있다. 워낙 아이들과 어울리는 것을 좋아하고 놀기 좋아하는 수홍이는 수업을 통해서 배우는 것보다 아이들과 놀면서 배우고 있다. 즉, 놀기 위해서 배우는 영어, 어른으로 따지면 살기 위해서 배우는 영어가 수홍이 한테 해당된다.

둘째인 정아는 수홍이와 다른 모습으로 적응하고 있다. 정아는 여자아이이다 보니 같은 여자아이들에 대한 이야기를 많이 한다. 처음에 왔을 때 한국아이들에 대해서 이야기 했다. 한 반에 15명 정도 있고, 그 중에서 한국아이가 총 4명이다. 3명은 여자아이, 1명은 빌리지 옆집에 살고 있는 케빈이다. 여자아이 한 명은 정아와 같은 날 들어왔다. 정아의 관심은 필리핀 여자아이에게는 없다. 오로지 한국아이들에 관심이 있다. 필리핀 여자아이들과 잘 놀지 않는 것 같다. 그러니 놀 때 영어가 그다지 필요하지 않는다. 그래도 선생님도 영어로 말하고 수업도 영어로 진행하고, 교과서도 영어로 쓰여 있고, 매점에서도 한국말로 하면 먹을 것을 살 수 없다는 것을 알기에 영어에 대한 필요성을 온 몸으로 느낀다. 자연스럽게 느끼게 된다. 한국아이들끼리도 누가 영어를 잘하는지에 따라 힘의 관계가 결정된다. 정아가 자주 하는 말이 있다.

"엄마, 아이들이 잘 안 도와줘. 처음에는 잘 도와줬는데, 지금은 잘 안 도와줘."

라고 이야기한다. 처음에는 당연히 도와줬을 것이다. 수업시간에 무슨 책을 책상에 내놓아야 하는지부터 모르는 상태이니 잘 가르쳐 줬을 것이다. 학교생활 전반적으로 데리고 다니면서 가르쳐 줬을 것이다. 그렇지만 정아 친구도 초등학교 2학년 한국나이로 9살 어린아이이다. 자기 앞 가름하기에도 힘든 아이이다. 그런데 친구까지 챙기기에는 너무 버겁다. 나는 정아를 안아주면서 이야기해 주었다.

"정아야, 친구들도 학교생활하기 힘들어, 꼭 필요한 것만 친구들한테 물어보아야 해."

"정아야, 네가 만약 누군가를 하루 종일 챙겨주어야 한다고 생각해봐, 힘들겠지? 친구들도 똑같아."

정아는 한편으로 수긍을 하면서 아직 어리기 때문에 여전히 섭섭하게 생각한다. 타고난 성향이 영어를 배우는 환경에서도 여전히 나타난다. 정아는 모르는 것이 있으면 꼭 물어서라도 알고 넘어가고 싶어 한다. 정아의 마음은 모르는 것을 알고 넘어가야지 마음이 편안하다. 남한테 지고 싶지 않은 욕구도 강하다. 어떻게든지 알아서 나도 영어를 잘하고 싶다, 라는 행동표현이 자주 보인다. 열성이 있기 때문에 수홍이 보다 더 잘 할 수 있는 가능성은 보인다. 하지만 시간도 얼마 되지 않았고, 아이이기 때문에 영어를 잘 할 수 있는 다양한 방법을 잘 모른다. 영어를 공부하는 방법이 친구한테 의지하는 것 외에 좀 더 다양하게 활용하는 방법을 가르쳐 주면 더 많은 발전이 있을 것이라 생각한다.

내가 세부에서 영어 공부하는 방법은 다양 한다. 그렇다고 열심히 하는 것은 아니다. 원고쓰기를 우선순위에 두고 여유시간이 있으면 영어공부를 한다. 일단 이웃에 사는 필리피나인 제인과 함께 하루에 한 시간씩 공부를 한다. '필리피나'는 필리핀 여성을 그렇게 부른다. 참고로 필리핀 남자는 '필리피

노'라고 한다. 제인한테 배우는 것은 나의 귀를 영어에 노출시키는 기회가 된다. 그리고 책을 읽는다. 영어로 된 소설책이나 스릴러 책이 재미있으니까 집중도 잘 되고 읽기에 좋다. 사실 영어책 읽는 것은 최근에 시작했다. 영어 책 독서가 의외의 효과가 있다. 튜터할 때 주로 듣는 입장인데 이해를 못할 때가 많았다. 하지만 튜터 전에 잠깐 영어 책 독서를 하고 튜터를 하니 안 들리는 부분도 영어 글로 연상이 되면서 좀 들리는 느낌을 받았다. 실제, 좀 더 자신감 있게 영어를 들을 수 있어서 효과적이다. 그리고 또 다른 방법으로 스마트폰을 활용한다. 모르는 단어나 말하고 싶은 문구를 한글말로 치고 영어로 번역해주는 앱을 이용한다. 발음까지 들을 수 있다.

영어를 배우는 것도 사람들과 어울리면서 주로 배우게 된다. 그렇기 때문에 사람을 대하는 성향들이 고스란히 영어 배우는데도 나타나게 된다. 사회성이 좋은 사람이 영어를 빨리 배운다고 한다. 그렇다고 사회성이 나쁜 사람이 영어를 잘 못 배우는 것은 아니다. 자기 성향대로 다른 모습으로 어쨌거나 배우게 된다. 특히 아이들일 경우, 거부감 없이 영어를 배운다. 알파벳을 모르는 아이들일수록 영어를 공부로 여기지 않기 때문에 더욱 쉽게 적응한다. 알파벳을 모른다면 그런 강력한 장점이 있다. 영어를 어설프게 공부한 아이들이 영어에 더욱 공포감을 느낄 수 있다. 알파벳을 몰라도 된다. 닥치면 살기 위해서 알파벳도 알게 되고 영어도 하게 된다. 결론은 아이들은 알파벳 몰라도 자신의 속도와 자신만의 성향대로 잘 적응한다, 라는 것이다. 알파벳도 모른다고 너무 주눅들 필요 없다. 환경에 적응하여 영어도 배우고 적응하며 아이들은 잘 살아간다는 점 잊지 말자.

제4장

알면 유익한 소소한 세부 정보 10가지

튜터는 영어 선생님이자 현지 상담사이다

엄마의 튜터가 세부생활 적응하는데 멘토역할을 해준다. 세부생활에 적응하는데 시간이 필요하다. 소소한 일에서부터 큰일에 이르기까지 혼자서 웬만큼 일처리하면서 살아가기 위해서는 시간이 필요한 것이다. 적응을 하기 전까지는 모든 것이 서툴다. 새로운 환경에 적응하는 데 한국에서 만약 1달이 걸린다면 외국에서는 두 세배 시간이 걸린다. 누군가가 옆에 있다면 이 기간이 많이 줄어 들것이다. 현지 적응 멘토의 역할을 할 수 있는 사람을 스스로 만들어 봐야한다. 경험상 튜터가 가장 적절한 멘토가 될 수 있다. 튜터는 영어 교사이면서 현지 적응을 도와주는 훌륭한 멘토가 된다.

어느 날 정아가 준비물이라면서 커뮤니케이션 노트를 보여주었다. 노트에는 다음과 같이 적혀 있었다.

LEE JEONG AH-1. Small lantern, 1blue garland, 1 white Christmas light

학교에서 크리스마스 파티를 위해 아이들마다 준비해야 할 할당 물품들이다. 이 곳 세부는 크리스마스를 큰 행사로 여긴다. 우리나라로 따져서 아주 큰 명절과 같다. 그래서 2달 전부터 몰에서는 대형 크리스마스트리를 만들어 놓는다. 1달 전부터는 크리스마스 노래들이 울려 퍼진다. 더운 날씨에 크리스마스 노래를 듣다 보면 색다른 어색함을 느낀다. 그렇게 시끌벅적하게 준비한다. 학교에서도 역시 크리스마스 행사가 있다. 그 날을 위해 준비물들이 주어진다. 크리스마스 분위기를 내기 위해 교실을 꾸미는데, 아이들이 준비해 오는 것이다. 그런데 준비물을 이해할 수가 없다.

'garland는 화환이란 뜻인데, 이것을 어디에서 사야 하지?'

'garland'라는 단어를 네이버로 검색해서 그 뜻이 무엇인지를 알았다. 하지만 학교에서 필요한 화한이 무엇이며 어디에서 사야 하는지 모른다. 2년간 세부에서 산 A도 어디에서 사야 할지 잘 모른다고 했다. 그래서 제인한테 물어보아야겠다, 라고 생각했다. 제인은 이웃에 사는 필리피나이다. 제인은 나의 튜터이면서 아이들의 튜터도 동시에 하고 있다. 제인은 남편이 한국 사람이다. 딸이 하나 있고, 그 딸도 아이들이 다니는 사립학교 1학년에 다니고 있다. 같은 학교에 다니고 있기 때문에 준비물도 비슷할 때가 많다.

"Jane~! Where can i buy garland?"

라고 물었다. 그러자 제인이 자기도 사야 하니까 몰에 같이 가자고 한다. 그래서 제인, A, 나. 이렇게 3명이서 가장 가까운 몰로 갔다. 몰은 벌써 크리스마스 물건들로 가득하다. 준비물 2가지는 쉽게 샀다. 결국 나머지 화환을 사지 못했다. 화환이 어떤 것인지? 보통 크리스마스 화환을 생각했지만 그것은 아닌 듯하다. 그래서 제인이 생각하는 그 화환을 찾아서 몰을 나와 작은 가게를 찾게 되었다. 이 곳 필리핀은 작은 가게들이 많다. 처음에 봤을 때 저것이 가게인가 의심할 정도도 작고 낡았다. 하지만 그런 가게들은 현지인들이 가장 많이 이용하는 곳으로 보통 "sari sari store"라고 부른다. 작은 가게에서 화환을 구할 수 있었다. 사고 보니, 보통 한국에서 반짝이는 재질의 선물포장지와 같은 것으로 만든 작은 화환이었다. 빨간, 초록, 금색, 다양한 색으로 만들어진 것이었다. 딱 봐도 초등학교 아이들의 물건처럼 보인다.

제인 덕택에 준비물 구매를 할 수 있었다. 물론 제인이 없어도 어떻게 해결을 했을 것이다. 어렵게 수소문해서 그 물건을 샀을 것이다. 하지만 그 만큼 에너지를 소모했을 것이다. 튜터인 제인이 있어서 웬만한 준비물은 편안하게 질문할 수 있다. 아무리 이웃이라도 자꾸 물어보기는 민폐일 수 있는데, 튜터이기 때문에 영어 공부할 때 물어보고 그것에 대해 영어로 이야기하면서 공부도 한다. 그래서 모르는 것을 묻기에 부담스럽지 않다. 그리고 어차피 제인도 딸을 위해 준비해야 하기 때문에 내 차를 타고 같이 준비하러 가게 되어 제인입장에서도 좋을 수 있다.

또 하루는 이런 고민을 제인에게 풀어놓았다. 현재 살고 있는 집은 이웃의 집에 비해 렌탈비가 비싸다. 같은 빌리지이면서도 차이가 난다. 물론 집은 조금씩 다르다. 한 건물에 3~4집이 붙어 있다. 이런 건물 덩어리가 몇 개 있다. 3~4집이 붙어 있을 경우 주로 중간 집보다는 가의 집이 밖의 공간까지 사용해서 좋다. 좁은 느낌도 덜하다. 내가 사는 집은 중간집이다. 그러면서 렌탈비는 가장자리 집보다 비싸다. 비싼 정도가 많이 차이가 난다. 집의 여건도 좋지 않으면서 가격도 비싸기 때문에 억울한 느낌까지 든다. 하지만 어쩌겠는가?, 나는 세부 오기 전에 그렇게 계약을 하고 왔기 때문에 뾰족한 수가 없다. 다른 집은 보았지만 내가 살 집은 한국에서 집이 나오기만을 기다리면서 집이 나왔다는 소리와 함께 집을 보지 않고 계약을 한 것이다. 집을 봤다면 이것저 것 콩글리시라도 표현을 했을 텐데…어쩔 수 없는 상황이다. 그리고 빌리지는 학교이사장이 만들었지만 만들어서 판매를 했기 때문에 집마다 주인이 다르다. 집주인이 다르니 집세는 집주인 마음인 것이다.

빌리지에서 살다보니, 주위의 집과 나의 집 렌탈비가 차이가 많이 난다는 것을 알게 되었다. 그리고 보통 재계약을 할 때 외국인들에게는 올려서 재계약을 하려 한다. 10%씩 올리는 경우가 많다. 지금 집세도 다른 집에 비해서 비싼데, 또 재계약을 하게 되면 10% 더 올릴 가능성도 있다는 것이다. 집 렌탈비가 세부 생활비에 거의 50%이상을 차지한다. 그렇기 때문에 렌탈비를 줄인다면 세부생활비도 줄일 수 있다. 동남아라고 해서 1달 생활비가 저렴할 것이라고 생각했는데, 집세가 있기 때문에 한국에 비해서 결코 저렴하지 않다. 거의 비슷하게 생활비가 들어간다. 남편이 한국에 있기 때문에 두 집살림이라 한국생활비까지 보면 지출이 적지 않다.

제인은 나의 집세를 듣고 놀라워했다. 제인 네도 자기 집이 아니라 렌탈해서 살고 있는데, 우리 집이 자신의 집 렌탈 비에 두 배, 대략 두 배 가까이 되는 것을 알고 놀라워했다. 물론 주인은 다르다. 그래도 너무 비싸다고 벌린 입을 다물지 못한다. 그러면서 어느 날 급하게 연락이 왔다. 같은 빌리지 인데 집이 났다는 것이다. 그 집 주인을 자신이 알고 있는데, 제인한테 그 집으로 이사 오라고 이야기했다는 것이다. 하지만 제인은 식구들이 많고 짐도 많아서 도저히 이사 갈 엄두가 안 난다고 한다. 그래서 나보고 가서 사는 것은 어떻겠냐고 물었다. 집도 중간집이 아니고 가장자리 집이라서 넓고 렌탈비도 이 집보다는 저렴하다. 날짜가 이 집과 3개월 갭이 있지만 이 집에서 3개월 정도 더 살고 그 쪽으로 이사하면 된다고 이야기했다. 그래서 나는 "오케이"라고 대답했다.

당장 계약을 하러 갔다. 물론 제인과 함께 갔다. 그 집 주인은 전에 이 곳 빌리지에서 살던 사람인데 지금은 보홀로 이사를 갔다. 살던 집은 중국 사람들에게 임대를 했다. 그 사람들이 집을 험하게 사용하기 때문에 계약이 만료되면 재계약을 안 하고 제인이 이사를 왔었으면 했던 것이다. 제인대신 내가 이사를 가게 되었다. 우리는 커피숍에서 만나 계약을 했다. 주인의 전담 변호사도 나왔다. 변호사가 미리 서류를 준비해왔다. 그래서 그 자리에서 사인하고 입금은 한국에서 바로 시켰다. 돈이 한국에서 세부로 들어올 때 하루, 이틀 시간이 걸린다. 대신 송금했다는 서류는 보여줄 수 있기 때문에 남편이 한국에서 송금하고 영수증을 보여주었다.

영어로 수업하면서 다양한 이야기를 나누게 된다. 필리핀 문화, 필리핀사람이 본 한국 사람의 모습, 각종 생활, 개인적인 취미, 필리핀 요리법이야기들을 한다. 그리고 현지 생활하면서 고민거리도 자연스럽게 이야기하게 된다. 영어 공부하면서 고민거리까지 상담을 하게 된다. 현지인 튜터가 상담가는 아니지만 필리핀사람이기 때문에 나의 문제들에 대해 의외로 해결점을 제시하고 해결하는데 도움을 준다.

어른들의 튜터 시간은 영어공부뿐 아니라 세부생활의 소소한 문제들을 상담 받는 시간이다. 다양한 주제로 자유롭게 영어공부를 하기 때문이다. 튜터는 영어공부만을 위한 것이 아니다. 다양한 이야기를 할 수 있는 기회가 되고 서로 정보와 문제 해결점을 찾을 수 있는 시간이 된다. 그렇기 때문에 튜터로 이웃에 있는 사람들 중에 영어를 할 수 있는 필리핀 사람으로 찾으면 좋다. 특히 아이가 같은 학교에 다니고 있는 필리핀 사람일 경우 아이의 학교생활에도 도움이 될 수 있다. 멀리에서 튜터를 찾지 말자. 이웃에도 영어를 하는 사람이 있을 수 있다. 특히 외국인이 사는 빌리지에는 필리핀 사람 중에 교육을 받고 수준 있는 사람이 더 많이 있다. 튜터는 영어선생님이면서 현지 생활 적응하는데 도움이 될 수 있는 상담사가 된다.

프라이드치킨과 밥,
현지인이 가장 많이 먹는 음식에 도전해라

졸리비를 갔다. 세부 온지 한 달도 안 되었을 때다. 졸리비는 한국으로 따지면 맥도날드나 버거킹 같은 패스트 푸드점이다. 현지식당을 찾고자 했지만 마땅한 곳이 없었다. 아직 모든 것이 낯설고 익숙지 않아 현지 식당을 못 찾았다. 다만 눈에 확 뜨이는 곳이 있었다. 그곳이 바로 졸리비이다. 졸리비 트레이드마크인 벌꿀의 대형 간판이 눈에 확 들어온다. 세부뿐 아니라 세부에서 다리 하나를 건너오면 있는 이 곳 막탄 섬에서도 쉽게 보인다. 한 두 곳이 아니다. 좁은 막탄에서도 가는 곳 마다 눈에 보인다. 견물생심이라고, 눈에 보이니 먹어보고 싶어진다.

"그래, 저기 한 번 가보자. 얘들아, 가게가 많이 있는 것 보니까 맛있을 것 같다."

아이들도 좋아라고 했다. 일단 외관상 깨끗해 보였고 들어가기도 부담이 없다. 한국에 있을 때 아이들이 햄버거나 피자 같은 패스트푸드를 많이 먹지는 않았다. 가끔씩, 아주 가끔씩 특별식으로만 먹었다. 가끔씩 기분전환이 필요 할 때나 아이들 중 한 명이 화가 나서 화를 풀어주어야 할 때 맥도날드 아이스크림을 먹으러 가곤 했다. 달달한 아이스크림이 아이의 화를 풀어주기에 적격이었다. 아이스크림을 주문하면서 다른 메뉴도 함께 주문했다. 햄버거, 치킨 같은 것을 먹었었다.

이 곳 졸리비는 어떨까? 어떤 맛일까?, 라는 기대감으로 들어갔다. 현지 패스트푸드 점답게 손님들 대부분이 필리핀 사람들이다. 가격표를 보니 가격도 저렴하다. 메뉴판을 봐도 한국과 확연히 다른 부분이 있다. 그것은 치킨앤드 밥의 메뉴가 다양했다는 것이다. 치킨 다리하나와 밥, 치킨 다리 두개와 밥, 혹은 치킨 앤 밥이 들어가 있는 세트메뉴이다. 테이블 위에서 식사하는 사람들의 음식을 보았다. 여기도 치킨 앤 밥, 저기에도 치킨 앤 밥이었다. 현지인들은 대부분 치킨 앤 밥이었다. 그것도 손으로 맛나게 먹고 있었다. 치킨을 떼어 소스에 찍어서 먹고 밥 먹고 그런 광경이 펼쳐져 있다.

'치킨과 밥이라니?'

도저히 이해할 수 없는 메뉴라고 생각했다. 한국에서도 치킨을 많이 먹는다. 나도 가끔씩 저녁에 출출하거나 심심하다고 할 때 치킨을 주문했다. 아이들은 치킨만 먹고 남편과 나는 치킨과 맥주를 함께 먹었다. 식사가 아니라 식사 후의 간식으로 먹는 것이다. 그런 치킨이었기에 밥과 함께 치킨을 먹는 다는 것을 전혀 상상하지 못했다. 치킨과 밥이라니, 도저히 연결할 수가 없었다. 의례, 치킨은 그냥 먹거나 맥주와 함께 먹는 것, 그래서 치맥이란 말도 있지 않은가? 치킨과 맥주인 치맥, 치맥 외에 치밥을 누가 상상이나 했겠는가?

하지만 세부에는 치밥이 있다. 한국에서 치맥이 있듯이, 세부 인들은 치밥을 먹고 그 음식을 사랑한다. 거의 대부분의 사람들이 치밥 매니아인 듯하다. 여기도 치밥, 저기도 치밥인 것을 보면 분명 그렇다고 말할 수 있다. 저녁 먹고 야밤에 여기도 치맥, 저기도 치맥인 한국 사람들처럼 여기에서는 여기 저기 치밥인 것을 보았을 때 현지인들의 치밥 사랑을 느낄 수 있다. 그러니 현지인들의 패스트푸드점인 졸리비에서도 이 메뉴를 당연히 넣을 수밖에 없다. 세부 인이 사랑하는 그 메뉴를 어떻게 포기할 수 있겠는가? 사업 논리로도 맞지 않는 것이다. 당연히 치킨과 밥은 졸리비의 인기 메뉴가 된다.

이렇게 되니, 서서히 치킨과 밥의 맛이 궁금해진다. 졸리비에서도 파는 그 치킨과 밥에 도전해 보자, 하는 마음이 생긴다. 일단 우리는 치킨과 밥 3개를 주문했다. 음료수는 서비스 음료로 주문했다. 탄산음료가 치아에도 안 좋고 아이들 건강에도 안 좋다는 것을 알기 때문에 그것만은 서비스 물로 대체했다. 그러니 가격이 더욱 저렴해 진다. 치킨 앤 밥이 대략 한국 돈으로 3000원 정도 한다. 치킨만 6조각이 들어간 것이 대략 300페소 정도 하니, 한국에 비해서 아주 저렴하다.

주문을 하면 번호가 적힌 플라스틱을 준다. 그 플라스틱은 테이블 위에 세워 둔다. 그러면 서빙 하는 직원이 번호를 찾아서 음식을 배달해준다. 한국과 비슷한 시스템이다. 한국은 음식이 다 되면 번호가 스크린에 표시 되고 직접 가지러 가야하고 이 곳은 직원이 테이블 위에 놓인 번호를 보고 음식을 갖다 준다는 차이이다. 이 곳이 좀 더 편하고 대우 받는 느낌이다.

드디어 궁금한 치킨 밥이 테이블에 놓여 있다. 우선 색깔을 살펴보았다. 치킨 한 조각과 비닐에 싸여 있는 밥 한 주먹, 그리고 소스가 있다. 그 소스는 걸쭉한 갈색이다. 치킨을 그 곳에 찍어서 먹는 것을 옆 테이블에서 보았다. 우선 뜨끈뜨끈한 밥의 포장지를 풀어서 치킨 옆에 놓았다. 밥이 한국 밥처럼 찰진 것이 아니다. 동남아 사람들이 보통 먹는 밥이다. 가늘고 길면서 찰기 없는 밥이다. 그래도 아주 따끈따끈한 것이 식욕을 돋운다. 수저는 따로 준비되어 있다. 수저 통 자체도 전기로 소독을 하는지, 뜨끈뜨끈하다. 수저는 개별적으로 챙겨서 온다. 나는 치킨을 뜯어야 하기에 포크 2개씩 챙겼다. 포크 2개로 치킨 한 부분을 뜯어서 소스에 찍어 입에 넣었다. 그리고 밥 한 숟가락을 먹었다. 맛나다. 신기하게도 처음 먹지만 부담스럽지 않다.

치킨 앤 밥은 환상의 궁합이라고 표현하고 싶다. 한국에서는 왜 이렇게 먹을 생각을 못했을까? 프라이드치킨을 많이 먹었지만 밥하고 먹을 생각은 정말 하지 못했다. 하지만 여기서 그렇게 먹으니 맛나다. 아이들도 잘 먹는다. 치킨이 다소 짭조름하게 튀긴 것이라 밥하고 먹기에 어색하지 않다. 치킨이 반찬이 되는데 전혀 손색이 없다. 한국에서 밥하고 먹을 생각을 못한 이유를 생각해 보았을 때 치킨이 짜지 않았기 때문이다. 치킨을 짜게 튀기는 경우는 거의 없다. 그래서 밥하고 먹을 생각을 못한 것일 수도 있다. 이 세부는 워낙 짜고 달게 먹기도 하지만 치킨도 짜게 튀겨서 이렇게 밥하고 먹으니 여러모로 좋다.

치킨 앤 밥이 메뉴로 좋은 이유를 생각해보았다. 일단 준비하는 입장에서 편하다. 왜냐하면 치킨하나만 있으면 밥을 먹을 수 있기 때문이다. 반찬도 특별히 필요 없다. 이 곳 식사는 한국처럼 반찬이 여러 가지가 아니다. 밥과 반찬 하나정도이다. 반찬 하나가 치킨이 되는 것이다. 얼마나 손쉬운가?, 둘째 좋은 이유는 아이들 영양에도 손색이 없다는 것이다. 튀긴 음식이라 조금 신경이 쓰일 수도 있지만 매일 먹는 것이 아니기 때문에 그 정도는 감수할 수 있다. 셋째, 아이들이 좋아한다. 프라이드 치킨하면 모든 아이들이 좋아한다. 그렇기 때문에 아이들 밥 안 먹어서 엄마들이 고생할 필요가 없다. 밥 잘 안 먹는 아이들을 둔 엄마들은 따라다니면서 먹이기 위해 생고생한다. 다행히 우리 아이들은 그렇지 않았지만 가까이 있는 엄마들의 이야기를 들어보니 정말 장난 아니다. 그를 때 이 치킨 앤 밥을 주면 문제가 어느정도 해결된다. 아이들 혼자서 잘 먹는다. 하지만 한국에서는 밥과 치킨을 먹는다는 상상 자체를 못하기 때문에 현실에서도 그렇게 먹이지 않는다.

현지인들은 치킨 앤 밥뿐 아니라 꼬치 바비큐와 밥도 즐겨먹는다. 저녁이 되면 거리 군데군데 연기들이 자욱하다. 낮에는 없다가 밤만 되면 곳곳에 꼬치 바비큐를 굽고 있다. 사람 허리높이 만한 틀에 숯불을 넣고 철판을 깔고 꼬치를 굽는다. 한 번은 맛난 냄새에 이끌려 바비큐 파는 곳으로 갔다. 꼬치 종류도 많다. 돼지고기, 닭고기, 닭 모래집, 허파, 간, 닭간……. 다양한 재료로 만들었다. 그 중에서 평소 잘 먹던 돼지고기 꼬치를 4개 샀다. 그래서 집에 와서 현지인처럼 밥과 함께 먹어보았다. 아주 맛나다. 집에서 해먹는 밥은 그래도 현지식당보다 찰진 밥이기에 돼지고기 꼬치 바비큐를 반찬 삼아 밥과 먹으니 현지식당보다 더 맛있었다. 치킨 밥과 함께 꼬치 바비큐 밥도 아주 훌륭한 식사가 되었다.

치킨 앤 밥이라고 하면 한국 사람의 입장에서 너무나 낯설다. 한국 사람에게도 치킨 사랑은 어느 나라 못지않다. 하지만 치킨 밥은 일평생 처음 듣는 메뉴이다. 치맥이라면 모를까 치킨 앤 밥에 대한 아이디어는 전무하다. 하지만 상상하지 못한 메뉴 치밥에 도전해 보길 권한다. 바삭한 식감이 일품인 프라이드치킨, 튀긴 음식이라 조금 걱정되기는 하지만 가끔씩 먹기에 그 정도는 수용할 수 있다. 치밥은 집에서 손쉽게 할 수 있는 특식메뉴가 된다. 직접 튀기기 어렵다면 튀긴 닭을 사와서 먹으면 된다. 간편하면서도 맛나다. 외식을 하는 것보다 훨 낫다. 왜 진작 한국에서 이렇게 안 먹었을까 생각했다. 간을 조금만 더 하면 훌륭한 반찬으로서 손색이 없다. 새로운 메뉴의 색다른 세부 음식 문화인 치밥, 도전해보시길 바란다. 아마도 의외의 음식 궁합에 매료될 것이다.

리조트 비 숙박 연간회원 등록해라

오늘도 날씨는 무덥다. 9월 달에 이 곳 세부를 왔다. 12월까지는 무지 더웠다. 12월에 접어들면서 아침, 저녁으로 선선해졌다. 낮에는 햇볕이 따갑다. 햇볕 아래 있으면 금방 구워질 것 같은 뜨거움이 느껴진다. 그늘에 들어가면 180도 다르게 신기할 정도로 선선하다. 옆에 집을 짓는 공사가 계속 진행되고 있는데, 그 인부들은 점심시간이 되면 그늘에서 늘어지게 낮잠을 잔다. 더위로 방출된 에너지를 충전하는 시간을 그늘에서 가지는 듯 보였다. 우리도 한여름에 땀 많이 흘리면 기운이 빠진다고 하지 않는가? 그래서 영양가 있는 음식으로 몸보신을 하듯이, 인부들은 음식대신에 그늘에서 늘어지게 달콤한 휴식을 취한다.

지금은 1월이다. 중간 중간 우리나라 장마철처럼 하루 종일 비가 올 때도 있었다. 이 곳 날씨는 변덕스럽다. 소나기가 금방 내리다가도 햇볕이 쨍쨍하다. 최근에는 비가 하루 종일 내린 적이 있었다. 그것이 오래 가지는 않았다. 몇 년씩 산 사람들 중에는 한 달 내내 비가 온 경험도 있었다고 한다. 비가 오면 눅눅해진다. 이 곳은 바닷가라서 기본적으로 습도가 높다. 그래서 아토피 있는 사람들이 봄, 가을철에 이곳을 찾곤 한다고 한다. 습도가 높은데다가 비까지 오면 집안은 진짜 눅눅하다. 그렇다고 한국처럼 보일러가 있어 눅눅한 습기를 잡을 수 있는 것도 아니다. 그래서 오로지 선풍기와 일회용 제습기만으로 습도 제거를 하면서 지낸다. 그것도 한계가 있기 때문에 해가 나오기를 바란다. 잠시라도 해가 쨍쨍하면 덜 눅눅하기 때문이다.

소나기가 올 때를 제외하고 대부분 더운 날씨이다. 토요일이면 주로 인근 리조트를 방문한다. 이웃에 사는 A네와 함께 간다. A는 초등2학년 남자아이가 있다. A의 아들 케빈은 정아, 수홍이랑 같은 학교를 다니고 정아와는 같은 반이다.

"엄마, 더워~ 우리 리조트에 가서 수영해."

"그래~ 케빈도 갈라나?"

라고 이야기하면 아이들은 물어보러 바로 옆집인 캐빈 집으로 간다. 그러면 같이 가자, 라고 이야기가 되고 같이 짐을 챙긴다.

"언니~ 20분 뒤에 가요"

라고, A는 연락이 온다. 그러면 그때까지 아이들 수영복 갈아입히고 짐을 챙긴다. 수영복은 미리 입고 간다. 입고 가서 수영장 들어가기 전 야외 샤워장에서 간단히 샤워하고 바로 수영장으로 뛰어 들어간다. 원래는 샤워하고 수영복 입어야 하겠지만 아이들이다 보니 그렇게 하고 있다. 아이들은 신나게 수영한다.

수홍이, 정아는 리조트에 다니면서 수영 실력이 늘었다. 한국에서 수영을 정식으로 배운 적은 없다. 경기도 고양에 어울림스포츠센터 근처에 집이 있다 보니, 가끔씩 주말이면 어울림수영장을 데리고 갔었다. 나는 새벽기상을 위해 수영을 등록하고 수영을 배웠었다. 그래서 수영에 대한 무서움이랄까?, 그런 거리감이 없었다. 그래서 아이들도 데리고 다니면서 아이들이 물에 익숙할 수 있는 환경을 자주 만들어 주었다. 아이들은 처음에는 물에서 놀기만 했었다. '수경 던지고 수경 찾아오기' 같은 놀이는 아이들이 가장 신나한다. 둘이다 보니 서로 경쟁의식을 느끼면서 서로 빨리 수경을 찾으려고 한다. 그렇게 자연스럽게 물에 익숙하게 된다. 수영의 방법인 자유형, 배영, 평형, 접영은 전혀 하지 못했다. 아이들은 세부를 올 때, 그냥 물이 재미있고 좋다는 느낌을 가지고 오게 되었다.

리조트 수영장을 다니면서 조금씩 수영기법을 배우기 시작했다. 제일 먼저 할 수 있는 수영방법은 배영이다. 물에 힘을 빼고 누워서 몸을 띄우는 것이다. 무섭다고 생각이 드는 순간 바로 가라앉는다. 배영은 물에 대한 공포심만 없다면 자연스럽게 할 수 있는 수영법이다. 물에 두려움이 없는 아이들은 배영을 쉽게 했다. 그리고 자유형을 조금씩 시도했다. 하지만 사실 자유형도 어렵다. 그래서 평형을 가르쳐 주었다. 영법 중에서 가장 편안하게 하는 것이 평형이다. 일명 '개구리헤엄'이라고 하기도 한다. 개구리헤엄은 숨쉬기가 쉬운 영법으로 배영다음에 가르쳐준다. 접영을 하게 되면 물에 더욱 자신감을 가질 수 있다. 다리를 개구리처럼 접었다가 차고 손은 물을 잡아서 가슴 앞으로 모으면서 상체를 들어 올려 숨을 쉬어라, 라고 알려주었다. 시범도 보여주고 실제 하는 것도 봐주고 하니, 당장을 못하다가 며칠 지나면서 한두 번 시도를 했다. 그러면서 점점 하는 횟수가 늘어나면서 아이들은 평형 하는 법을 배우게 되었다

캐빈 같은 경우에는 선천적으로 물을 무서워한다. 머리에 물만 닿아도 싫어하는 아이중의 한명이었다고 한다. 어릴 때 머리를 감길 때마다 엄마가 곤

욕이었을 것이다. 캐빈이 물을 무서워함에도 불구하고 리조트를 다니면서 이제는 구명조끼 없이 혼자서도 물에 들어간다. 시간은 걸렸지만 물에 대한 공포심을 극복한 것이다. 작년10월까지만 해도 팔에 끼우는 구명조끼를 끼고 물에 들어갔다. 구명조끼를 끼고도 물가에서 논 경우도 많았다. 하지만 3개월이 지난 지금은 구명조끼 없이 들어간다. 아직 수영영법까지는 아니지만 물에 대한 자신감을 완전 얻었다. 자주 물에 오니 물이 무섭지 않게 된 것이다. 이제 조금씩 수영방법을 가르치면 된다.

막탄에서 가장 깔끔한 곳 중 하나인 뉴타운에는 수영장이 있다. 뉴타운 건물에 수영장과 함께 각종 스포츠 시설이 설치 되어있다. 헬스장, 테니스장 언제든지 마음만 먹으면 바로 운동할 수 있는 곳이다. 그런 만큼 렌탈 비도 비쌀 것이다. 주변 여건도 좋다. 걸어서 나가면 대형은 아니지도 중형쯤 되는 슈퍼도 있고 맥도날드, 각종 음식점들이 즐비하게 갖추어져 있다. 그래서 외국 사람들이 많이 살고 있다. 하지만 또 한편으로 보면 너무 편의시설이 좋아서 세부 같지가 않다. 그냥 한국의 아파트 단지에 있는 느낌이 든다. 그래도 수영시설이 있기 때문에 아이들은 언제든지 수영을 할 수 있다.

그에 비해 빌리지는 수영장이 없다. 수영장이 있는 빌리지도 있지만 우리가 사는 곳은 수영장이 없다. 수영장이 없을 경우 아이들이 좀 지루해 할 수 있다. 수영장이 있으면 운동도 되면서 재미도 있고 아이들 성장발달에도 유익하다. 무엇보다 수영장은 더운 날씨에 딱 좋은 놀이면서 재미가 있기 때문에 이 부분을 해결하기 위해서 우리는 인근 리조트에 연간 회원권을 끊었다. 물론 A가 먼저 등록을 한 상태였고, 또한 나에게 추천해주었다. 그렇게 우리는 리조트에 숙박을 제외하고 시설을 이용할 수 있는 연간 회원권을 끊게 되었다.

그 리조트 같은 경우에는 키즈 카페도 이용할 수 있다. 키즈 카페가 크지는 않지만 그래도 이벤트도 다양하다. 그리고 특별한 날, 즉 할로윈데이, 크리스마스 같은 경우에는 연간 회원인 아이들에게 특별 혜택들이 있다. 키즈카페에 게임방이 있어 그것은 좀 마음에 안 들지만 그것도 방법이 있다. 아이들이 게임을 너무 많이 하고 싶어 한다면 조건을 제시하는 것이다. 수영2시간에 게임 30분. 이렇게 하면 게임만 하는 것이 아니라 수영까지 하게 되니 그나마 괜찮다. 가끔은 기분전환을 위해서 아이들에게 게임 방을 이용하게 해줄 수도 있어 사용하기에 따라 요긴하게 잘 이용할 수 있다.

인근 리조트에 비 숙박 연간 회원권을 끊으면 좋은 점을 다시 정리해보았다.

첫째는, 시설 좋은 리조트 수영장에서 기분 좋게 이용할 수 있다. 둘째는 수영장 자주 이용함으로 아이들은 물에 대한 두려움을 극복하고 수영실력을 높일 수 있다. 셋째, 아이들에게 놀 거리를 제공한다. 넷째, 아이들 성장과 발달에 도움이 된다. 다섯째, 경제적이다. 리조트대신 몰이나 기타 장소에 가게 됨으로써 발생하는 과소비를 예방할 수 있다.

이 리조트의 연간회원권 같은 경우 그렇게 비싸지 않다. 시설만 이용하는 것으로 연간 이용비는 한국에서 연간 헬스장 이용권 정도의 가격이다. 아이인 경우에는 그것에 반값이 된다. 리조트에 따라서 이렇게 비 숙박 리조트 연간이용권이 아예 없을 수도 있다.

연간 회원권 끊어두면 언제든 갈 수 있어 좋다. 특별히 아이들 데리고 갈 곳이 없으면 리조트 수영장에서 원 없이 수영하고 다른 시설도 이용할 수 있어 특히 빌리지 생활하는 사람들에게 권하고 싶다. 주말에 집에만 있으면 아이나 엄마나 서로 지친다. 그럴 때 기분전환 겸, 운동 겸해서 리조트 수영장을 가면 좋다. 수영장이 있는 빌리지에 살더라도 리조트 연간회원권으로 기분 전환하면 좋다. 한국에서는 꿈도 꾸지 못할 가격으로 여행 온 기분을 1년 내내 누릴 수 있다.

더운 나라에 살면서 수영하고 싶을 때 언제든지 수영할 수 있어야 한다. 날씨도 더운데 수영까지 못하면 답답해진다. 특히 아이들은 더욱 그렇다. 물속에 집어 넣어두면 해외 살이 스트레스, 학교 스트레스 다 날아간다. 리조트 비숙박 연간회원 등록하고 우아하게 여행기분도 내고 수영도 마음껏 하면서 해외살이 스트레스 공중분해하면 최고이다.

교민 카톡 방에서 다양한 정보를 얻어라

요즘은 어느 곳이나 카톡방에서 모임을 만든다. 관심주제가 비슷할 경우 카톡방을 만들어 서로 정보도 교환하면서 친목관계를 유지한다. 공통된 관심 영역이라 서로 도움이 되는 경우가 많기 때문이다. 만약 독서를 좋아 한다면, 함께 책을 읽고 카톡방에서 서로 다양한 깨달음을 나누고 새로운 정보도 공유하는 것과 같다.

나는 독서모임을 거의 하지 않았다. 책을 출간하고 나서 처음으로 인천의 독서모임을 참석하게 되었다. 이 독서모임은 미리 읽어올 책을 한 주 전에 선정한다. 못 읽어도 괜찮다. 듣기만 해도 그 책에 대한 정보를 얻을 수 있다. 단 못 읽었기 때문에 자신은 듣기 위주로 한다. 물론 다른 사람의 이야기를 듣고 책의 내용을 추측할 수 있다. 그리고 자신의 생각들을 나눈다. 책을 읽어 온 사람은 읽고 난 후의 느낌과 배운 점, 자기 생활에 적용할 점을 이야기한다. 그렇게 이야기하면서 확실히 삶에 적용하는 계기를 갖게 된다. 서로 구성원들의 독서후 감상과 생활실천의 각오를 들으면서 자신도 자신의 삶에 적용할 각오를 하게 된다. 어떤 경우 자신은 전혀 생각하지 못한 부분을 얻을 수 있다. 각자 삶의 상황이 다르기 때문에 생각과 느낌, 깨달음이 들이 다른 사람에게 또 하나의 유용한 정보가 된다.

이와 마찬가지로 세부에도 교민 카톡방이 있다. 교민방에서 많은 이야기들이 매일 올라온다. 대략 2500명의 인원이 있다. 세부, 막탄 지역만 그 인원이다. 세부와 막탄이 거의 같은 생활권이기 때문에 함께 카톡방에서 만나고 함께 모든 정보를 공유한다.

"당신 같은 사람이 교민 방에 글을 올리면 안 되지? 다른 곳에 가서 그런 말도 안 되는 글 올려라"

"이 카톡방 만드신 분은 누구이시지요. 내일 전화할게요."

아주 격앙된 내용이었다.

'이 새벽에 무슨 일이야?'

라고 나는 새벽에 일어나서 그 전 내용을 읽어 보았다. 호핑 가격에 관련된 내용이었다. 호핑 가이드나 호핑을 직접 운영하는 사람들에 대한 비방의 내용이 있었다. 나중에 그런 내용을 본 사람이 새벽에 글을 올린 것이다. 2,500명이 있는 카톡방에 새벽 3시에 글을 올린 사람은 얼마나 화가 났으면 그런 글을 올렸을까 라고 이해도 된다. 하지만 또 한편으로는 너무 감정적인 행동이었다는 생각도 든다. 또 다른 사람이 글을 올렸다.

"단톡방에 인원이 2,500명이다. 알면서도 단지 표현만 안 하는 사람들이 대부분입니다. 교민 여러분, 내 말 한마디가 누군가에게 피해가 될 수 있다는 점 생각하시고 말조심하면서 교민끼리 서로 도우며 삽시다." 라는 장문의 글이었다.

온라인상이지만 역시 사람의 모임이다 보니, 이런 일도 있고 저런 일도 있다. 순간 참지 못하고 감정적으로 표현하는 것은 서로 자제해야 할 부분이다. 교민 카톡방에서 정보를 얻고 많은 도움이 된다는 것을 모르는 사람은 없다.

또 얼마 전에는 이런 글들이 단톡 방에 올라왔다.

"교민을 대상으로 사기를 치는 일당의 차 번호가 지금 제 차 앞에 있어요.

"따라 가볼게요."

한 용감한 교민의 카톡 메시지였다. 추적하면서 경찰은 물론 영사관에도 연락하면서 실시간으로 카톡 방에 올렸다.

결국 그 일당은 경찰에 잡혔다. 경찰서인지, 일당 3명이 조사를 받는 모습이 사진으로 올라왔다. 그리고 다시 한 번 더 정면의 얼굴 사진이 올라왔다. 이 나라 법이 어떻게 판결을 내릴지 모르지만 사진 공유로 인해 교민들이 계속 피해를 받을 상황이 좀 줄어들 것이다. 교민만 대상으로 사기를 치면서 나쁜 짓을 하고 있는 그 일당이 잡혀서 너무 다행이라고 다들 안심을 했다. 그날 단톡 방에 추적한 그 사람에 대한 감사의 메시지가 쏟아졌다. 단체의 힘을 보여준 소득이었고 그것에 대해 사람들의 감사 메시지는 단톡 방의 분위기를 훈훈하게 했다.

한 번은 집안에서 고용한 아떼에 관한 글이 올라왔다. 집안일을 도와주는 도우미를 '아떼'라고 부른다. 아이들 봐주는 도우미는 '야야'라고 한다. 필리핀은 인건비가 저렴한 편이다. 세부와 막탄에 따라 가격차이는 있지만 한국보다 아주 저렴한 가격에 고용한다. 하지만 하나를 얻으면 하나를 포기해야 하는 법이 세상의 이치이다. 저렴한 가격에 아떼를 고용해서 생활의 편리함을 얻었다면 아떼로 인해 또 다른 고민들이 있는 것이다. 아떼에 따라 다르겠지만 대부분 한, 두 가지씩의 문제를 가지고 있다. 아떼가 평상시 일도 잘하고 모든 것이 마음에 들었던 어느 교민은 어느 날부터 돈이 없어지고 물건도 없어졌다고 한다. 하루는 립스틱이 없어져 아떼의 가방을 확인해 보니 그 립스틱이 그 가방에 들어 있었다고 한다. 그래서 내보야겠다, 라고 세부맘 단톡 방에 글이 올라왔다. 물론 모든 아떼가 그런 것은 아니지만 종종 이런 글들이 올라온다.

물건을 훔치는 경우는 해결이 잘 안 된다. 그것은 고치기도 힘들고 여러모로 골치 아픈 일이다. 그럴 경우 대부분 아떼를 교체하게 된다. 나는 아떼를 써보지 않아서 자세한 것을 경험해보지 않았지만 아떼를 고용한 사람들의 고생스러움이 간혹 올라온다. 어떨 때는 아떼가 고향에 가서 말없이 돌아오지 않고 있다는 글도 올라온다. 내일 당장 직장 나가고 아이들 케어가 필요한데 걱정이라는 내용이다. 상습적으로 훔치는 아떼인 경우 더 이상 교민들이 피해를 받지 않기를 바라는 마음에 사진을 공유하기도 한다. 이렇게 하는 특별한 이유는 그런 아떼의 대부분이 한국 집만 이력서를 내는 경우가 많기 때문이다. 불명예스럽게 나와도 다시 한국 사람을 찾는다.

"이 아떼 조심하세요. 교민 집을 돌아다니면서 아떼를 하는데, 돈에 손을 대어요.

아떼가 꼭 필요한 사람들이 있다. 이 곳 세부에서 사업을 하면서 아이들을 키우는 엄마들이다. 아이가 어리기 때문에 아떼는 필수가 되는 것이다. 그럴 경우 이런 정보는 아주 유용한 내용이 되는 것이다. 사람이 들어오고 나가는 것이 쉬운 일이 아니다. 아이들이 한 번 정들면 내 보내기도 그렇고 그렇다고 집안에 돈이나 물건을 손대는데 그냥 두기도 그렇고, 아주 곤란해지는 것이다. 그렇기 때문에 이런 버릇이 있는 사람들은 아예 고용을 하지 않거나, 그것이 어렵다면 고용 초창기에 간단한 테스트를 해보는 것도 필요하다.

또 한 번은 길거리에 애완견이 돌아다닌다며 사진을 올렸다. 세부 도로변에 주인 없는 개들이 무지 많다. 그 많은 개들이 어떻게 살아갈까?, 노견을 키우는 동물을 사랑하는 1인으로서 정말 궁금하다. 개들은 전혀 난폭하지도 않고 사람들을 잘 따른다. 필리핀 사람들도 그 개들에게 나쁜 짓을 하지 않는 것 같다. 참 특이한 모습이라고 지금도 생각한다. 대부분 길거리 생활을 하다

보니, 개들이 피부병을 가지고 있다. 다행히 사람한테는 옮기지 않는다고 한다. 세부 거리는 덜 하지만 막탄 시골 도로가에는 개 천지이다. 개들은 아주 느릿느릿, 바쁜 것도 없이 도로가에서 서있는 그대로 있거나 잠을 잔다. 그런 개들 사이에서 애완견이 눈에 확 띄는 것은 당연하다. 개 제보의 메시지를 보고 나는 걱정이 되었다. 빨리 집 찾아가야 할 텐데……. 나는 동물에 대해 특별한 애착을 가지고 있다 보니, 이런 쓸데없는 걱정을 하는 경우도 있다. 얼마 있다가 다시 메시지가 올라왔다. "그 강아지 누구네 거예요. 주인이 와서 체포해갔어요" 나는 천만다행이다, 라고 생각했다.

교민 카톡방은 유익하다. 다양한 사람들이 모여 있는 만큼 다양한 정보를 얻고 간절한 순간 다양한 도움의 손길을 받을 수 있다. 특히 새로 정착하는 사람들에게는 단톡방에서 하는 한 마디 한마디가 다 피가 되고 살이 된다. 너무나 당연한 일들이 세부에 온지 얼마 되지 않은 정착하는 사람들에게는 공부가 되고 정보가 되는 것이다. 서로 의견 충돌이 있는 부분도 좀 더 성장하기 위한 한 과정으로 여기면 좋겠다. 한 가족이라도 갈등은 있게 마련이다. 하물며 2500명의 남남이 모여 있는 곳이니, 갈등은 당연이 있게 마련이다. 공산당도 아니고 어떻게 좋은 일만 있겠는가? 비가 오고 난 이후 땅이 더 굳어지고 단단해지듯이, 그런 과정도 지혜롭게 넘기면 더욱 좋은 일들이 있지 않을까 생각해본다. 하지만 적당하게 예의를 지키는 것은 필요하다고 생각한다.

세부 초보자들은 단톡 방에서 세부에 관련된 것들을 많이 배우고 알게 되는 계기가 될 수 있다. 너무 쉬운 질문은 자제를 하되 도저히 어려워 알 수 없는 문제들에 대해서는 도움의 메시지를 단톡 방에 올려라. 교민들은 도와줄 것이다. 한국 사람들은 정이 많다. 욱하기도 하지만 속정이 많기 때문에 세부 정착하는 사람들에게 많은 도움이 될 것이다.

청소하는 아떼 사용하고 대신 그 시간에 다른 일을 해라

세부에 와서 내가 중점적으로 하는 일이 원고 쓰는 일이다. 아이들이 학교에 가고 나면 글을 쓴다. 본격적으로 쓰기 전, 아이들이 학교에 간 후의 어수선한 흔적들을 정리 한다. 이부자리도 개고, 설거지도 한다. 적날하게 표현해서 아이들 학교로 빠져 나간 후 아침 풍경은 그야말로 폭탄 맞은 것 같다. 옷은 여기 저기 널부려져 있다. 아침 밥은 꼭 챙겨서 먹이고 있는데, 식탁에는 컵, 그릇, 국그릇, 수저들이 어수선하게 놓여 있다. 급하게 밥을 챙겨먹은 흔적들이다. 아이들이 가고 나면 그런 것들을 빠른 속도로 정리하고 식탁에 앉는다. 식탁에 앉아서 노트북을 열고 켠 후 현재 쓰고 있는 원고의 목차부분을 펼친다. 목차부분에서 오늘 쓸 꼭지부분을 먼저 눈도장 찍고 간단히 책을 읽는다. 책을 보면서 서서히 글 쓸 정신과 몸의 상태로 워밍업을 한다. 책 쓸 모드로 분위기를 전환한다.

목차 부분을 미리 확인하는 것은 중요하다. 2번째 초고인 '책 쓰기'주제에서도 나는 강조하였다. 목차를 보는 것은 목차에 대해 뇌가 집중할 수 있는 환경을 미리 조성하는 것이기에 중요하다고 했다. 쓰기 직전이나 잠들기 직전에 목차를 응시하면서 그 꼭지제목에 대한 아이디어를 가질 수 있도록 뇌를 워밍업 시킨다. 그렇게 해서 서서히 쓰기 위한 시스템으로 몸과 정신을 정돈한 이후 나는 글을 쓴다. 1시가 될 때까지 계속 책상에 앉아 있는다. 워밍업의 단계를 거쳐 본격적으로 쓰기시작해서 오후 1시까지, 대략 5시간 정도 된다. 물론 그렇게 못 쓸 때도 많지만 그래도 하루 2꼭지란 목표치를 달성하기 위해 오후 1시까지의 그 시간이 전부 소비 된다. 이렇게 쓰다 보니까 나는 항상 어깨통증을 가지고 있다. 나이 들어 책상에 앉아 있는 것이 결코 쉬운 것은 아니다. 그렇다고 안할 수도 없는 것, 세부에서 할 수 있는 일은 책 쓰기가 최고라고 생각하기에 이 작업을 계속한다.

나는 화요일, 금요일마다 운동하러 간다. 세부오자마자 가까운 리조트에 연간 회원권을 등록했다. 빌리지에 수영장이 없어서 처음에는 아이들을 위해서 끊었다. 비 숙박 연간회원권을 끊으면 언제든지 수영장과 헬스장, 키즈 카페를 이용할 수 있다. 책 쓰는 작업을 오랫동안 하다보니까 어깨가 항상 뭉쳐 있다. 심할 경우에는 어깨의 근육이 딱딱해져서 혈액순환이 잘 되지 않는다. 뇌로 가는 혈관이 눌려 머리가 저혈상태가 되는 듯 한 느낌까지 받는다. 저혈 증상으로 가장 두드러지는 증상은 생각을 잘 못한다는 것이다. 그렇게 되니, 내가 가장 중요하게 생각하는 원고쓰기도 잘 되지 않는다. 아이들이 엄마라고 부르는 것도 귀찮아진다. 그러면서 화를 내게 된다. 나의 몸 상태가 좋아야지 기분도 좋고 아이들한테도 잘해줄 수 있는데, 그러지를 못한다. 엄마도 엄마이기 전에 평범한 인간이다. 가정의 행복을 위한 최고의 방법은 건강이다, 이런 마음으로 운동을 거르지 않고 하려 한다.

하지만 마음과 달리 막상 운동을 가는 것이 쉽지 않다. 아침 아이들 학교가고 난 뒤 치우고 책 쓰기를 하다보면 어영부영 시간은 훌쩍 지나있다. 아이들은 오후 4시에 돌아오는데 그 시간이 벌써 다가온다. 마음은 운동을 해야지, 나이가 들수록 운동밖에 답이 없어, 라고 되뇌면서도 나는 실천을 잘 못하게 된다. 한국에 있을 때는 아침마다 실내수영장에서 수영을 했었다. 하지만 이곳은 운동을 위한 수영장이 따로 없다. 야외수영장에다 레인도 없고 그냥 휴양을 위한 수영장이다. 거기에서 운동하는 수영을 하는 것이 뭔가 어색하고 어울리지 않은 옷을 입은 상황이 이다. 그래서 헬스장을 찾게 되었다. 내가 할 수 있는 헬스, 가면은 그래도 런닝 머신에서 30분정도 걷거나 뛴다. 하지만 헬스장을 자꾸 빠지게 된다.

그럴 때, 이웃의 소개로 아떼에게 청소를 시키게 되었다. 일주일에 2번 화, 목요일이다. 아떼가 청소를 해주기 때문에 내가 매일 정리하고 청소하고 하지 않아도 된다. 그래서 시간이 생기니 마음도 여유로워지면서 아떼가 오는 그 시간에 나는 헬스장을 가게 되었다. 세부는 인건비가 저렴하다. 기계 값보다 인건비가 더 저렴하다고 한다. 청소 같은 경우에도 한국 같았으면 상상할 수 없을 금액으로 저렴하다. 한 번 청소할 때마다 한국 돈 오천 원이 안 된다. 도저히 상상할 수 없는 가격이다. 세부에 살다 보면, 세부의 생활에 익숙해지면서 세부살이가 소소히 들어가는 돈이 많아서 긴축재정을 운영하게 된다. 그래서 청소비용도 매주 하면 적지 않은 것 처럼 느껴지지만 그래도 저렴한 것이다.

한 번 청소를 할 때마다 소요되는 시간은 1시간 30분에서 2시간이다. 그 시간에 5천원이 안 되는 금액을 지불하고 나는 책 쓰기를 할 수 있다. 그리고 거기에다 운동까지 할 수 있다. 아떼가 청소를 할 때 운동을 하는 이유는 앞에서 시간이 생겨서 이기도 하고 한 가지 이유가 더 있다. 우리 집을 청소하는 아떼는 이웃에 사는 21살의 아가씨이다. 아주 어린 아가씨이다. 이 아가씨는 언니네 집에 살면서 자기 조카의 야야와 그 집의 아떼 일을 같이 하고 있다.

그러면서 우리 집도 청소를 하고 있는데, 아직 어리다 보니, 남의 집 청소를 하는 것이 쑥스럽게 생각할 것 같아 자리를 피해주는 것이다. 아떼를 배려하는 마음에서 외출을 해준다. 이웃에 살기 때문에 믿고 집을 나와 준다. 그리고 나는 리조트로 운동하러 간다. 그렇게 하니, 아떼도 좋고 나도 집안 청소도 깔끔하게 해주는 사람이 있고 무엇보다 나의 건강을 챙길 수 있어서 좋다. 세부에서 이런 혜택을 이용하지 않으면 나중에 아쉬움이 남을 것 같았다. 그래서 입주 도우미는 모르겠지만 가끔 씩 이렇게 청소하는 도우미는 권하고 싶다.

사람들이 천차만별이듯이 아떼 청소하는 방법도 천차만별일 것이다. 하지만 기본적인 것들은 비슷할 것이다. 청소하는 것을 보면 우선 바닥청소를 정성 들여 한다. 바닥청소 하나만 잘해도 아떼를 쓰는 보람이 느낀다. 빌리지는 문 하나만 열면 바로 밖이다. 한국 집 구조는 문을 열고 나가면 현관이 있고 현관문을 다시 열고 나가야 밖이다. 하지만 내가 살고 있는 빌리지는 바로 밖이다. 그래서 먼지 같은 것이 많이 들어온다. 1층에는 거실과 같고 2층에 방 3개가 있다. 1층 거실은 밖과 바로 통하기 때문에 먼지가 많다. 아떼는 바닥에 있는 모든 물건을 소파 위에 올려놓고 비로 쓸고 대걸레에 물을 은근히 묻혀서 바닥청소를 아주 열심히 한다. 청소를 하기전과 하고 난 후의 바닥 색깔이 다르다. 바닥 색깔이 뽀얗게 변한 것을 눈으로 확인할 수 있다.

가끔씩 선풍기 날개도 청소한다. 선풍기는 이곳에서 없으면 안 되는 필수품이다. 에어컨은 요즘 날씨에 거의 틀지 않는다. 한국의 겨울에 이곳도 선선한 날씨가 된다. 선풍기는 에어컨과 다르게 그래도 항상 사용한다. 선선하다고 해도 그래도 더운 나라이기 때문에 선풍기는 24시간 돌아간다고 보아야 한다. 많이 사용하는 만큼 자주 지저분해진다. 선풍기 날개와 날개 앞 철망에 먼지가 눈에 보인다. 어느 날 보니, 그 선풍기도 깨끗이 청소되어 있다. 그것 외에 건조대 빨래 개기도 하고 설거지가 안 되어 있으면 설거지도 해놓는다.

한국에 있을 때 사람을 안 써봐서 누군가가 그렇게 집안일을 해놓는 다는 것은 어색하기도 하지만 새롭고 기분 좋은 경험이 된다.

집 안 뿐 아니라 가끔씩 현관 앞을 정리하기도 한다. 나는 아파트가 아니라 빌리지에서 살고 있다. 세부 빌리지의 구조는 이층으로 되어 있고 현관에는 작은 마당이 있다. 마당에는 사람들이 다니는 곳에는 벽돌 같은 것이 놓여 있고 사람이 다니지 않는 곳에는 흙이면서 작은 화초나 식물들을 심어 놓았다. 문제는 잡초이다. 땅이 있는 곳에는 잡초가 있게 마련이다. 잡초들은 하루가 다르게 자라난다. 현지인들은 이것을 수시로 정리하는 것 같다. 하지만 한국 사람들은 아파트생활에 익숙하기 때문에 이런 것에 대한 생각을 잘 못하게 된다. 나도 마찬가지였다. 가만히 보니까 현지인들 빌리지 입구는 깨끗하고 외국인들이 사는 빌리지는 식물들과 잡초들이 뒤엉켜 있어 한눈에 봐도 정리가 안 되어 있는 집처럼 보였다. 어느 날 아떼가 현관 앞 작은 마당에 잡초도 제거하고 지저분한 식물은 자리를 옮겨심기도 하면서 정리하는 것을 보고 정리의 필요성을 느꼈다.

청소하는 아떼는 그것이 하나의 직업이다. 필리핀인들은 하나의 직업으로 생각한다. 청소를 안 하는 것보다 하는 것이 아떼 입장에서는 더 좋다. 그리고 그들은 전문가이다. 청소에 있어서는 내가 청소 아떼를 따라갈 수가 없다. 그렇기 때문에 청소는 청소전문가에게 맡기고 나는 그 시간에 나의 일을 하자. 장을 봐도 되고, 나처럼 운동을 해도 된다. 아니면 다른 유익한 일을 할 수도 있다. 세부에서는 인건비가 저렴하기 때문에 부담 없이 청소 아떼를 사용할 수 있다. 하지만, 아떼를 너무 의존하면 나중에 득보다 실이 많을 수도 있다. 왜냐하면 아떼를 쓰는 시간만큼 집안일에 대한 나의 능력은 감소하기 때문이다. 하지만 적당히 사용하면 괜찮다. 아웃소싱으로 나의 시간, 건강과 행복을 챙기자.

외국인이기에 받는 차별, 흥분하지 마라

외국인이기에 받는 차별, 해외에서 종종 발생한다.왜냐하면 외국인들은 그 나라 실정을 잘 모르기 때문이다. 간혹 현지인에게는 속일 수 없는 일들을 외국인에게는 한다. 정말 그래서는 안 되겠지만 좀 더 이익을 추구하고자 하는 사람의 욕심이 있기 때문에 이런 일들도 발생한다. 특히 외국인이 잘 산다고 생각하기 때문에 더욱 그렇다.

우리나라도 예외가 아니다. 공항에서 한국에 온 외국인들을 대상으로 택시비를 국내인 보다 비싸게 받는다. 또한 시장 같은데서 노란머리, 파란색 눈을 가진 외국인들에게는 물건 값을 부풀려 비싸게 받는다. 사실 비싸게 받아도 그들에게는 싼 가격일 때가 많다. 화폐가치가 다르기 때문이다. 그렇기 때문에 몰라서 속고, 알면서도 속고 하는 상황이 발생한다. 요즘은 해외라도 양심적으로 판매하는 분위기로 많이 바뀌었다. 그래도 모르는 사람에게 득을 취하려는 사람들의 본성이 완전히 사라지지 않았다.

세부살이를 하기 위해서 가장 먼저 해야 할 일은 집을 구하는 것이다. 세부에 오기 전, 나는 한국에서 집은 구해야 하고 해서 지인의 도움을 받았다. 일단 아이들이 가야 할 학교를 결정하고 난 이후 학교 근처에 집을 구해야 한다. 지금 아이들이 다니고 있는 사립학교 바로 옆에 빌리지가 있다. 나중에 알고 보니 학교 이사장과 빌리지 주인은 같은 사람이었다. 학교를 짓고 학교에 외국인들이 들어오니 빌리지를 짓지 않았을까? 생각해보았다. 나는 이미 사전답사로 학교와 빌리지는 보고 온 상태였다. 빌리지는 계속 건축 중이었고 지금 당장 집이 없었다. 그래서 기다렸다. 세부살이 결심을 한 이후였기에 집만 빨리 나왔으면 좋겠다, 라는 마음으로 기다렸다.

어느 날 지인으로부터 카톡이 왔다. 나는 주로 카톡으로 메시지를 주고받았다. 간혹 카톡으로 통화도 했다. 해외에 있는 사람과 통화하는데, 무료통화가 가능하여 카톡을 요긴하게 사용하였다. 사진 전송도 쉬워서 멀리 있는 사람과 의사소통하기에는 딱 좋은 수단이다. 카톡 소리가 나자마자 카톡을 급히 들여다봤다.

"집 나왔어요.!"

"그런데 좀 비싸요."

나는 가격은 어느 정도 맞으면 괜찮다는 생각을 이미 하고 있었다. 가격을 이야기 하는데 한국월세보다는 좀 비싼 감이 있었다. 그래도 외국생활이니 그 정도는 괜찮다고 생각했다. 그래서 괜찮다고 이야기했고, 그 집 가계약을 지인에게 부탁했다. 지금도 지인에게 감사함을 느낀다. 사실 지인이라고 하지만 세부 사전답사하기 전까지는 모르는 사람이었다. 내가 아는 엄마와 함께 세부를 찾았고 그 집을 잠깐 방문했을 뿐인 사람이었다. 나의 세부살이에서는 이 사람의 공이 아주 크다. 물론 이 사람이 없더라도 어떡해서라도 세부살이는 했을 것이다. 하지만 엄청난 에너지와 노력을 소모했을 것이다. 지인은 세부살이 2년차인데, 세부 정착하는 사람을 도와주는 일을 앞으로도 하면 아주 꼼꼼하게 잘할 것이라고 생각한다. 어쨌든 집이 났다는 소식을 듣고 바로 가계약을 하게 되었다.

가계약하면서 들어간 돈은 월세 5개월 치이다. 우리나라에서는 보증금을 받는다. 보증금 천만 원, 2천 만원 이렇게 목돈으로 받는다. 이 곳은 '3deposit 2advance' 식으로 받는다. 월세 3개월 치와 2개월 치를 먼저 낸다는 의미이다. 그래서 총 5개월 치가 된다. 월세 3개월 치는 계약기간이 끝나고 이사를 하게 될 때 집 파손된 부분이나 기타 고장 난 부분의 수리 금액을 빼고 돌려주게 된다. 그래서 이 돈을 학교 계좌로 보내주었다. 그렇게 해서 가계약은 성사되었다.

그리고 그로부터 1달이 지나서 나는 세부를 오게 되었다. 밤에 세부에 도착해서 지인이 렌트한 차를 타고 빌리지를 왔다. 학교 옆 골드마인 빌리지에 집을 찾아서 들어왔다. 그때가 새벽 3시가 다 되었는데, 지인이 잠을 자지 않고 기다리고 있다가 집 키를 건네주었다. 집에 들어와서 대충 청소와 정리를 하고 새벽이 거의 끝나갈 때 쯤 잠을 잤다. 그리고 시간이 지나고 점점 생활에 적응을 하면서 영어공부도 시작했다. 튜터를 이웃에 있는 영어하는 필리핀 엄마에게 부탁했다. 그래서 매일 튜터를 하면서 이런저런 이야기를 하다가 집세 이야기가 나왔다. 나의 튜터인 제인은 나에게 물어보았다.

"How much your rental fee?"

"My rental fee is 35,000php monthly"

"What?"

이런 대화가 오갔다. 너무 비싸다는 것이다. 그러면서 본인은 1달 렌탈비가 20,000페소라고 이야기했다. 내가 거의 두 배 가까운 월세를 내고 있다는 사실을 그 때 처음 알았다. 물론 주인은 달랐다. 그래도 같은 빌리지 안에 있는 집인데, 차이가 너무나 났다. 이것은 내가 외국인이기 때문에 가능한 일이다. 만약 같은 현지인이라면 싸움날 일이다.

연말에 수홍이 친구와 엄마들이 세부에 놀러 왔다. 아이 둘, 엄마 둘이다. 2018년 마지막 날에 도착해서 2019년 10일 정도 세부에 있었다. 우리 집에 일주일정도 머물렀고 마지막 3일은 인근 리조트에 숙박을 했다. 세부에서 한국 사람들이 가장 많이 가는 리조트에서 3박을 했다. 리조트는 워터파크가 잘 되어 있어 한국관광객이 많다. 리조트 앞 도로에는 한국말로 쓰인 간판이 눈에 많이 뜨인다. 바로 재래시장도 있어 사람들이 재래시장 구경하기에도 좋고 하니 한국 사람들로 도로는 북적거린다.

한 날은 수홍이 친구 엄마가 재미있는 이야기가 있다고 이야기했다. 리조트 바로 앞에 훈제 닭을 팔고 있었는데 너무 맛있게 보여 사려고 가게 앞을 갔다고 한다. 벽에 가격이 붙여져 있었다고 한다. 그래서 엄마들은 그 가격을 확인하고 통 치킨과 삼겹살을 주문했다, 그리고 포장해서 건네주면서 그 가게주인이 더 비싼 가격을 요구했다고 한다. 그래서 그 엄마는 왜 그러냐?, 저기에 가격이 붙여져 있잖아?, 라고 질문했다. 그러자 현지인이 하는 말이 가관이었다.

"저것은 현지인에게 팔 때의 가격이야?, 너는 외국인이잖아, 돈 많잖아?"

라고 환하게 웃으면서 답했다고 한다. 너무나 어이가 없었다고 한다. 그래도 이양 주문한 것 비싼 가격이라도 사기는 샀다고 한다. 하지만 억울한 거다. 아주 비싼 가격은 아닐지라도 두 배의 가격을 물고 먹는 것은 억울한 것이다. 리조트에 들어와서 먹어보니 다행이 맛은 있었다고 한다. 그래서 다음날 통 치킨집 근처 마트에서 물건을 사고 난 뒤에 마트 직원에게 부탁을 했다고 한다.

"네가 저 훈제 삼겹살 좀 사줄 수 있어, 외국인이라고 두 배로 받아."

라고 부탁했다고 한다. 그래서 그 직원은 웃으면서 흔쾌히 "예스",라고 답하고 그 훈제를 현지 가격으로 사주었다고 한다. 그러면서 승리감으로 그 훈제 닭을 더욱 맛나게 먹었다고 한다.

세부 사람들은 빈부차이가 심하다. 잘 사는 사람은 탱크 같은 큰 차를 끌고 다닌다. 그것도 요일마다 차를 바꾼다. 아이들 하교하는 시간에 차들을 보면 탱크 같은 차들이 많이 보인다. 물론 고가의 사립학교는 아니지만 그래도 좋은 차들이 많다. 그런 사람이 있는가 하면 정말 하루에 원화 2,000원 이하로 한 끼 식사를 해결하는 사람들이 대부분이다. 비닐에 밥을 싸와서 먹는 인부들도 빌리지 건축 현장에서 쉽게 볼 수 있다. 그렇다고 바가지요금을 씌우는 것이 도덕적으로 합당한 것은 아니다. 단지, 세부 사람들의 여건이 그렇다보니, 현지인보다 비싼 요금이 자연스럽게 생길 수 있다는 것이다. 그래도 한국의 물가보다는 저렴하다. 그나마 그것을 위안 삼으면 정신건강에 좋다.

외국에 살면서 전혀 손해 보지 않을 수 없다. 눈앞의 손해에 너무 흔들리지 말자. 집세가 인근 이웃에 비해 두 배 가까이 비싸더라도 세부살이 하는데 크게 지장 없는 지불이라면 나는 어느 정도 감수한다. 집세가 좀 비싸더라도 아이와 내가 새롭게 경험하는 것들에 가치를 둔다. 작은 것은 조금 양보하고 큰 것을 얻으면 되지 않을까? 그런 마음으로 세부살이 하면 큰 문제없이 가치 있고 유익하면서도 즐겁게 할 수 있다. 외국인이라고 받는 차별, 화내지 말고 그냥 웃어넘기자.

한국처럼 집 앞까지 배달한다

예전에 TV 광고에서 무인도로 자장면을 배달하는 것이 생각난다. 사람이 전혀 없는 무인도에서 "자장면 시키신 분~~"이라고 외치는 광고, 아직까지 그 소리는 생생히 귓전에 남아 있다. 한국 사람은 어디든 배달을 간다. 한국에 있으면서 이런 배달에 대한 것을 당연하게 여겼다. 출출한 밤에는 치킨 집에 전화해서 치킨 배달을 받기도 하고, 한때는 아침 국을 주문해서 아침마다 다양한 국을 배달받아 먹은 기억도 난다.

이곳 세부에서도 그것이 가능할까? 생각했다. 하지만 이 곳에도 배달이 가능했다. 교민 카톡방에 세부, 막탄만 해도 가입교민이 3000명이다. 가입 안 된 교민까지 치면 그 수는 더 많을 것이다. 생각 외로 한국 사람들이 많다. 영어 공부를 위해서 1년, 2년 잠깐씩 사는 사람 외에 바다로 둘러 싸여 있는 아름다운 나라이다 보니, 이 곳에서 다이빙이나 호핑 사업을 하는 사람도 많다. 그런 사람들을 위한 식당사업도 당연히 많이 늘어난다. 한국 사람들이 어마

어마하게 많다는 것을 집 근처 리조트에만 가도 알 수 있다.

한국 사람들이 많이 묵고 있는 숙박시설에는 어김없이 한국간판이 보인다. 식당이름이 한국말로 다 쓰여 있다. 한국 슈퍼부터 시작해서 식당, 마사지 샵, PC방, 등 다양한 한국말들이 보인다. 한국 사람이 있는 곳에는 한국문화가 자리 잡게 된다. 현지인들도 한국 문화에 익숙해지고 좋은 것 있으면 답습을 한다. 많이 한국화 되어 간다. 한국화 되어 가는 문화 중에서 대표적인 것이 배달문화이다. 많은 분야의 물건들이 배달된다.

처음 세부 도착해서 먹는 것이 가장 궁금했다. 집에서 무엇을 해먹어야 할지 고민스럽다. 현지 마트를 가보아도 생소한 채소들이 많이 있다. 물론 한국에서 본 익숙한 것들도 있다. 가지나, 무, 파, 마늘, 기타 많이 보인다. 하지만 그것들은 필리핀 야채로 한국 것 보다 모든 것이 작다. 야채도 사람을 닮나?, 라고 혼잣말을 했다. 더운 나라이지만 야채가 풍족하지 않다. 사실은 너무 덥기 때문에 야채나 과일이 자라지 못한다. 풍족하지도 않은 야채에다가 평생 처음 보는 야채를 보니, 별로 사고 싶은 욕구가 생기지 않는다. 사도 어떻게 요리하는 거야?, 라는 고민이 생긴다. 야채 말고 그나마 마음 편히 살 수 있는 것은 고기류인데, 고기음식도 한 두 번이지 나중에는 야채가 먹고 싶어진다. 그래서 한국식당을 가서 먹어 보기도 했다. 한국식당은 현지식당보다 아무래도 비싸다. 그래도 가끔씩 기분이 울적하거나 할 때 기분전환으로 한국음식을 찾게 된다. 1달 정도 지났을 때, 밖에 나갈 상황은 아니고 음식을 배달해 보았다. 분식집에서 한식 배달이 되었다. 오징어볶음과 김치찌개를 시켰는데 맛이 좋았다. 한국에서 먹는 그 맛이 났다. 한국 사람이 요리를 하면 한국 맛이 난다. 상황이 안 될 때는 집에서 이렇게 음식을 시켜먹으니, 아주 좋다. 알고 봤더니, 치킨은 물론, 족발, 보쌈 모든 것이 배달이 되었다. 현지식당은 아직 안 되고 한국식당에서는 이렇게 배달을 해준다.

음식만 배달이 되는 게 아니다. 반찬 류도 배달이 된다. 교민 카톡방에는 다양한 광고가 올라온다. 다이빙과 호핑업체, 자동차 사고수리, 핸드폰, 노트북 판매, 식당, 반찬배달……. 정말 없는 것 빼고 다 올라온다. 세부에서 하는 모든 사업에 대한 홍보들이 올라온다. 물론 협조해서 현지 소매치기 범을 잡기도 하지만, 이런 광고도 많이 올라온다. 어느 날 나는 반찬가게에 개인 카톡을 보냈다. 시간이 지날수록 한국 음식만을 찾게 되는 이상한 증상이 발생한다. 어른도 아이도 예외가 아니다. 아이들은 한국에서 잘 먹지 않는 한국 야채반찬도 잘 먹는다. 예를 들어 오이무침, 배추김치, 양파 볶음 같은 것들이다. 배추김치는 필수로 있어야 한다. 물론 우리는 한국에 있을 때도 배추김치를 잘 먹었다. 하지만 이 곳에 오니 더 배추김치를 찾는다. 뼈 속까지 물든 한국의 음식이 더욱 먹고 싶어진다. 최소한 배추김치는 항상 냉장고에 보관되어 있어야 한다. 하지만 김장을 할 수도 없고 해서 교민 카톡방을 보고 김치를 주문했다.

일단 처음이라 작은 양을 주문했다. 500페소 이상 주문하면 세부에서 막탄까지 배달해준다고 해서 겉절이 250페소와 묵은지 250페소 치를 주문했다. 중간에 한 번 연락이 왔다. 배추를 칼본이라는 지역에서 가지고 오는데, 그날 태풍이 와서 배추전달이 안되어 날짜를 연기한다는 내용이었다. 알겠다고 이야기하고 원래 받으려는 날보다 이틀 뒤에 배추김치를 받았다. 자가용으로 우리가 살고 있는 골드마인 빌리지 까지 와서 톡이 왔다. 그래서 밖을 나가보니, 차가 보였다. 손짓을 하니 현지사람이 비닐 같은 것을 가지고 와서 전달해 주었다. 그렇게 처음으로 김치배달을 받아보았다.

배추김치는 한국 슈퍼에서도 판다. 언제든지 가까운 한국 슈퍼에 가서 살 수 있다. 소량 묶음과 대량 묶음 종류별로 있다. 슈퍼에서 직접 만들어 파는 것 같다. 파김치도 파는 곳이 있다. 슈퍼 주인 재량에 따라 다양한 김치를 만들 수 있다. 내가 김치를 집으로 주문한 이유는 앞으로 맛있으면 일일이 슈퍼가지 않고 계속 주문해서 먹으려는 것이었다. 하지만 불행히도 김치가 맛이 없었다. 세부에서 이곳 막탄까지 배달 온 귀한 그 김치가 너무 맛이 없어서 겨우 먹었다. 그 업체는 어느 순간, 광고도 안하고 조용히 사라졌다. 음식관련 업체는 맛이 최고로 중요하다. 나는 다행스럽게도 배달대신 가까운 한국슈퍼에서 맛난 김치를 발견했다. 지금은 그것을 주기적으로 발품 팔아 사먹고 있다. 그래도 맛있으니까 그 정도 노고는 즐겁게 감수한다.

한 번은 수홍이가 구내염이 심해서 아침에 일어나서 엉엉 울고 있었다. 수홍이는 구내염이 자주 생긴다. 조금만 피곤해도 잇몸이며 입술안쪽에 동그랗게 염증이 생긴다. 이 염증은 전구증상이 있다. 처음에는 조그맣게 생기다가 점점 커진다. 심하면 열도 난다. 온 몸에 열이 나기도 한다. 또 통증은 얼마나 심한지 수홍이는 자다가 일어나서 울기도 했다. 세부에 오는 날도 구내염이 생겨서 혀를 밖으로 내놓고 살았다. 혀를 입 밖으로 내면 덜 아프다고 했다. 먹는 것도 거의 먹지 못해서 사진을 보면 많이 말라있다. 적응하는데 많이 힘들었을 거다. 그런데 또 구내염이 생긴 것이다.

그래서 한국슈퍼 사장님께 카톡을 보냈다. 혹시 오라메디랑 기타 물건 배달이 되느냐고 물어보았다. 나갈 상황이 못 되어서 배달되면 좋겠다는 마음으로 반신반의하면서 톡을 보냈다. 아이가 아프다고 하니 배달해주겠다고 한다. 사실 가게 배달이 오전 10시이고 그 전에 톡을 보냈음에도 불구하고 최대한 빨리 배달해주겠다고 했다. 너무 감사했다. 그래서 오라메디 외에 기타 필요한 물품을 더 주문했다. 나중에 알고 보니, 최소 1000페소 이상 주문하면 배달을 해준다고 한다. 대신 정해진 시간이 있기 때문에 그 시간에만 배달이 가능하다. 현지인들 출근 이후 배달을 시키기 때문에 시간이 정해진다.

한국 슈퍼에서는 의사의 처방이 필요 없는 약들도 판다. 기침, 감기약이나 각종 연고들, 그리고 파스종류들 다양하게 있다. 한국에서 미리 준비해 오면 가장 좋지만 준비해 와도 다 사용해도 없어지거나 미처 준비하지 못한 것들은 한국슈퍼를 이용하면 된다. 가끔 현지약도 효과가 좋은 것들이 있다. 세부는 병원 문턱이 높다. 우리나라 같은 경우에는 의료보험이 적용되어 병원 가는 것을 전혀 부담스러워하지 않는다. 하지만 세부는 상황이 좀 다르다. 병원비가 비싸기 때문에 거의 병원을 가지 않고 약국을 이용한다. 교민들도 마찬가지이다. 사용해본 현지 약으로 좋은 것은 구내 약에 사용하는 약이다. 세부에서 사는 동안 아픈 곳이 특별히 없었고 수홍이 구내염만 가끔씩 발생하였기에 알게 된 것이다. Hexetidine bactidol이다. 가글액처럼 입안 가글한 후, 잘 때 오라메디 발라주고 자면 효과가 아주 좋다. 보통 구내염 완쾌하는데 7일 걸린다면, 이틀이면 낫는다. 그 외 잇몸이 아픈 적이 있었는데, 이것으로 가글 하니 그 다음날 잇몸이 안 아팠다. 물론 사람에 따라 증상도 효과도 다르겠지만 급할 경우 이것을 사용하면 응급상황에 도움이 될 것이다.

만약 어떤 물건이 필요하다면 1000페소 이상 채우면 배달이 된다. 급하게 떡국 떡이 필요하다면 다른 필요한 물품을 생각해보고 1000페소를 채워서 주문하면 배달을 해준다. 가끔 손님이 집을 방문할 때 있다. 집에서 술 한 잔 할 수 있다. 그럴 때 만약 소주가 떨어졌다면 그렇게 하면 된다. 소주를 사러 가기에는 술도 한 잔 했고, 밤이라면 또 위험할 것 같기도 하다면 그렇게 주문하면 된다. 참고로 소주 같은 경우 많이 비싸지 않다. 한국보다 조금 더 비싸다. 음식점에서 먹어도 5000원 수준이다. 한국 음식점에 비해 1,000원 정도 더 비싸다. 소주를 사랑하는 애주가에게는 희소식이다. 해외 살이 하면서 한국의 정서가 담긴 소주를 저렴하게 먹을 수 있다는 사실은 많은 위안이 된다.

해외에 나와서 배달문화가 있다는 것이 좋다. 직접 방문할 상황이 안 된다면 배달 신청을 해서 물건을 받을 수 있다. 세부에 살지만 한국 사람들 사이에서는 한국문화가 여전히 존재하고 있다. 세부에 왔다고 모든 것이 세부화되지는 않는다. 세부의 좋은 점을 이용하면서 한국의 좋은 문화는 유지한다. 집안에서 배달해 먹는 한국음식이 있어서 언제든지 한국음식으로 든든히 배를 채울 수 있다. 필요한 식료품도 아무리 멀리 있어도 원하는 만큼 배달받을 수 있다. 집 앞까지 친절히 배달이 된다. 한국 사람이라서 한국의 배달문화가 마음을 편안하게 한다. 세부살이에 이것만큼 든든한 지원도 없다.

색다른 문화, 야밤 시끄럽다

지금 시각 06시 20분이다. 조용한 새벽, 춤판에서나 나올 법한 음악이 고막을 계속 때리고 있다. 나의 몸을 흔들면서 주변으로 울려 퍼지고 있다. 우리 빌리지보다 뒤쪽에서 나는 소리인 것 같은데, 음악은 멈춤이 없이 연이어 들려온다. 이런 경험이 한 두 번이 아니다.

얼마 전에도 이런 상황이 있었다. 나는 주로 새벽에 일어나는데, 그 날은 더욱 일찍 일어났다. 새벽 4시쯤 기상하고 나만의 의식을 치르고 책상에 앉았다. 그런데, 그때도 음악이 끊임없이 들려왔다. 그 음악이 아침 8시까지 울려 퍼졌다. 나중에 알고 보니, 그 음악이 그 전 날 밤부터 울려 퍼졌다는 것이다. 나는 너무 피곤해 곯아 떨어져 밤에는 못 듣고 새벽에 일어나서 그 음악을 들은 것이다.

이웃에 사는 제인은 그 음악소리 때문에 잠을 못 잤다고 한다. 제인은 필리핀사람이다. 그래도 그 음악에 대해 하소연하면서 왜 저러는지 모르겠다고 이야기한다.

"제인~ 그 음악소리의 정체가 뭐야? 왜 밤새도록 음악도 틀고 마이크로 사람들이 말하고 그러는 거야?"

라고 물었다. 그러자 제인의 답은 이랬다.

"마라톤 전야제야. 필리핀 사람들 마라톤을 좋아해."

어이가 없었다. 마라톤 대회 전날이라고 자기들끼리 축제를 벌였다는 것이다. 마라톤은 일부 사람들의 운동이다. 국민들이 좋아한다고 해도 모든 사람들이 좋아하지는 않을 것이다. 그리고 아무리 좋아해도 초저녁만 하고 끝내야 할 것을 밤새도록 음악 틀고 마이크로 사람들은 이야기하고 한다. 그 날은 평일이었다. 다음날 일하는 가는 사람은 분명 수면을 방해 받았을 것이다. 그래도 개의치 않고 밤새도록 음악은 울려 퍼진다. 음악도 조용한 노래가 아니다. 쿵쿵 울리면서 나는 음악이다. 그야말로 젊었을 때 춤추러 갔을 때의 그 디스코텍의 음악이다.

지금도 음악이 울려 퍼진다. 이번 주말부터 필리핀사람들의 대축제 행사인 시눌루 축제 전야제가 열린다. 그것과 관련이 있나?, 라고 생각해보았다. 시눌루 축제는 어마어마한 인파가 모이고 외국에서도 이것을 보기 위해 이 나라를 찾는 다는 축제이다. 나는 한 번도 보지는 못했다. 아마도 그 어떤 축제보다도 큰 축제이다 보니, 오늘 새벽에도 이렇게 음악이 울려 퍼지는 듯하다. 신기한 것은 필리핀 사람들 대부분은 이것을 서로 이해하는 듯하다. 제인은 남편이 한국 사람이다. 남편의 나라, 한국 문화를 접하면서 밤새도록 음악 틀고, 마이크로 고성을 지르는 것이 엄청난 민폐라는 것을 더욱 이해하게 되지 않았을까 혼자서 생각해본다.

그 날도 새벽에 일어나 책을 보고 있었다. 새벽시간은 나에게 무한한 상상력을 발휘하게 한다. 새로운 많은 문제들을 해결하고 무엇인가를 결정하는 시간이다. 이 시간만큼은 꼭 확보해야할 하루 중 가장 소중한 나의 시간이다. 새벽에 책을 읽으면서 책을 쓰게 되었다고 나는 확신한다. 그래서 누구에게나 새벽의 기운을 느끼면서 새벽시간에 당신의 인생에서 가장 소중한 일을 해라, 라고 말하곤 한다. 나는 잠은 꼭 자야 돼요, 새벽부터 뭐하려, 낮 시간도 많은데…, 이렇게 말하는 사람도 있다. 하지만 새벽 시간은 낮 시간과 다르다. 그것을 실제로 느껴본 사람만이 안다. 하루 24시간, 시간이 다 똑 같지 않는다. 새벽시간이 내가 원하는 것을 가져다주는 시간이라면 밤 시간은 그야말로 쓰레기 같은 시간이다. 그 쓰레기 시간은 버려야 한다. 버리는 방법은 잠을 자는 것이다. 그리고 새벽을 맞이하면 된다. 새벽, 그 귀한 시간에 깨어만 있어도 무한한 상상력이 발휘된다. 나에게 문제를 하나하나 끄집어내어 생각하는 것만으로 해결점이 하나하나 두뇌에서 자체 발생된다. 그런 시간에 갑자기 큰 음악소리가 들렸다. 쿵쾅거리면서 바로 집 앞으로 그 음악소리가 가까이 다가왔다.

무슨 일인가?, 무슨 큰일이라도 났나?, 사람들이 오나?, 라고 나는 책상에서 일어나 현관 쪽으로 달려갔다. 봤더니, 자전거 트라이시캇이 한대 지나간다. 바로 옆집 앞에서 섰는데, 음악은 온 동네가 떠나갈 듯 울려 퍼진다. 그 새벽 그 음악은 그 집에서 사람이 나올 때까지 울려 퍼진다. 이 사람들이 모는 트라이시캇은 자전거에 사람이 탈 수 있도록 옆에 의자를 마련한 이동수단이다. 두 사람정도 탈 수 있다. 덩치가 큰 외국사람은 한 사람만 타도 의자가 꽉 찰 정도로 그렇게 넓지 않은 의자이다. 자전거이기 때문에 많이 태울 수도 없기 때문일 것이다. 그리고 경제적 여유가 없는 사람들이 그것을 밥벌이로 주로 한다. 좀 여유가 있는 사람은 오토바이 트라이시클을 운행할 것이다. 경제적 여유가 없으니, 자전거 트라이시캇을 운행하는데 매우 초라하게 보인다. 사람이 앉은 의자에 지붕은 다 낡은 판자로 덮어놓았다. 비가 올 때를 대비해 앞쪽에는 우산을 꽂아 두었다. 그 우산이 날아가지 않도록 우산 살 부분에 고무줄 같은 것을 연결해서 자전거에 묶어두었다. 정말 빈약해 보인다. 그런데 음악만은 최신식으로, 최고의 볼륨으로 모든 사람들이 쳐다보게 틀어놓고 있다.

나는 집에서 사람이 나와 빨리 저 음악이 사라졌으면 하고 바랬다. 그 날 따라 사람은 안 나왔다. 한참 후에 머리를 말리지 않은 필리핀 여자가 한 명 나와서 트라이시캇에 올라탔다. 그러자 트라이시캇은 음악소리를 울리면서 집 앞을 지나갔다.

"휴, 다행이다. 정말 음악소리 장난 아닌데……."

라면서 하던 일을 계속 했다. 그런데, 그 날 이후 새벽마다 음악을 튼 트라이시캇이 자주 나타났다. 어느 날 옆집에 필리핀사람이 이사를 왔다. 이 곳 빌리지는 주로 중국 사람이 많이 있다. 필리핀사람에게는 부담이 되는 집세라 잘 없다. 그런데 빌리지를 구매 했는지, 자세한 내막은 잘 모르겠지만 이사 온 사람이 필리핀 사람이었다. 아주 알뜰살뜰하다. 현관 앞 작은 정원부터 깔끔하게 정리를 했다. 현관 앞이 깨끗하니까 보기가 좋다. 현관 앞 작은 정원이 그 집의 얼굴이 될 수도 있겠다는 생각을 했다. 이사 온 이후 한참 지나서 새벽마다 40대 정도 되어 보이는 여자가 일을 나가는지 새벽5시쯤 집을 나선다. 새벽5시이면 아직 해가 뜨기 전이다. 해 뜨는 시간은 대략 6시쯤이다. 컴컴한 새벽에 트라이시캇을 불러 일을 나가는 것이다. 그 트라이시캇이 새벽 어두컴컴한 날에 동네 떠나가는 음악을 틀고 나타난다. 모든 트라이시캇이 그런 것은 아닐 텐데, 그 필리핀 이웃의 여인이 매번 같은 트라이시캇을 부르는 듯하다.

2018년에서 2019년 새해로 바뀌는 12시에는 모든 하늘에 폭죽이 울려 퍼진다. 아이들도 이날은 일찍 자지 않는다. 새로운 해를 맞이하고 잔다. 필리핀 사람인 제인은 이 날 폭죽을 준비했다. 그리고 새로운 새해 시간을 위해 기다린다. 우리도 덩달아 새해를 맞기 위해서 빌리지 앞 도로에 모였다. 폭죽 광경도 보기 위해서 아이들과 함께 모였다. 다른 사람들도 있었지만 평소 왕래를 하는 A 네와 제인 네가 함께 모여서 폭죽이 언제 터지나 하고 기다렸다. 11시쯤 되자, 하나 둘씩 폭죽이 하늘에 퍼졌다. 여기서 펑, 저기서 펑, 조그마한 폭죽도 있고 대형 폭죽도 있다. 대형폭죽이 터질 때는 사람들이 함성을 지른다. 한국 같았으면 이런 것 상상도 하지 못한다. 혹시 야밤에 일찍 자는 사람도 있을 거니까 아무리 새해로 가는 시간이라도 폭죽을 터트리고 고함을 치는 것은 있을 수 없을 것이다. 하지만 이곳 필리핀에서는 가능하다. 너도나도 시끄럽게 떠드니까 전혀 민망하지도 않다.

지금 시각 07시 05분이다. 쿵쾅 울리던 음악소리가 이제 멎었다. 오늘은 빨리 끝났네 하는 생각이 든다. 저번에는 8시까지였는데, 오늘은 그래도 양반이네, 라는 생각을 한다. 나도 이제 시끄러운 문화에 적응이 되었나?, 사람은 적응의 동물이라고 이제 시끄러운 것도 많이 익숙해졌다. 우리나라에서 이웃에 방해가 되지 않도록 조용해야하는 것이 상식이지만 이 사람들에게는 시끄럽게 해도 서로 이해해주는 것이 상식인 듯하다. 내가 조금만 불편하더라도 다른 사람의 행복한 기분을 방해하지 않는 것이다. 행복한 것은 좋은 것, 행복하게 해주지는 못하지만 행복한 느낌가운데 있는 사람만큼은 방해하지 않겠다는 사고가 아닐까 상상해보았다. 색다른 문화, 시끄러운 문화, 필리핀사람들에게 한 수 배우는 문화이다.

모기와의 전쟁, 방충망은 한국물건이 최고이다

이곳 세부에 온 것은 9월 중순경이다. 날씨가 무지 더웠다. 날씨도 더웠지만 모기 또한 장난 아니었다. 문만 열면 모기들이 들어와 기승을 부린다. 모기에 물려서 계속 긁어대야 했다. 그래서 문을 닫는다. 문을 닫으면 너무 덥기 때문에 또 에어컨을 켜야 한다. 사실 이 곳 전기세가 비싸기 때문에 나는 아이들이 학교 간 이후에는 웬만하면 에어컨 없이 지내려고 노력했다. 하지만 모기 때문에 불가능했다. 에어컨을 안 켜려면 문이라도 열고 선풍기를 켜야 하는데 모기 때문에 문을 도저히 열수가 없는 것이다. 더위냐 모기냐 선택의 기로에 서게 된다. 하지만 아무리 생각해도 이곳의 모기한테는 두 손 두 발 다 들게 된다.

처음에는 문을 조금 열어두었다. 이곳 모기는 독하다. 한국에서도 야외의 모기가 독하듯이 이 곳도 나무가 많고 무성해서 그런지 독하다. 그래서 필리핀 사람들은 일부러 나무를 베기도 한다. 집 주변에 나무를 베고, 심더라도 키가 작은 나무들을 키운다. 우리 집 바로 앞에는 나무가 많지 않다. 하지만 가까이에 우람한 나무들이 있어서 모기들도 기성을 부릴 것이란 추측을 할 수 있다. 한국 생각하고 문을 조금 열어두었다가 이곳저곳 물려 다리가 성한 곳이 없게 되었다. 장난 아니었다. 모기한테 물리고 손톱에 긁혀서 상처 투성이었다. 아이들도 마찬가지였다. 첫 한 달을 그렇게 모기 밥이 되고 나서 문이란 문은 다 꽉꽉 닫아 두었다. 그러니 에어컨은 하루 종일 돌아간다. 전기세가 필리핀 대가족보다 더 많이 나왔다. 그래도 모기한테 물리는 것보다 낫다.

하루는 모기장을 사러 대형몰을 찾았다. 모기장이 있으면 테이프라도 붙여서 치고 문을 열 수 있다고 생각했다. 영어도 잘 안 되지만 내 머리 속에 나온 언어로 이야기했다.

"I want to buy prevent mosquito something"

"Okay."

서툰 영어 실력으로 모기 천을 구매했다. 하지만 사 온 물건이 썩 마음에 들지 않았다. 모기장이 짱짱한 느낌이 아니었다. 올을 조금 잡아당기면 그대로 풀려버렸다. 하지만 별 수 없었다. 선택의 여지가 없는 것이다. 그 몰에서는 이런 천 뿐인 것이다. 그래서 그것이라도 없는 것보다는 낫고 그래도 창문을 열 수 있겠지, 라는 마음으로 사서 왔다. 차도 없을 때지만 오로지 그것을 사기 위해 그 몰을 갔었다. 오토바이 트라이시캇을 타고 땡볕에 바람을 가리고 몰을 찾았다. 그나마 바람이라도 있어서 다행이었지, 바람도 없었다면 더위 때문에 많이 힘들었을 거다. 그렇게 겨우 사온 소중한 모기장을 바닥에 놓고 재단을 했다. 나름 재단사 흉내를 내면서 창문마다 치수를 재어 가위로 잘랐다.

이 곳 창문은 우리나라와 모양이 다르다. 우리나라 창문은 옆으로 밀어서 열고 닫는다. 이 곳 창문은 밑에서 밖으로 밀어서 연다. 손잡이도 중간 쯤에 있고 밑에 달려 있다. 창문도 크지 않다. 하지만 손잡이는 현관 문손잡이처럼 크다. 그래서 그것도 감안하여 치수를 재어 재단을 했다. 허물 거려 금방이라도 올이 빠질 것 같은 모기장을 창문에 대고 테이프를 붙였다. 그렇게 해서 우선 1층만 설치를 했다. 그렇게 힘들게 사서 설치까지 한 모기장. 며칠 안가서 그만 떨어지고 말았다. 힘들게 사서 힘들게 붙였는데, 너무 허망했다. 날씨가 너무 더워서 테이프가 제 기능을 못했다. 그리고 모기장 천도 올이 잘 빠지는 것이라 쉽게 떨어졌다. 모기장 설치, 고생만 하고 결국 문 여는 것 실패했다. 어떻게 하면 창문을 열고 전기세를 좀 아낄 수 있을까 고민했다. 그러다 이웃집 A네에 가서 발견한 것이다. 한국의 모기장이다. 한국에서 공수해서 설치한 모기장. 눈으로 보기에도 세부 것과 비교도 안 되는 퀄리티를 보이고 있다. 그래서 한국 모기장 공수 작업에 착수했다.

인터넷 온라인 마켓에서 "방충망"이라고 검색했다. 각종 업체들이 쭈르륵 눈을 현혹시키면서 화면에 나타난다. 눈에 띄는 업체로 일단 들어갔다. 그곳에 많은 방충망 상품들이 있다. 창문뿐 아니라 문에 간단히 설치하는 방충망도 있다. 이것도 눈으로 찜했다. 그리고 우선 모기장이 중요하니, 모기장을 찾아서, 방충망을 찾아서 좀 더 검색해보았다. 내가 찾던 것을 쉽게 찾을 있었다.

여기 업체는 창문 치수를 입력해서 주문할 수 있다. 집마다 창문 치수가 다를 수 있으니 소비자의 기호에 맞게 치수를 입력하게 한 것이다. 아주 좋은 생각이다. 물건을 팔려면 이 정도의 디테일은 가지고 있어야 한다, 라고 감탄하면서 열심히 창문치수를 재었다. 1층, 2층 창문이 모두 총 8개이다. 내가 있는 집은 4집이 한 덩어리로 붙어 있는데, 우리 집은 중간집이다. 그래서 창문이 가의 집보다 그나마 적은 것이다. 8개의 창문 중에 1층 화장실 창문도 포함되었다. 창문 크기가 다 각양각색이다. 일일이 치수를 재고 입력을 해서 주문을 했다. 주문하는 김에 문에 부착할 수 있는 문 크기의 자석 방충망도 주문했다. 가격도 저렴하면서 아주 유용할 걸로 생각했다. 주문할 때는 세부 집으로 바로 주문하는 것은 위험부담이 있다. 왜냐하면 한국처럼 배달 시스템이 잘 되어 있지도 않고, 또한 집에까지 배달도 안 된다. 세부 우체국으로 찾으러 가야한다. 가끔 분실하는 경우도 있고 여러 가지로 불편하여 바로 주문은 이곳에 사는 교민들 대부분이 잘 안 한다고 한다. 그래서 나도 한국에 있는 집주소로 주문을 했다. 그리고 남편이 올 때 전달 받았다.

남편으로부터 모기장을 건네 봤자마자 바로 설치를 했다. 우선 창문가로 벨 보드 찍찍이를 붙였다. 그리고 재단된 모기장을 사이즈에 맞게 갖다 붙였다. 아주 간단하다. 모기장도 아주 튼튼하다. 세부의 모기장천을 붙여 봤기 때문에 한국의 방충망이 얼마나 튼튼한지 알 수 있었다. 역시, '한국물건이 최고야', 하는 마음이 절로 생긴다. 한국물건이 좋으니 한국 사랑이 더욱 생기는 것 같다. 과장 조금 보태서 더욱 한국이 좋아진다. 해외에 나가면 다 애국자가 된다고 하더니, 바로 이런 이유도 있구나, 하면서 신나게 방충망을 붙였다. 그리고 시원스럽게 창문을 열었다. 정말 십년 묵은 체증이 싹 가시는 듯 한 시원함을 느꼈다. 그동안 이 창문을 얼마나 열고 싶었던가? 누군가가 옆에 있었다면 가슴에 얼굴 묻고 울판이다. 결국 창문을 열고 말았다면서 한국인의 의지이다, 라고 자화자찬하고 싶은 심정이다. 그것도 아주 짱짱한 방충망으로 창문을 도배하고 시원하게 창문을 여니 그것처럼 만족감이나 성취감이 높았던 적이 없었던 것 같다.

문에 붙이는 방충망이 문제였지만 그래도 해결을 했다. 현관 쪽에는 현지에서 업자를 불러 방충 문을 달았다. 하지만 뒷문까지는 하기에 비용 부담이 되었다. 이 곳은 공산품일 경우 가격이 비싸다. 그래서 천으로 된 뒷문 방충망을 주문한 것이다. 그런데 뒷문에 붙이는 방충망이 사이즈가 안 맞는다. 방충문 천이 실제 문보다 크다. 문 방충망은 치수를 잴 수가 없는 것이었다. 일반적인 한국 문에 맞추어져 미리 재단되어 있는 것이다. 막상 받아보니, 사이즈가 안 맞았던 것이다. 그래서 일단 보류, 창문만 달고 보관해 두었다. 우리 집이 중간 집이다 보니, 앞 뒤 창문은 있지만 집 옆쪽으로 창문이 없다, 딱 막혀 있는 것이다. 그래서 1층 안쪽 요리하는 쪽이 너무 덥다. 공기순환이 안되기 때문이다. 작은 창문이 하나있긴 한데, 그것으로 부족한 것이다. 그래서 저녁이 되면 안보다는 밖이 더 시원할 정도가 되었다. 그래서 안 쪽에 있는 문을 열어야 한다. 사이즈가 맞지 않은 문 방충망 천을 다시 끄집어냈다. 궁하면 통한다고 했던가, 다시 확인하니, 문 방충망 천의 길이는 조금 짧고, 넓이가 길었다. 그래서 일단 한 쪽 길게 붙였다. 그리고 반대쪽은 접어서 붙였다. 그리고 밑에 짧은 부분은 접은 부분 방충망 천을 좀 오려서 밑에 바느질을 했다. 그러니 완벽하게 설치가 되었다. 또 한 번 스스로 감동하면서 그렇게 문까지 방충망 설치를 완료했다. 요리할 때 열기가 빠지지 않던 것이 문 방충망 천 덕분으로 문을 확 열어두니까 열기도 빠지면서 앞 뒤 맞바람이 불어서 시원했다. 이런 딴 세상이 있는가? 혼자서 뿌듯한 감정이 몇 달은 갔다.

지금은 방충망으로 인해 매일 행복감을 느낀다. 이 곳은 항상 덥다. 물론 최근에는 아침 저녁으로 선선하다. 한국의 겨울시기에 이곳도 선선하다. 그래도 에어컨은 켜지 않아도 되지만 선풍기는 켜고 있어야 한다. 날씨는 이렇게 변화가 있지만 모기는 변화가 없다. 날씨가 좀 선선해진 지금 1월에도 모기는 여전히 존재한다. 모기는 병을 유발시킨다. 모기로 인해 댕기 열에 걸릴 수도 있다 그렇기 때문에 모기는 최대한 차단하는 것이 좋다. 방충망으로 인해 문을 열고 시원하게 있으면서 모기를 차단할 수 있다는 사실로 감사함을 느낀다.

세부에 오기 전에 방충망을 미리 준비해오면 좋다. 문은 한 가지 사이즈이니 미리 준비해 올 수 있다. 대신 창문 방충망은 창문 치수를 재고 주문해야 하기 때문에 세부 집에 입주한 후 온라인으로 주문해야 한다. 나는 방충망 주문과 설치를 아주 어렵게 생각했었는데, 아주 쉽다. 바로 주문하고 세부 오는 사람 편에 전달 받으면 모기로 인해 다리가 상처투성이가 되지 않을 것이다. 그리고 곤충으로 인한 병으로부터 안전하다. 방충망, 한국 물건이 최고이다. 벌레 많은 이곳에 한국방충망이 꼭 필요하다. 나는 이곳에서 한국방충망으로 장사를 하고 싶을 정도이다.

빌리지에서는 곤충과 더불어 살아간다

이른 새벽 일어나서 공복상태에서 냉수 한 컵을 마신다. 제일 먼저 하는 일이다. 냉장고에서 물을 내서 한 잔 마시고 싱크대에 컵을 내려놓으면서 싱크대 위 벽으로 눈길이 갔다. 아뿔싸~!! 바로 눈앞에 개미들의 까만 행렬이 펼쳐지고 있었다.

"억, 또~!!"

개미의 행렬은 보면 볼수록 적응이 안 된다. 개미들도 종류가 많다는 것을 여기 와서 알게 되었다. 한국에서 한 종류의 개미만 보았는데, 여기에서는 큰 개미, 작은 개미, 여러 종류이다. 다양하게 출현한다. 벽에 행진을 하는 개미들은 주로 작은 개미들이 많다. 작은 개미들이 몸이 가벼워서 그런지 벽을 타고 다닌다. 1층에서 2층으로 일렬 행진을 한다. 개미들이 1층 천장에서부터 싱크대 옆 공간까지 연결되어 있다. 한 줄이 아니다. 3줄 정도 길게 늘어져 있다. 내 집이 아니라면 신기한 광경이라고 구경하겠지만 내 집이다 보니 위생적이지 못한 부분에 예민해진다.

개미들 행렬의 끝이 어디인지 확인했다. 1층 천장을 넘어서 간 곳은 확인할 수 없고, 반대쪽은 어디인지 확인할 수 있다. 개미들의 행진이 닿은 곳은 우리 집 14살 노견 모두의 사료이다. 그 전에도 모두 밥그릇을 탐하는 개미들이 많았다. 모두가 먹고 남은 사료들에 벌떼처럼 모여 있는 개미들을 종종 발견하곤 했다. 그래서 요즘은 모두가 밥을 다 먹은 것을 확인하면 밥그릇을 바로 치워버린다. 그런데 오늘 확인하니, 사료봉지에 개미들이 집합한 것이다. 이제 밥그릇이 없으니 사료 봉지로 접근한 것이다. 나는 사료를 사면 일부는 통에 넣고 나머지 일부는 봉지채로 고무줄로 묶어서 두었다. 그런데, 그 고무줄이 헐거웠든지 그곳으로 개미들이 모여 있었다.

모두의 사료를 먹기 위해 개미들이 행진을 한 것이다. 어디에서 와서 사료까지 갔는지 모른다. 다만 , 바닥은 아닌 것 같다. 그 작은 개미들은 1층 천장에서부터 내려 온 것 같은 느낌이다. 왜냐하면 바닥 쪽에서 개미들이 없었기 때문이다. 정말 신기하다. 작은 개미들은 어떻게 집까지 들어왔을까? 그것도 천장에서 내려왔을까?, 라고 나는 생각했다.

'그 많은 개미들이 평소에 집에 살지는 않을 것이고, 집 밖에서 벽을 타고 2층까지 들어왔다가 다시 벽을 타고 집안 1층까지 내려왔나?'

그 방법밖에 없다. 정말 대단한 개미들이다. 음식을 구하기 위해 그 높은 거리도 일사천리로 행진해서 결국 개 사료봉지까지 와서 일용할 양식을 이동해간 것이다. 위대하기까지는 해도 그 벽에 까맣게 붙어 있는 개미들의 행진을 볼 때마다 경악스럽다.

빌리지에 출현하는 곤충들은 다양하다. 가장 많은 것이 모기이다. 모기는 철저히 차단할 필요가 있다. 모기로 인해 나쁜 바이러스에 감염되는 경우가 한국에서도 종종 있다. 세부도 마찬가지이기 때문에 처음에 오자마자 모기와의 전쟁을 치렀다. 한국에서 공수한 모기장으로 온 집안을 철통 수비를 했다. 그리고 간혹 사람이 입출입시 따라 들어오는 모기들은 모기향으로 저지한다.

그래서 모기에 관련된 물품을 다양하게 가지고 있다. 모기 스프레이, 홈매트, 액상 홈매트…모기향 제품도 여러 가지이다. 이 제품들은 상황에 따라 다르게 사용한다.

잘 때 가장 좋은 것이 액상 전기모기향이다. 냄새가 나지 않으면서 오랫동안 모기를 잡을 수 있어 좋다. 아침에 일어나서는 끄고 잘 때는 항상 켜놓고 잔다. 특별히 머리가 아프다거나 다른 부작용이 없다. 그래서 한국에서 남편이 올 때마다 공수 받는다. 낮에 아이들이 있을 때는 홈 매트 정도 켜놓는다. 가격이 좀 있기는 하지만 모기에 물리는 것보다 낫다. 그리고 한, 두 마리 눈에 보일 때는 스프레이를 뿌린다. 낮에 홈 매트가 부족할 때는 모기향도 가끔씩 피운다. 연기가 나기 때문에 창문 쪽이나, 아니면 잠깐 동안만 피운다. 모기향이 집안에 남아 있어서 모기 활동을 저지할 수 있다는 느낌을 받는다.

모기 외에 가끔 보이는 것이 바퀴벌레이다. 세부의 바퀴벌레는 무지 크다. 한국 바퀴벌레의 3배 이상의 사이즈이다. 처음에 그것을 보면 놀란다.

"저것이 뭐야? 모양은 바퀴벌레인데… 와우~ 바퀴벌레야."

라고 아이들은 겁을 내면서도 신기하게 쳐다본다. 이를 때 엄마들은 과감하게 multi insect killer 스프레이를 뿌려야 한다. 크기도 큰 놈이 엄청 빠르다. 스프레이를 뿌려도 금방 안 죽는다. 바퀴벌레가 강해서 그런지 아니면 세부 곤충약이 약해서 그런지 잘 모르겠지만, 어쨌든 금방 안 죽는다. 죽을 때까지 활동반경을 예의주시하고 따라다니면서 몇 번 뿌려주어야 한다. 완전 죽는 모습을 확인하면 상황해제가 된다. 아이들도 덩달아 고함을 지르면서 따라다닌다.

그래도 바퀴벌레는 거의 없다. 간혹 한두 마리 정도 출몰한다. 손가락 두 마디 정도의 벌레가 여기 저기 기어 다니면 정말 살 기 힘들 것 같다. 바퀴벌레는 한 달에 한 마리출현정도로 거의 나타나지 않으니 그나마 감사할 따름이다. 하지만 오래 된 빌리지일 경우에는 그것도 장담하기 어렵다. 낡은 집일수록 벌레들로부터 더 자유롭기 어렵다.

가끔 도마뱀도 나타난다. 아주 작은 도마뱀이다. 동남아에서는 자주 발견할 수 있는 것이다. 이것은 모기도 잡아먹고 해로운 곤충을 잡아먹는다고 해서 인간에게 유익한 벌레라고 한다. 벌레라고 하기보다 작은 파충류이다. 그래서 도마뱀이 낯설어서 싫기도 하지만 한편으로 좋은 감정이 생긴다. 좋은 감정을 느끼고 있는 이 도마뱀은 자주 나타나지 않는다. 가끔 눈에 뜨인다. 어느 날은 운전하고 가는데, 앞 유리에 배를 보이고 딱 붙어 있었다. 운전하다가 발견하고는 신기해했다. 잠깐 신호 대기한다고 서있는 동안 도마뱀은 사라져 버렸다.

집에 가장 많이 나타나는 벌레는 모기, 개미라 할 수 있다. 모기는 어느 정도 퇴치 방법을 알고 있다. 그리고 퇴치도 어느 정도 잘 되고 있다. 하지만 개미는 경험부족으로 어떻게 해야 할지 대책이 없다. 개미침입을 막기 위해 가장 중요한 방법은 음식을 바닥에 떨어뜨리지 않는 것이다. 개미들이 영리해서 바닥에 조그마한 음식이 있어도 일렬행진으로 찾아온다. 동물들의 생존본능이 놀라울 따름이다. 그래서 아이들에게 항상 교육을 한다.

"일단 개미들이 집안에 안 들어오게 하려면 음식을 흘리면 안 된다."

"개미들 봐라. 개미들이 바글거리는 것 보면 무섭잖아 그리고 깨끗하지 못해, 병균을 묻어서 들어올 수도 있어."

귀에 딱지가 않도록 이야기한다. 아이들은 금방 잊어버린다. 잊어버리기도 하고 아이들 자체가 항상 흘리면서 먹기 때문에 그렇게 주의를 주어도 잘 안된다. 그래도 주의는 계속 주는 것으로 한다. 그리고 엄마들이 아이들이 먹고 난 뒤 부스러기 확인하고 쓸어버려야 한다. 차에도 개미가 들어온다. 특히 풀위에 주차를 할 경우, 흙 속에 개미들이 많기 때문에 특히 조심해야 한다. 차

안에서 아예 음식을 먹지 않는 것이 좋다. 한국생각하고 아이들 집에서 못 먹은 밥을 차에서 먹인다거나 맛난 비스킷을 먹는다거나 하면 차 안이 개미집이 될 수도 있다.

개미 퇴치 방법을 다양하게 알아보고 있다. 개미들이 계피를 싫어해서 계피와 에탄올을 끊여 분무기에 넣고 사용하면 집안에 개미 한 마리 없다는 정보도 입수했다. 아직 실천전이지만 한번 시행하려고 한다. 그리고 개미 약이다. 한국제품이 좋다. 튜브모양으로 되어 있는데 젤리 같은 액상을 개미가 나타난 곳에 짜주면 그것을 먹고 개미집으로 가서 여왕개미까지 죽일 수 있다는 것도 있다. 개미가 많은 이 곳보다 집안에 거의 출몰하지 않는 한국에서 더 우수한 제품이 많다. 한국의 기술력은 개미 약에도 우수하다.

벌레가 많이 나타나긴 해도 크게 해롭지는 않다. 그 동안 벌레로 인해 크게 해를 입은 경우는 없다. 물론 초반에 모기한테 많이 물리기는 했지만 통과 의례 같은 것이라 생각했다. 개미 같은 경우도 크게 해를 입히지 않는다. 음식을 향해서 본능적으로 떼로 몰려들고 그 행력 모양이 징그러워서 그렇지 그것도 적응이 된다. 그리고 개미는 음식물만 제거하면 그 많은 개미들이 싹 사라진다. 개미 약을 사용하든가, 아니면 원인 음식물을 제거하든가 둘 중에 하나를 선택하면 된다. 어떻게 보면 곤충들도 살기 위해 집안까지 드나든다고 생각하면 크게 놀랄 일도 아니다. 특히 빌리지 같은 경우 건물 자체에 틈이 많다. 틈이 많기 때문에 밖에서 곤충들이 쉽게 들어온다. 특히 개미 같은 경우에는 집안에서 완전 박멸을 해도 건물 틈으로 언제든지 다시 들어올 수 있다. 하지만 빌리지만의 이점이 많다. 그런 만큼 곤충정도는 우리 집에 잠시 들어온 객이라 여기고 더불어 살아가자는 생각을 가지자. 곤충 때문에 크게 문제되는 것은 없다. 비록 곤충이 많다하더라도 크게 문제되지 않는다. 곤충과 함께 아파트에서 느끼지 못하는 빌리지만의 운치를 느끼면서 여유롭게 살아가자.

제5장

세부살이,
인생의 새로운 기회이다

세부살이, 시작이 전부이다

새해가 되면 새로운 각오를 하는 사람들이 많다. 그 동안 생활을 반성하면서 새해에는 이렇게 살아야지, 하는 굳은 다짐이다. 새로운 마음, 새로운 각오을 위한 새해 실천 계획으로 자주 등장하는 것이 독서와 운동이다. 아주 대표적인 것이다. 새해에는 책 좀 읽고 내 인생 좀 업그레이드 시켜야지, 정신만 업그레이드 시키면 안 되지, 몸도 새롭게 더 건강하게 변신하자, 라는 생각으로 야심찬 결심을 한다. 하지만 결과는 그렇게 긍정적이지 않다.

어느 날 평소처럼 나는 새벽수영을 갔었다. 오늘따라 수영장이 사람들로 붐빈다. 주차장은 더욱 복잡하고 수영장 들어가기 전 샤워장은 발 디딜 틈 없이 사람으로 가득 찼다. 아니, 오늘 무슨 날인가?, 라고 의아해 하고 있는데, 다른 누군가도 이런 상황이 나처럼 궁금했던 모양이다.

"와~ 오늘 따라 사람이 많네요. 무슨 일 있나요?"

다른 단골 수영회원이 조용히 이야기한다.

"새해잖아요. 연초에는 항상 이렇게 새벽수영 사람들이 많아요. 한 1주일만 지나면 서서히 사람들 없어져요. 괜찮아져요."

나는 깜짝 놀랐다. 새해에는 사람들이 새로운 각오로 운동을 시작한다는 이야기만 들었지, 실제 그 상황을 직접 목격할 줄 몰랐다. 한 10년 가까이 새벽수영을 한 그 회원은 아무렇지 않게 이야기했다. 연초마다 워낙 많이 봐왔기 때문에 별 신기할 일도 아니라는 듯 이야기한다. 그리고 1주일만 지나면 그런 사람들이 싹 사라진다니, 정말일까? 호기심도 생기면서 궁금해졌다. 정말 시간이 지날수록 사람들은 줄어들었고 수영장은 예전의 모습을 되찾았다.

이렇게 연초에는 사람들이 수영장을 등록하고 건강을 위해서 운동을 하다가 점점 사라지는 이유가 무엇일까? 새해 첫 날의 그 각오를 유지하지 못하는 가장 큰 이유 또한 궁금했다. 물론 아직 습관을 들이지 못한 이유가 가장 클 것이다. 좀 더 구체적으로 이야기하자면 새벽에 일어나지 못했을 것이고, 또 새벽에 일어나더라도 집을 나서지 못해서일 것이다. 새벽에 집만 나서서 수영장으로 향할 수만 있다면, 그 시간만 잘 넘길 수 있다면 새벽 수영은 계속 나올 수 있을 텐데⋯⋯. 나는 그 답을 알고 있기에 아쉽기만 하다.

새벽수영 자체가 어려운 것이 아니라 새벽에 집을 나서는 그것이 어렵다. 그래서 등록만 하고 수영장을 못 다니게 된다. 새벽에 집을 나설 때는 깊이 생각하지 말아야 한다. 특별히 의미도 두지 말고 특별히 감정을 부여해서도 안 된다.

"내가 지금 피곤한데, 지금 잠을 안자면 더욱 피곤할 수 있어."

"이 새벽에 잠까지 줄이면서 운동을 가야할까? 정신건강에 더 안 좋을 거야?"

이런 종류의 생각들과 스스로 안 가기 위한 합리화의 사고들로 집을 나서지 못한다. 그냥 기계처럼 집을 나와야 한다. 아무 생각 없이, 특별히 수영에 대해 생각하지 말고 움직여야 한다. 기계처럼 수영장을 가서 하루 새벽수영을 성공하는 것이 중요하다. 하루 새벽수영을 성공하면 그 다음날도 가게 된다. 그렇게 연초를 지나 6개월, 1년 동안 수영을 계속 할 수 있다. 1년을 하면 2년, 3년, 평생 수영을 할 수 있는 것이다. 결국 평생 나의 건강을 지키는 운동으로 수영이 습관화가 되기 위해 가장 중요한 것은 새벽에 기계처럼 집을 나서는 것이다. 그리고 수영장을 향하는 것이다. 새벽에 몸을 일으켜 집을 나서는 그것이 새벽수영을 빠지지 않고 매일 할 수 있는 비법이고 핵심이다.

책 읽는 것도 마찬가지이다. 처음부터 책을 읽어야 한다고 생각하면 부담이 된다. 그냥 그런 생각 없이 바로 행동을 먼저 한다. 주변에 책을 가까이 두는 것부터 한다. 손이 닿는 곳에 읽을 것이 있도록 한다. 나는 잠시 소파에 누워서 쉴 때 책을 읽고 싶을 때가 있다. 왜냐하면 소파에 누워서 몸이 편안해지니까 마음도 편안해지면서 책을 더 보고 싶어진다. 여유를 찾기 위해서 책을 보기도 하지만 마음이 편안해질 때 책을 보고 싶기도 하다. 그래서 소파테이블에 있는 책을 잡고 첫 장을 넘겨본다. 그리고 읽는다. 읽다보면 시간가는 줄 모르고 읽을 가능성이 높아진다. 왜냐하면 다음 이야기가 궁금해지기 때문이다. 이렇듯, 독서도 책을 꺼내고 읽는 그 행동을 잘 못해서 독서를 못하는 경우가 많다. 하지만 독서를 해야겠다는 특별한 생각 없이 주변에 뒹굴고 있는 책을 잡고 한 글자 한 글자 읽는 것이다. 그러면 한 글자가 두 글자가 되고, 한 페이지가 두 페이지가 되고 그렇게 읽게 된다.

수영과 독서를 습관화하는 것처럼 세부살이 진행도 마찬가지 방식을 사용한다. 나는 지금 현재 필리핀 세부에 있다. 이 곳이 외국이란 느낌보다 그냥 한국의 다른 동네에 이사 온 기분이다. 한국에 있을 때 세부살이에 대해서 생각을 많이 했다. 세부에 가야 할지, 말아야 할지부터 고민을 했다. 세부에 가면 가족들이 떨어져 있어야 하는데, 아빠도 힘들 것이고, 우리아이들은 또 아빠를 매일 못 보게 되어서 아이들도 아빠가 그리울 것이다. 영어는 배울지 몰라도 다른 교육은 한국아이들처럼 배울 수 없을 텐데, 그 만큼 못 배워서 어떻게 해야 하나?, 생각들은 꼬리에 꼬리를 물고 계속 이어진다. 무슨 생각들이 그렇게 많은지, 도저히 한국에서는 답을 낼 수 없는 것들이다. 정말 세부살이를 하기 전에는 알 수 없다. 그렇게 답이 안 나오는 것들만 주구장창 생각하고 있는 것이다. 그래가지고 무슨 일을 할 수 있겠는가? 생각이 너무 많으면 아무 것도 못한다. 중요한 부분 한두 가지만 딱 잡고 행동으로 옮기는 것이 필요하다.

파레토 법칙이 세부살이에서도 적용된다. 핵심20, 비 핵심 80이라는 이 20대 80의 법칙, 파레토 법칙이 세부살이에도 여전히 일어난다. 세부살이 80%가 20%의 행동으로 시작된다. 세부에서 살때도 마찬가지이다. '세부살이 시작'의 핵심은 과감히 비행기 티켓을 예매하는 것이었다. 그리고 세부에 있는 집 렌탈이다. 이 두 가지 행동이 시작의 핵심이다. 현재 세부살이가 가능하게 된 행동의 핵심이라고 할 수 있다. 비행기 티켓예매와 집 렌탈은 연관이 있다. 거의 동시에 이루어진다. 집은 미리 알아보고 집이 나왔다고 소식이 들리는 순간 비행기 티켓 예매를 한다. 예매를 하면 입주 날짜가 나온다. 그 날짜가 집 렌탈 시작날짜가 된다. 이 두 가지가 이루어지면 세부로 떠나는 것은 결정이 된다. 2가지의 일이 그 동안 준비한 모든 것의 완성을 결정한다. 핵심 20%가 세부살이의 많은 것을 결정한다.

세부도 한국과 비슷하다. 어느 정도 정착하는 시간이 지나고 나면 그 이후부터는 그냥 한국에서 사는 기분이다. 그 정도로 세부생활도 적응이 된다. 첫 정착하는 시간, 나는 2개월 정도 생각한다. 세부 집이 세미퍼니처이기 때문에 큰 물건들은 미리 비치되어 있다. 작은 물건들은 몰을 자주 이용하면서 채운다. 당장 급한 것, 밥을 해 먹어야 하기 때문에 그릇, 냄비, 전기스토브 같은 것을 준비한다. 세부도착하기 전에 누군가의 도움을 받아 미리 전기스토브나 냉장고, 와이파이 설치 같은 것은 구매해두면 좋다. 나중에 그것에 대한 감사함을 표현하면 된다. 감사함은 자주 표현해야 서로 마음을 알고 소통할 수 있다. 세부는 석회수이기 때문에 밥 해먹고 설거지, 야채 씻을 대량의 물 사용을 위해 물 배달까지 먼저 세팅하고 서서히 하나씩 준비한다. 이렇게 하면 '식', '주'가 어느 정도 해결된다. '의'는 더운 나라 한국에서 미리 챙겨온 옷으로 전혀 문제없다.

세부살이 처음 시작이 좀 어렵게 여겨진다. 결단이 힘들다. 결단 후 또한 어떻게 시작해야 할지 잘 모른다. 내가 그랬다. 그래서 이 책도 쓰기로 결심을 하게 되었다. 나의 결단과정과 정착하기까지의 경험들이 세부살이를 하려는 사람들에게는 도움이 될 수 있다고 생각했다. 앞에서도 이야기했듯이 처음만 잘 세팅되면 그냥 한국에 사는 것과 비슷하다. 환경이 다를 뿐 사람 사는 곳은 비슷하다. 수영을 하기 위해 집밖을 나갈 수 있어야 하고, 책을 읽기 위해 책을 펼칠 수 있어야 하듯이 세부살이를 하기 위해 첫 단추가 될 행동을 할 수 있어야 한다. 그렇게 행동하면 그 다음부터는 망설임도 세부살이 진행된다. 결정하고 시작행동을 하기 전에는 세부살이를 굳이 하지 않아도 되는 관점들 위주로 생각했다면 시작을 하고 확정이 되면 잘 결정했다고 스스로 기대감을 가지게 된다. 세부에서 2개월 정도 살면 세부살이가 한국의 일상처럼 나의 일상이 된다. 물론 사람에 따라 차이는 있다. 처음에 에너지와 노력과 경제적인 비용을 집중적으로 투자하자. 세부살이 원한다면 일단 시작해라. 인생 새로운 경험과 기회가 될 세부살이, 다른 그 무엇보다 세부살이는 시작이 전부이다.

세부살이, 실천하는 핵심은 의식이다

"성공은 성공 의식을 가진 자에게 찾아온다."

나폴레온 힐의《나폴레온 힐의 라이프 체인징 시크릿, 생각의 힘》이란 책에 나오는 명언이다. 또한 이 책에는 다음과 같은 내용도 인상적이다.

"생각하라! 그리고 부자가 되라!'의 원칙을 시작하면 당신은 마음의 상태 및 목적의 확실함과 함께 크게 힘들이지 않고도 재물이 모이는 것을 보게 될 것이다."

이런 이야기는 곧 당신의 의식이나 생각들이 현실이 된다는 의미이다. 현실적인 노력보다 오히려 의식과 생각들이 목적 달성하는데 더 직접적인 연관이 있다, 라고 이야기한다. 사실이다. 나는 의식과 사고에 대한 생각을 평상시 하지 않고 살았다. 하지만《하루 한권 독서법》을 출간하기 전 나는 의식의 중요성에 대해 뼛속 깊이 인지하게 되었다.

나는 대학을 졸업하고 계속 직장생활을 했다. 국군간호사관학교를 졸업하고 바로 소위의 계급장을 달고 지금은 분당에 있는 국군수도병원에 배치되었다. 국군간호사관학교를 졸업하면 의무복무 기간이 있다. 6년 동안 의무적으로 군 병원에서 근무를 서야 한다. 6년이 언제 올까 생각했지만 9년이란 시간을 군병원에서 근무를 섰다. 9년의 근무 후에 30대 중반이 거의 다되어 전역을 하게 되었다. 그리고 다시 보건교사 시험을 봐서 1년 후 바로 학교에 들어가게 되었다. 제대로 쉴 틈이 없었다. 중간에 휴직도 있었지만 그것은 아이를 키우기 위함이었지 자신을 위한 휴직이 아니었다. 그렇게 나는 주어진 일만 열심히 하면서 살았다.

그 시간이 무려 25년이 넘는다. 대학 졸업한 이후 지나온 시간이다. 자신이 진정무엇을 하고 싶은지 특별한 생각 없이 오로지 앞만 보고 살아온 시간들, 성실하고 근면하면 모든 것이 보상되기라도 하듯이 열심히 살아온 것 같다. 하지만 시간은 지날수록 나의 자존감은 떨어져갔다. 남들이 부러워하는 보건교사이지만 정작 스스로의 만족감은 낮았다. 이런 상태로 직장생활을 제대로 할 수 있을까?, 하는 회의감이 들었다. 이런 부정적인 심리를 인생의 위기로 느끼면서 뭔가 다른 돌파구가 필요하다는 절실한 마음이 되었다.

그래서 찾은 것이 책 쓰기이다. 책 쓰기는 나에게 새로운 긴장감과 삶의 에너지를 느끼게 했다. 하지만 평생 처음 쓰는 책 쓰기가 쉬울 리가 없었다. 책을 쓰는 데 무슨 책을 써야 할지도 정하지 못했다. 목차를 만들면서 어떻게 만들어야 하는지 도저히 감이 오지 않았다. 목차를 5개의 장으로 구성된다고 했을 때, 논리적 흐름에 따라 정해야 한다. 1장이 문제제기, 2장이 문제제기의 뒷받침하는 장, 3장이 거시적 문제해결방법, 4장이 미시적 문제해결방법, 5장이 조화롭고 여운 있게 마무리하는 장이라는 나름의 정리를 했지만 막상 장 제목을 만들려고 하면 잘 되지 않았다. 목차를 만드는 데만 3주 이상이 걸렸다. 하지만 기성작가가 있었기에 비빌 언덕은 있었다. 새로운 영역이었기에 먼저 간 사람의 도움을 받을 수 있었다. 어린아이가 혼자서 판단하고 결정 내려 스스로 살아갈 수 있을 때까지 부모가 옆에서 도와주듯이 책 쓰기에서 어린아이인 나는 목차 정하고 1꼭지 쓰면서 40꼭지를 채우는 그 과정에 대한 기술을 함께 할 수 있었다. 나처럼 책 쓰기를 절실히 원한다면 비용을 들여서라도 전문가와 함께 하는 것을 나는 지금도 주변에 권한다.

책 쓰기를 하면서 가장 중요한 것도 의식이다. 모든 것이 의식과 연관이 있다. 앞에서 "성공은 성공의식을 가지고 있는 자에게 찾아온다." 라고 했듯이 자신의 이름 석 자 박힌 책을 쓸 수 있는 것은 스스로 책을 쓸 수 있다는 의식을 가진 자만이 책을 쓰는 것이다. 내가 책을 쓸 수 없다, 라고 생각하는 사람을 도와 줄 방법은 없다. 하느님, 하느님 할아버지가 와도 그 사람은 책을 쓸 수 없다. 비록 상황이 책 쓸 상황이 아닌 열악한 환경에서라도 의식만은 놓치지 않는 사람은 결국 책을 써낸다.

내가 책을 쓸 때, 제주도에서 배우러 오는 애기엄마가 있었다. 그 엄마는 그 당시에도 둘째를 임신하고 있었다. 배가 부른 것으로 봤을 때 대략 7개월 정도는 되어 보였다. 그런 상황에서도 책을 쓰고야 말겠다는 강한 의식이 있었다. 결국 둘째를 출산하고 원고를 완성해서 지금은 작가가 되었다. 나 같은 경우에도 아이들 방학이고 도저히 시간을 낼 수 없는 상황에서도 1달 만에 초고를 완성할 수 있었다. 원고를 쓰는 중에도 나는 나의 의식을 책을 출간한 작가에 두었다. 작가가 된 나를 상상하면서 원고를 써나갔다. 그래서 나는 우리의 의식은 무한한 가능성을 가졌다고 생각한다. 자신의 의식을 통제한다면 그 의식대로 더 많은 결과물을 만들 수 있다.

세부살이를 결정하고 세부로 떠나는 데에도 나는 의식을 활용했다. 책을 출간하면서 의식, 잠재의식 모든 것들이 내가 어떻게 하느냐에 따라 목표성취에 많은 영향을 미친다는 것을 알았다. 단지 열심히 노력하는 것만이 전부가 아니었다. 오히려 의식이 전부일 수 있다. 지혜로운 사람은 나무를 자르기 위해 주어진 시간의 80%을 도끼의 날을 가는데 할애한다. 자신의 의식을 목표달성에 두는 것은 도끼의 날을 날카롭게 만드는 과정과 같다. 자기확신, 믿음이라는 의식이 없다면, 그 어느 것도 달성할 수 없다.

나폴레온 힐은 앞의 책에서 부에 대한 욕구를 경제적 가치로 변환하기 위해 다음과 같은 실질적인 단계를 구성하라고 한다.

첫째, 마음속에 당신이 바라는 정확한 액수의 돈을 정해놓는다.

둘째, 돈에 대한 대가로 무엇을 내놓으려는 지 정확하게 결정하라

셋째, 언제 원하는 돈을 소유하려는지 확실한 날짜를 정해라

넷째, 확실한 계획과 상관없이 즉시 시작하라

다섯째, 획득하려는 금액에 대한 분명하고 간결한 문장을 하나 작성하라

여섯째, 잠자기 직전, 그리고 아침에 일어나서 매일 두 번씩 크게 읽어라. 읽으면서 내가 이미 그 돈을 가지고 있음을 보고 느끼고 믿어라.

나는 세부살이를 결심하고 어떻게 해야 할지 막연함을 느꼈다. 의식의 힘을 빌리기로 했다. 결국 나폴레온 힐이 주장하는 것과 비슷한 방법으로 세부살이를 나의 현실로 만들었다. 돈을 버는 것은 아니지만 목표를 정해서 그것을 나의 현실로 만드는 것은 같다. 내가 원하는 것을 현실로 나타나게 하는 방법은 다 똑 같은 원리를 따르고 있다. 여기에서 벗어나는 것은 없다. 자신의 의식대로 현실이 된다는 사실은 어느 목표에서나 적용이 되는 것이다. '생각하라 그리고 부자가 되어라',처럼 세부살이를 나의 의식에 가득 채우는 것이 나의 현실로 만드는 방법인 것이다.

나는 마음속에 미리 사전 방문한 세부의 학교와 빌리지를 마음속에 그렸다. 상상해 보았다. 아이들은 학교에 보내고 나는 책상에 앉아 원고를 쓰는 모습이 그려졌다. 아주 자연스럽게 느껴졌다. 그것이 나의 현실이 될 것이란 믿음이 있었다. 그려지는 모습이 어색하지 않고 만족스러운 감정까지 느껴지면서 그 믿음은 자연스럽게 생겼다. 나는 분명한 문장으로 나의 책상 앞에 다음과 같이 붙여 놓았다.

"2018년 9월에 나는 세부살이 시작 한다"

그리고 오며 가며 그 문구를 봤다. 그 문구가 나의 머리 깊숙이 박힐 정도로 보고 또 봤다. 현지에 집이 없다고 했을 때도 그 문장에 대한 흔들림은 없었다. 자기 전에 눈을 감을 때도 세부생활이 눈에 선했다. 이것은 현실이 될 수밖에 없는 기정사실처럼 여겨졌다. 《하루 한권 독서법》이 출간되기 전에도 이렇듯 선명하게 그려지지는 않았었다.

나의 의식은 내가 스스로 통제할 수 있다. 어떤 욕구가 생겼다면 그 욕구를 현실로 만들기 위해 의식과 사고를 그 욕구대로 가득 채워야 한다. 채우는 방법은 명확하고 간결한 문장으로 적어서 아침, 저녁으로, 혹은 수시로 나의 의식에 넣는다. 그렇게 나의 의식에 나의 소망과 목표가 가득 차게 되면 그 다음에는 실천만이 따르게 된다. 주변의 사람들까지 나의 의식의 영향을 받아 나의 의식이 현실이 되도록 도와준다. 텔레파시의 영향이라고 말할 수 있다. 의식, 눈에 보이지 않는 에너지에 의해 나의 실천은 물론 주변의 모든 것이 세부살이가 가능하도록 움직여진다. 의식만 확실히 잡는다면 세부살이 실천이 좀 더 쉬워진다. 믿음으로 그것이 이루어짐을 지켜보면 된다.

세부살이, 엄마가 행복해야 아이도 행복하다

어린 시절 친정어머니는 자주 아프셨다. 몸이 약하신 어머니는 몸이 마르셨고 어린 나의 눈에도 힘이 없어 보였다. 항상 방안에 누워 계셨다. 특별한 병도 없다. 친정어머니는 마음이 여린 만큼 몸도 시름시름 아프셨다. 외할머니 말씀으로는 친정엄마가 그렇게 된 사연이 있다고 하셨다. 엄마가 어렸을 때, 집에 도둑이 들어왔는데, 그때 심하게 놀라 쓰러지신 이후 잘 놀라면서 아프셨다고 한다. '놀란 병'이라고 하시면서 그냥 어쩔 도리가 없다, 라고 하신다. 엄마는 당신의 놀란 병 때문이라도 우리가 조금이라도 무언가로부터 놀란 것 같으면 바로 약을 먹이든가, 민간요법인 손을 딴다거나 했다. 지금도 기억에 난다. 엄마는 내가 개한테 물렸을 때 내 손을 끌고 이웃에 사시는 할머니한테 데려갔다. 그 이웃의 할머니는 손바닥을 펴서 손가락 마디, 마디마다 바늘을 찔렀다. 손가락 안쪽 마디에서는 하얀 물 같은 것이 나왔다. 그 하얀 물을 보면서 어른들은 이렇게 이야기했다.

"아구~ 많이 놀랐네. 이 흰 물 나오는 것 좀 봐, 따기를 잘했어."

외할머니 말씀처럼 친정어머니는 당신 몸이 약한 이유가 어린 시절 놀란 일 때문이라고 생각하셨다. 그래서 우린 자주 따러 다녔었다.

친정어머니가 누워 있다 보니, 어린 나는 아버지를 따라 다녔다. 아버지가 일하러 가지 않는 날은 아버지를 항상 졸졸 따라다녔다. 어디를 가든 아버지와 나는 함께였다. 아버지도 힘들었을 것이다. 쉬는 날에는 쉬어야 했는데, 아내가 아프니, 쉬지도 못하고 아이들을 돌보아야 했으니 말이다. 아이를 키우는 입장이 되어 보니, 친정아버지가 힘들었겠구나 생각을 해본다.

아버지가 엄마대신 요리를 할 때도 많았다. 저녁때가 되면 아버지가 요리를 하신다. 김치찌개도 끓이시고 된장찌개도 끓이신다. 다행히 아버지는 요리솜씨가 좋으셨다. 아버지가 하신 요리를 먹는 것을 우리들은 좋아했다. 빨래도 아버지가 하셨다. 그 당시, 학교를 갔다 오면 아버지는 쪼그리고 앉아 우리들의 양말이나 속옷 같은 것을 손 빨래하고 계셨다. 빨래하는 아버지의 뒷모습이 아직도 선하다.

엄마가 아프시니 가정 분위기도 가라앉아 있다. 건강한 다른 엄마에 비해 아프신 엄마를 두고 있던 우리 형제들은 장난도 심하게 치면 안 된다. 밖에서 주로 놀아야 했고, 집에 친구들을 데려올 수도 없다. 방에 누워 계신 엄마를 위해 우리는 누가 시키지 않아도 그렇게 했다.

우리는 혼날 때 4형제가 단체로 혼났다. 한 사람이 잘못하면 전체가 연대책임을 져야했다. 언니가 잘못해도 동생들도 우르르 무릎을 꿇고 앉아야 하고 동생들이 잘못해도 언니, 오빠가 같이 혼나야 했다. 혼내는 것도 많은 에너지가 소모된다. 몸이 약한 엄마는 혼낼 기운도 없으셨는지 무조건 집밖으로 내쫓으시기도 했다. 그러면 우리는 먼데도 가지 못하고 집 담벼락에 붙어서 아버지를 기다린다. 아버지가 자전거 끌고 오르막을 올라오는 소리를 들으면 그때부터 서러움이 북받쳐 올라 울기 시작한다. 아버지는 우리 형제들을 챙겨서 집에 데리고 들어가시곤 했다. 아버지는 서럽게 울어대는 우리를 데리고 들어가면서 항상 말하셨다

"얘들아, 엄마가 아프시니까 말 잘 들어야 해."

그렇게 엄마는 원래 아픈 사람이라고 생각하면서 나는 어린 시절을 보냈다. 성장하면서 친구들의 엄마를 보면서 건강한 엄마도 있다는 것을 알았다. 그러면서 우리엄마도 아프지 않고, 누워 있지 않았으면 좋겠다는 바람을 가졌다. 엄마가 아프니, 집에 와도 즐겁지가 않았다. 아버지 퇴근은 한참 남았는데 아버지만 기다렸다. 자주 혼나고 맞아도 좋으니 엄마 목소리도 크고 엄마가 건강하고 행복했으면 좋겠다, 라고 생각하면서 친구들이 마냥 부러웠다.

세부에 있는 주변 엄마들은 건강하고 다들 행복하다. 각자 다양한 활동을 하면서 아이들을 돌본다. 나도 세부생활을 만족스럽게 하고 있다. 어린 시절 친정어머니처럼 그렇게 아파서 힘든 엄마들은 없다. 그렇기 때문에 아이들도 밝고 활기차다. 어린 아이일수록 엄마들이 건강하고 행복해야 한다. 엄마가 아프면 아이들은 마음 한구석은 걱정이 된다. 마음껏 뛰어 놀 수 없다. 엄마로부터 보살핌을 잘 받을 수 없는 불안감이다. 이것은 생존본능이다. 아이들이 갖는 생존본능에 불안감을 안 주기 위해서도 엄마가 먼저 건강하고 행복해야한다. 엄마들은 각자 자신의 능력과 관심에 따라 다양한 활동을 하면서 세부에서 행복하게 살아가는 것이 중요하다. 그것이 곧 아이들의 행복으로 이어진다.

세부에서 생활하는 엄마들의 생활유형은 다양하다. 아이들 뒷바라지에 중점을 두는 엄마들이 있는가 하면 사업을 하거나 직장생활을 하는 엄마들이

있다.

　수홍이 반에 세부 온 지 1년 된 친구가 있다. 학교에서도 둘이 잘 어울려 지내고 있다. 그 친구는 빌리지가 아니라 막탄에서 외국인들이 가장 살기 좋다는 막탄 뉴타운에 살고 있다. 수홍이는 그 친구 집인 뉴타운 수영장을 몇 번 놀러 갔었고, 나는 아이들을 데리고 간 김에 그 친구 엄마와 함께 이야기를 나누었다. 남편과 두 딸은 한국에 있고 막내아들만 데리고 왔다고 이야기한다. 막내아들이 거의 늦둥이다. 두 딸은 대학생이다 보니 특별히 엄마의 손이 필요하지 않다. 그 엄마가 아이와 단 둘이 세부를 온 이유는 자세히는 모르겠지만 일단 그 엄마는 이 곳에서 사업을 하고 있었다. 한국 사람들이 많이 오는 리조트에서 카페를 한다고 한다. 그렇기 때문에 집에는 입주 아떼를 들여놓고 있다. 이 곳에서 입주 아떼는 일반적이다. 그 엄마는 자신의 사업재능을 맘껏 발휘하면서 사업가로서 만족스러운 삶을 살고 있다는 느낌을 받았다. 물론 힘든 부분도 많겠지만 그래도 긍정적 에너지를 내뿜으면서 행복해보였다.

　수홍이 반에 또 다른 엄마는 젊었을 때 이곳에서 가이드를 시작했다. 가이드 일을 하면서 아빠도 만났다. 아빠는 스킨스쿠버 다이빙 일을 한다. 이 곳에서 결혼하고 이곳에서 아이를 낳았다. 아들 하나, 딸 하나이다. 밑에 딸아이가 수홍이와 같은 반이다. 그 엄마는 현재 가이드 일을 하지 않고 얼마 전까지 세부에 있는 한국식당에서 식당전체를 관리하는 일을 했다. 세부에 한국식당이 많다. 교민들과 관광객을 대상으로 한 한국식당이다. 세부에 살다 보면 한국음식이 그리워진다. 처음에는 저렴하면서 맛난 현지 음식을 찾아서 먹었다. 현지 음식이 가장 건강에도 좋은 것이란 믿음이 있었다. 하지만 간혹 한국음식이 먹고 싶을 때가 있다. 고향이 그립다거나 가고 싶을 때 한국음식은 그런 마음을 달래는데 적절한 해결방법이 된다. 그래서 교민들에게 한국식당은 꼭 있어야 할 식당인 것이다. 이런 한국식당에 일하는 사람이 대부분 현지인이고 관리하는 지배인으로 한국사람 한명씩 있다. 한국 사람이 지배인으로 있으면서 영어가 부족한 한국 손님들을 도와주고 전체 현지직원들을 관리하기도 한다. 그런 일을 수홍이 친구 엄마가 했다. 젊었을 때 가이드 역할을 하면서 다져진 성향들을 활용해서 한국식당 관리하는 지배인으로 그 역할을 무난히 잘 해내고 있다.

한 엄마는 내 이웃에 사는 A이다. A는 2년 전에 아이와 함께 이 곳 세부를 왔다. 순수하게 아이를 위해 왔다. 나와 비슷한 이유이다. 아들 하나이기에 더 잘 키우고 싶은 부모로서의 욕심이 있는 것이다. 부모의 마음이다. A도 과거 젊었을 때 필리핀에도 있었고 호주에도 있었던 경험을 다분 활용하여 아이도 그렇게 키우고자 한다. 특별히 이 곳에서 경제활동을 하는 것은 아니다. 오로지 아이의 뒷바라지에 힘쓰는 모습이다. 아이가 학교에 가면 소소한 취미활동을 한다. 그림도 그리고 글씨 연습도 한다. 그리고 가장 중요한 것, 영어 공부를 하는 것, A는 일상 회화는 전혀 문제가 없지만 영어 공부하는 것을 게을리 하지 않는다. 사실 외국 생활하면서 엄마의 영어실력은 중요하다. 만약 아이학교에서 문제가 생겼다거나 무엇인가를 요청할 때 엄마의 영어실력에 의해 결과가 달라질 수 있다. 그리고 그런 일이 일어나지 말아야겠지만, 만약 응급상황이 발생했다고 생각해보자. 아이의 치료를 위해 병원에 가서 아이의사고 경위에 대해 설명을 제대로 하려면 영어가 필요한 것이다. 누군가의 도움을 받을 수 있겠지만 그래도 직접 말할 수 있는 것과는 천지 차이인 것이다.

아이가 학교를 가고 난 뒤 엄마들은 각자의 시간을 보낸다. 사업을 하는 엄마들은 경제적 활동에 시간과 노력을 투자한다. 열정, 시간과 노력을 쏟아 부은 만큼 값진 결과로 돌아오리라 기대한다. 한국식당에서 전체 운영을 관리하는 지배인으로 일하는 엄마는 지금 현재는 그 일을 그만두고 새로운 사업을 구상하면서 시간을 보낸다. 자신이 세부에서 산 시간만큼 보고 듣고 깨달은 경험들이 귀한 자산으로 쌓여있다. 그 자산을 바탕으로 세부에서의 새로운 사업을 구상하면서 여유로운 시간을 보내고 있다. 이웃에 사는 A 같은 경우에는 2년 동안 아들 캐빈의 영어 실력이 어느 정도 고지에 올라섰다는 것을 인지하면서 흐뭇해한다. 좀 더 좋은 교육을 위해 세부시내로 학교를 옮기는 것을 심사숙고 하고 있다. 아이에게 더 좋은 교육환경을 마련해 주기 위해 고민을 하는 것이다. 그런 고민도 나에게는 부러움의 대상이다. 아직 우리아이들은 그런 영어 실력에 한참 못 미치기 때문이다. 하지만 조급하게 생각하지는 않는다. 나는 책을 쓰면서 아이들 학교생활을 잘 할 수 있도록 돕는다. 시간이 지나면서 아이들은 많은 체험을 하면서 영어실력도 덩달아 좋아질 것임을 알기 때문이다.

엄마들은 세부에서 각자 열심히 살고 있다. 어떻게 시간을 보내든 중요한 것은 엄마가 행복해야 한다는 것이다. 아이를 위해서라도 엄마가 행복해야 한다는 것을 늘 인지해야한다. 아빠들에게도 이런 사실을 이야기해 주자. 아빠의 행복도 중요하지만 무엇보다 엄마의 행복이 아이들의 직접적 행복에 더 큰 영향을 끼친다는 사실을 말이다. 다시 한 번 더 강조한다. 세부살이에서 행복한 엄마에 행복한 아이가 있다는 사실을 늘 마음에 간직하고 아이의 행복만큼 엄마의 행복도 챙기자.

세부살이, 아이에게는 영어에 푹 빠지는 시간이다

열정은 주변도 전염시킨다. 열정은 행동하게 하는 에너지이다. 열정이 있으면 평소의 3배의 일을 해도 피곤하지 않다. 그리고 무엇보다 주변 사람들을 열정적으로 만든다. 다른 사람이 행동할 수 있도록 동기부여 한다. 그렇기 때문에 열정을 가진 사람 옆에 있으면 열정적으로 되기 싶다. 환경의 영향을 그대로 받게 된다.

영어도 마찬가지이다. 영어도 전염된다. 세부사람들이 전부 영어를 사용하는 것은 아니다. 일부 사람만 사용하고 일부 사람들은 이 나라의 필리핀 언어인 비사야어나 따갈로어를 사용한다. 그렇기 때문에 마트나 구멍가게인 사리사리 스토어에서는 영어를 사용해도 못 알아듣는다. 아주 기본적인 영어도 알아듣지 못한다. 대부분 그렇다. 하지만 학교에서는 대부분 영어를 사용한다. 아이들이 현재 다니고 있는 학교는 사립학교로 토속어과목도 있지만 그래도 기본적으로 영어를 사용한다. 모든 선생님이 영어를 할 수 있다. 발음이 너무나 필리핀스러운 선생님도 있지만 그래도 영어를 사용한다.

영어가 생활어이다 보니, 아이들은 학교에 있는 시간 동안은 꼼짝없이 영어를 듣게 된다. 수업시간은 당연히 영어를 듣는다. 우리 아이들은 한국에서 알파벳도 모르고 이곳을 왔다. 보통 엄마들이 알게 모르게 조금씩 알파벳정도는 가르치지만 나는 그렇게 하지 않았다. 왜냐하면 아이들은 인지교육을 지양하는 대안학교에 다녔기 때문이다. 대안학교는 우리 스스로 원해서 갔었다. 누구의 강요에 의해 일반적으로 가는 일반학교 대신에 대안학교를 간 것이다. 그렇다면 그 대안학교의 철학을 누가보든 안보든 따라야 할 의무도 있다고 생각했다. 그래서 수학과 마찬가지로 한국에서는 영어도 인지교육의 하나이기 때문에 알파벳도 가르치지 않았다. 알파벳도 모르면서 하루 대략 8시부터 오후 4시까지 어떻게 영어로만 수업을 하고 영어를 하는 아이들 속에서 시간을 보내는지 사실 궁금하기도 하다. 물론 그 반에 한국아이들도 3~4명 있다.

아이들은 영어에 대해 특별히 이야기하지는 않는다. 영어가 공부의 대상은 확실히 아닌 것 같다. 큰 애는 아이들과도 잘 어울려 노는 것 같고 작은 아이는 한국여자아이들과의 관계에 대해 이야기한다. 그때 잠깐 자기가 영어를 못한다고 한국 여자 아이가 놀렸다고 말했었다. 그리고

"엄마. 처음에는 아이들이 잘 도와줬어. 수업시간에 무슨 책을 준비해야 하는지 잘 알려줬는데, 지금은 잘 안 가르쳐 줘."

라고 작은 아이는 투덜거린다.

"그러니까 정아 네가 영어를 빨리 배워야 해. 그래서 스스로 할 수 있도록 해봐. 여기에는 영어를 모르면 힘들어지는 거야."

라고 답해줬다. 사실이 그렇다. 영어만을 사용하는 학교에서 영어를 모르

면 멍하니 앉아 있어야 한다. 영어를 잘 모른다면 눈치로라도 캐치해야 한다. 그렇게 하다보면 영어도 한 두 마디 알게 되면서 점점 실력은 좋아지는 것이다. 영어 아니면 눈치, 처음에는 이런 작전이 유효하다고 이야기해준다. 그래도 아이가 워낙 천성적으로 눈치와 관련 없는 성향이라면 그 강력한 도구인 눈치도 이용하지 못한다. 억지로 그런 스타일을 강조해서는 아이가 스트레스만 받는다. 시간이 최고의 해결법이다. 그냥 엄마입장에서는 기다려 주는 것이다. 시간과 함께 아이들도 성장하지만 영어 실력도 또한 성장하는 것은 당연하다. 인간이 환경의 동물인 것이 이 상황에서는 너무나 감사할 따름이다.

엄마는 영어에 푹 빠질 환경조성이 잘 안 된다. 세부살이를 하기 위해 온 엄마들은 대부분 집에 있는 경우가 많다. 집에서 자신의 취미활동이나 나처럼 책을 쓰는 활동을 한다. 아이들처럼 하루 종일 영어를 할 줄 아는 사람들과 섞여 있는 것이 아니다. 엄마들 일부는 영어 공부를 위해 학원을 다닌다. 이곳 세부도 한국 사람이 운영하는 영어학원이 있다. 아이들 학교 한국 엄마들 중에 이런 영어학원을 다니는 사람이 있다. 나는 집에서 하루 1시간 영어공부를 한다. 콘도미니움이 아니라 빌리지에 살기 때문에 이웃 간 소통이 그나마 가능해서 이웃에 사는 필리피나, 즉 필리핀 엄마한테 배우게 되었다. 배운다기보다 일상적인 이야기를 하면서, 주로 듣고 간혹 콩글리시를 하고 그렇게 영어를 접하고 있다. 나는 주변 필리핀사람이 살고 있지만 거의 대화를 하지 않는다. 잘 모르기도 하고 외국사람이라 그 사람들도 먼저 말을 걸지는 않는다. 개인적으로 책도 쓰고 있고 바빠고 해서 특별히 이야기할 기회를 일부러 만들지 않게 된다. 그리고 그들도 영어를 잘 못하는 경우가 대부분이기 때문에 나에게 먼저 다가서지 않는다. 그래서 영어를 할 기회는 튜터하는 시간이 전부이다. 하루 24시간 중 영어를 접하는 시간은 1시간인 셈이다.

그에 비해 아이들이 영어를 접하는 시간들을 생각해보았다.

첫째는 학교에 있는 시간이다. 학교에 있는 시간, 아침 8시에서 오후 4시까지 8시간이다. 수홍이 반에서는 한국아이들이 수홍이까지 4명이다. 여자1명, 남자 3명인데, 한 아이는 세부에서 태어난 아이이라 한국말보다 영어를 편안하게 생각한다. 나머지 2명은 한 명은 4년 정도 되었고 또 한명은 1년 정도 되었다. 그리고 수홍이다. 수홍이를 보면 쉬는 시간이나 점심시간에 옆 반에 있는 한국여자아이까지 해서 주로 한국아이들과 어울리는 것 같다. 처음에는 이것이 신경이 쓰였다. 영어를 배우는데 방해가 될 거라고 생각해서, 세부아이들과 어울리라고 했다. 하지만 굳이 그럴 필요가 없다. 영어가 안 되니, 한국아이들과 어울리면서 도움을 받고, 영어가 익숙해지면 자신과 코드가 맞는 아이들과 어울리게 된다. 아이들은 어느 나라 출신인가가 중요하지 않다. 자신과 잘 놀 수 있냐 없냐가 중요한 것이다.

둘째, 학교가 끝나고 튜터를 한다. 영어생활권에 있으면서 영어를 배울 텐데 굳이 튜터를 할 필요가 있을까? 처음에는 그렇게 생각했다. 하지만 아이들이 영어를 못하면 기가 죽고 생활자체를 힘들어 할 수 있기에 시작하게 되었다. 알고 보니, 한국아이들이 대부분 튜터를 하고 있었다. 의사소통에 문제가 없는 아이들도 튜터를 하고 있었다. 수홍이는 처음에는 매일 1시간씩 개인 튜터 공부를 했다. 개인 튜터는 학교에서도 신청할 수 있다. 학비에 비해 결코 적지 않은 금액이지만 어느 정도 영어에 적응될 때까지만 한다는 생각으로 시켰다. 그래서 정아는 담임한테 튜터를 1주일에 2번씩 받고 있고, 수홍이는 나의 튜터인 이웃의 제인한테 1주일에 3번씩 받고 있다.

셋째, 놀 때도 영어를 써야 한다. 내가 사는 곳은 빌리지이다. 빌리지에는 다양한 국적의 사람들이 살고 있고 왕래를 할 수 있다. 특히 어린 아이들이 있는 가정이라면 아이들끼리 서로 어울리면서 같이 어울리게 된다. 더군다나 이웃 필리핀사람들이 영어를 하게 된다면 더욱 가까워질 기회가 많다. 보통 외국인이 사는 빌리지는 현지인이 살기에는 고가일 수 있고, 고가인 빌리지에 사는 세부인은 교육을 받은 중산층 이상일 가능성이 크기 때문에 영어를 할 경우도 많다. 막탄 뉴타운은 한국 아파트랑 비슷하다. 그래서 그곳에 살 경우에는 한국처럼 이웃과 왕래하기 어렵고, 주로 알게 된 한국 사람들끼리만 소통하면서 사는 경우가 많다. 그래서 빌리지에 살 경우, 한국의 전원주택 같으면서 콘도미니움보다 해외같은 느낌을 많이 가질 수 있다. 아이들은 이웃 세부아이들과 친해질 가능성도 훨씬 높다. 이웃 제인의 딸 유리와 이웃의 케빈, 수홍, 정아는 함께 어울려 잘 논다.

한국에서 영어를 배우기 위해 책상에 앉아 공부한다. 1시간, 2시간, 자리에 앉아서 단어를 외우고 문장을 반복하면서 익힌다. 그렇게 배운 영어가 실생활에서는 잘 사용하기 어려울 수 있다. 이 곳 세부에 온 아이들도 학원에서 영어공부를 하고 온 아이들이 많지만 실생활에서 큰 차이가 없다. 이 곳에서 영어는 의사소통의 수단이다. 어떤 상황에서도 영어를 듣고 영어로 자연스럽게 말하게 된다. 영어를 할 상황에 놓여 있으면서 그 상황에서 필요한 영어를 할 수 있는 이곳, 세부살이 아이들에게는 더없이 귀한 시간이 되리라고 생각한다. 우선 영어가 공부가 아님을 뼛속 깊이 간직하게 된다. 영어를 시험을 위한 공부로 한 우리 세대에는 영어는 영원히 어려운 것이란 명제를 떨쳐버리기 어렵다. 세부살이는 아이들이 영어에 푹 빠지게 하는 시간으로 아이들 앞으로의 삶에서 많은 기회를 가져다 줄 값진 시간이 되리라 확신한다.

세부살이, 엄마에게 인생 2막을 준비하기에 딱인 시간이다

직장을 다니면서도 다른 일을 준비하는 사람들이 많다. 왜냐하면 지금의 직장이 평생 나를 지켜주지 않는다는 것을 알기 때문이다. 물론 아닌 사람들도 많다. 사람과 사람간의 차이는 여기에서도 확연하게 들어 난다. 어떤 사람에게는 인생2막의 준비가 자연스럽고 어떤 사람에게는 자연스럽지 않다. 자연스럽지 못한 사람은 인생 2막을 준비한다는 것이 왠지 현재 일에 불성실한 듯 한 느낌을 준다고 생각해서 인위적으로 거부한다. 하지만 나는 이렇게 생각한다.

"지금의 직장도 언젠가는 끝이 난다."

"직장을 퇴직하고 그냥 집에 있기에는 남은 인생의 시간이 길다. 뭔가를 해야 한다."

이 사실은 분명한 것이다. 그렇게 충성을 다 했던 직장도 시간이 되면 끝이 있게 마련이다. 나이가 들거나 특별한 일이 있다면 그 직장을 떠나야 한다. 내가 원하든 원치 않던 퇴사는 기정사실이다. 옛날 같으면 퇴사해서 적절하게 조금 적게 쓰고 아껴서 살면 그럭저럭 여생을 보낼 수 있었다. 하지만 이제는 아니다. 수명이 길어 졌기 때문이다. 그것도 아주 많이 길어졌다. 그렇기 때문에 인생 2막은 이제 누구나 관심을 가져야 하고 준비해야 할 일이 되었다. 꼭 돈을 벌라는 의미만을 말하는 것이 아니다. 여생에 그 동안 못한 것, 자신의 타고난 재능과 적성에 맞게 행복하고 충만하게 살기 위해 인생2막의 준비가 필요한 것이란 의미이다. 정말 즐기면서 행복한 마음으로 일하면 돈은 부수적으로 따라온다.

《하루 한 권 독서법》원고를 쓸 때이다. 이 원고를 쓸 때 나와 같이 원고를 쓰는 언니가 있었다. 그 언니는 고등학교 국어교사이다. 대구가 고향이지만 김천에서 교편을 잡기 시작하여 현재 30년 가까이 근무를 서고 있다. 이제 정년도 얼마 남지 않았다. 정년을 하기 전에 책을 쓰기 위해 책 쓰기공부를 시작했다. 김천에서 경기도까지 공부를 하기 위해 주말마다 ktx를 타고 올라왔다. 나이도 있지만, 그 열정이 가히 본받을 만했다. 젊은 사람 중에는 조금 나태한 마음이 들다가도 그 언니를 보면서 힘을 내곤 했다. 그렇게 힘들게 다니면서 항상 밝게 웃고 오히려 한참 나이 어린 인생 후배들에게 큰 위안이 되셨다.

결국 그 열정만큼이나 끈기 있게 노력했다. 나는 그 당시 휴직을 한 상태였지만 그 언니는 직장을 다니면서 원고를 썼다. 직장 생활을 하면서 뭔가 새로운 일을 추가해서 한다는 것은 쉽지 않다. 퇴근하면 일단 피곤하다. 그리고 여자 같은 경우 식구들의 저녁식사를 해야 한다. 물론 간혹 외식도 하지만 가족의 저녁식사에 대한 책임감을 기본적으로 가지고 있다. 저녁 먹고 설거지까지 하고 나면 그대로 물먹은 솜처럼 몸은 천근만근이 된다. 그러니 원고를 쓴다는 것은 도저히 불가능할 정도로 힘든 일이다. 그래서 새벽에 일어나서 쓴다. 1시간이라도 일찍 일어나서 원고를 쓰는 것이다. 직장 다니는 사람에게 새벽은 초고 쓰는 데 없어서는 안 되는 요긴한 시간대이다. 그런데 새벽에 도저히 못 일어나는 사람이라면 글 쓰는 자체가 더 힘들게 된다. 다행히 언니는 새벽의 가치를 알고 일찍이 새벽기상을 즐겨했기 때문에 그 시간을 활용해서 글을 썼다. 대신 활용할 수 있는 새벽시간은 한계가 있기 때문에 초고 완성하는데 시간이 좀 더 걸렸다.

결국 그 언니는 원고 완성하고 책을 출간했다. 책을 출간하고 해냈다는 기분은 그 무엇과도 바꿀 수 없는 자신감으로 돌아왔다. 언니가 사는 지방에서는 소문이 돌아 지역 신문에도 나왔다. 그리고 책이 나오기도 전에 추천사를 부탁한 장학사님의 부탁으로 교육청에서 학부모대상 강의까지 했다. 책도 출간되기 전에 강의부터 한 것이다. 평범한 국어교사에서 지역의 작가로서 유명세를 타게 되었다.

이 언니는 퇴직하고 할 일이 정해졌다. 언니는 퇴직이 얼마 남지 않았다. 하지만 걱정될 것이 없다. 평균수명도 길어진 요즘 시대에 퇴직한 이후에 할 일이 생긴 것이다. 할 일이 생긴 만큼 부수적인 경제적 부분도 따라오게 되었다. 언니는 이제 이런 구상도 한다. 구체적으로 퇴직 후 무엇을 할 것인지 생각했다. 책을 출간한 작가이기 때문에 생각하기에 따라 얼마든지 할 일은 만들 수 있다. 언니가 생각한 것은 조그마한 사무실을 하나 빌려 그곳에서 강의를 하는 것이다. 자신의 출간한 책에 대한 강의도 좋다. 학부모대상, 아이들 대상 평생 교직 생활하면서 느끼고 배운 것들을 프로그램으로 만들어 운영할 것이란 생각을 한다. 나는 이야기했다.

"언니, 화려한 인생 2막 축하드려요. 사무실 차리시면 저도 초대해주세요."
라고 이야기했다. 정말 상상만 해도 흥분된다. 돈에 너무 욕심내지 말고 평생을 직장에서 해오던 달란트를 퇴임 후에도 사람들에게 베푼다는 마음으로 소박하게 하면 된다. 그 언니는 가르치는 것이 타고난 재능이다. 강의를 통해 사람들이 기분 좋으면서 의미 있는 시간이 될 수 있도록 하는 능력이 그 언니 내부에 있다. 타고난 달란트인 강연으로 인생 2막을 즐겁고 행복하게 보낼 수 있는 것이다. 힘든 시간이지만 확실한 인생 2막 준비를 했다.

아이들과 세부에 오면 엄마들은 시간이 넉넉하다. 특별히 직장을 가지고 있지 않다면 넉넉한 시간이 주어진다. 아이들이 돌아오는 시간은 오후 4시, 그때까지 시간을 어떻게 활용할 것인지 행복한 고민을 해보아야 한다. 그 시간을 수다로 보내기에는 시간이 너무 아깝다. 물론 잘 모르는 세부에 대해 알기 위해서 친목 또한 필요하지만 친목이 너무 지나치면 시간 허비가 될 수 있기 때문에 그런 점을 유의해야 한다. 수다의 맛에 빠지면 나중에는 아이들도 뒷전이 될 수 있다. 많은 말속에서 불화의 원인 또한 도사리고 있기 때문에 적당한 선을 유지하고 황금 같은 시간을 실속 있게 챙겨야 한다.

사업을 하는 엄마들도 있다. 세부에 사업을 하기 위해 들어온 엄마들이다. 물론 아이들도 어리다면 겸사겸사해서 세부살이를 결정했을 것이다. 세부에 엄마들 뿐 아니라 교민으로서 사업을 하는 사람들이 굉장히 많다. 교민들의 수가 늘어나면서 다 필요한 업체들이 들어선 것이다. 사업하는 엄마들이 있는 가하면 오로지 아이들을 위해서 온 엄마들도 많다. 그런 엄마들일 경우 이 시간을 미래를 위해서 좀 더 준비하는 기간으로 보내면 어떨까 하는 생각을 해보았다. 사업하는 엄마들이 돈도 벌고 색다른 경험을 쌓기 위해 세부살이를 한다면 아이의 공부를 위해서 온 엄마들은 돈 대신 자신을 위해 다른 무엇인가를 얻는 시간으로도 세부살이 시간을 활용하면 좋겠다.

아이의 인생도 중요하지만 엄마의 인생도 중요하다. 둘 중 어느 한쪽이 불행하다면 결국 두 쪽 다 불행해질 수 있기 때문이다. 아이를 현지학교에 보낸 이유는 여러 가지 이유가 있다. 그 중에서 가장 중요하게 생각하는 것은 언어와 다양한 문화의 체험과 다양성을 수용하는 사고방식의 습득을 위함이다. 아이들은 일단 학교에 보내놓으면 그런 소기의 목적은 자연스럽게 이루어진다. 옆에서 학교생활만 잘 할 수 있도록 도와주면 된다. 그렇게 아이의 인생을 챙겼다면 이제는 엄마의 인생을 챙길 때이다. 아이의 인생만큼 엄마의 인생도 중요하다. 오로지 아이의 인생만을 위해 엄마의 인생을 희생해서는 안 된다.

세부에 마땅히 할 만한 것이 많지 않다. 무엇을 배우려고 해도 배울 수 있는 곳이 마땅히 없다. 한국처럼 배울 곳이 늘려있지 않다. 학원들도 대부분 아이들을 대상으로 한다. 성인을 대상으로 한 학원이 많지 않다. 엄마들은 집에서 할 수 있는 일을 찾으면 좋다. 그래서 나는 세부에 올 엄마들에게 이야기하고 싶다. 한국에서 관심 있는 특정분야에 대해 어느 정도 기술을 배워 오는 것이다. 재료가 특별히 필요하지 않은 일이면 좋다. 외국이다 보니 특정분야의 재료를 구하기가 편하지 않기 때문이다. 예를 들어 예쁜 글씨 쓰기나 아니면 책 쓰기가 이에 해당된다. 한국에서 하는 방법을 알아 와서 세부에 와서는 그 기술을 계속 연마하는 것이다. 무슨 일이든 방법을 알아도 그것이 완전히 내 것이 되기 위해 시간이 필요하기 때문이다.

특정 분야의 기술을 배워 와서 세부 있는 시간 동안 몸에 숙달하는 것이다. 그렇게 세부에서 시간을 보내면 그 분야에서는 고수가 될 수 있다. 아이들이 학교간 사이 약간의 친목도모의 시간외에 집에서 그 기술을 몸에 익숙하게 하는 것이다. 나는 이것이 엄마들이 세부에서의 시간을 가장 잘 보내는 방법이라고 생각한다. 물가 저렴한 필리핀이지만 집세가 있기 때문에 한국의 생활비에 비해 저렴하지 않는데, 외출을 자제하면 쓸데없는 소비를 줄일 수 있어 또한 경제적이다. 무엇보다 자신이 관심 있는 분야이기 때문에 지루하지 않고 재미나게 시간을 보낼 수 있다. 그러면서 실력을 쌓아 한국에 나가서는 얼마든지 그 기술을 활용할 수도 있다. 이것이 인생 2막과도 연결된다.

　인생2막 준비는 누구에게나 해당된다. 직장을 다니는 사람이나 현재 직장을 다니지 않고 있는 사람이나 다 해당이 된다. 항상 인생 2막은 있게 마련이다. 계획과 준비 없이 멋진 인생2막은 찾아오지 않는다. 자신의 적성에 맞아 만족감과 행복감을 줄 수 있는 일을 찾아라. 세부살이하면서 그것을 준비하는 것이다. 나는 두 번째, 세 번째 원고를 쓰기 위해 이 시간을 활용한다. 한국에서보다 더 집중도 있게 원고를 쓸 수 있다. 왜냐하면 주변이 거의 외국사람이고 영어가 서툴러 여자들이 잘하는 수다도 못한다. 오로지 원고쓰기에 집중할 수 있다. 자신의 의지에 의해 그 무엇이라도 집중도 있게 할 수 있다. 한국에서 하고 싶었으나 못했던 것, 평생 이것만은 꼭 해보고 싶다거나, 마음 한 편에 묻어둔 귀중한 소망이 있을 것이다. 그것을 끄집어내고 심사숙고해서 그것을 현실로 들어내기 위해 이제 공을 들일 수 있다. 그렇게 세부 사는 동안 인생2막을 준비하는 것이다. 어느 곳에서보다 집중도 있게 그것을 나의 일부로 만들 수 있다. 세부살이, 엄마들에게 자신의 꿈을 달성하는 멋진 인생 2막을 준비하는데 기가 막힌 시간이 될 것이다.

세부살이, 책 쓰기에 도전해라

나는 세부에서도 책을 쓴다. 더 열심히 쓴다. 한국에 비해 오히려 글쓰기 좋은 환경이다. 주변에 아는 사람도 거의 없고 갈 만한 곳도 없다. 영어도 서툴기 때문에 마음편안하게 할 수 있는 일이 책 쓰기이다. 오늘까지 이 곳 세부에 살면서 초고 몇 개를 완성했다. 지금도 계속 쓰고 있다. 초고 쓰기가 일상이 되었다. 1꼭지 1꼭지 써나가면서 완전 나의 삶의 일부가 되도록 하기 위해 하루도 그러지 않겠다고 다짐했다. 책을 7권정도 내야 겨우 책 쓰는 것이 편안해졌다는 어느 기성작가의 이야기가 내 마음 속에 남아 있다.

'그래, 나는 개인저서 아직 1권이야, 책 쓰기가 나의 자연스런 생활이 되고 쓰는 것이 편안해지려면 매일 써야 한다.'

이렇게 결심하고 오늘도 나는 꼭지 글을 쓰고 있다.

나는 매일 쓸 꼭지 글 목표가 있다. 하루 2개의 꼭지 글을 쓴다, 란 생각을 가지고 있다. 한 권의 책은 40개의 꼭지 제목들이 모여서 이루어진다. 즉, 목차가 40개의 꼭지 제목을 가진다는 것이다. 이 숫자는 작가에 따라 다양하게 조절한다. 제목 없이 그냥 써내려 갈 수도 있다. 기성작가들 중에는 목차 없이 그냥 써내려가는 사람도 있다. 하지만 경험상 목차가 있고, 꼭지제목을 정해 두고 쓰는 것이 전체적으로 맥이 일관되게 쓸 수 있다. 독자입장에서도 읽기 쉽고 이해하기 쉬워진다. 그래서 나는 먼저 목차를 만들고, 꼭지제목 정한 상태에서 쓰고 있다. 40개의 꼭지제목을 다 쓰면 한 권의 책이 되는데, 처음에는 하루에 1꼭지씩 쓴다. 내가 쓰는 주제에 대해 익숙해지는 시간이 필요하기 때문이다. 그리고 필요할 때는 책도 읽으면서 쓰기 때문에 처음에는 하루 1꼭지를 목표치로 둔다. 그러다가 좀 익숙해지고 주제에 자신감이 생길 때쯤 속도를 낸다. 하루 2꼭지씩 쓰는 것을 목표로 한다.

하루 2꼭지 목표 달성을 위해 나는 새벽시간을 활용한다. 처음 새벽에 일어나기 시작한 것은 책을 읽기 위해서였다. 워킹 맘으로서 책을 한 페이지 읽는 것조차 여유 시간이 나지 않았다. 그래서 피곤한 저녁에는 될 수 있으면 일찍 자고 새벽시간을 활용해야 한다는 당연한 결과를 인지하게 되었다. 그 때 이후 새벽수영 등록을 통해서 먼저 새벽기상을 습관화했고, 이른 새벽 몰입독서를 통해 책을 쓰고 싶은 마음이 생기면서 책도 쓰게 되었다. 그리고 지금은 새벽시간에 새벽 독서와 새벽 책 쓰기를 함께 하고 있다. 이것은 인생의 보물이다. 황금 알을 낳는 시스템, 새벽기상, 새벽독서, 새벽 책 쓰기는 나의 삶을 변화시켰다. 그 누구라도 이런 시스템을 인생에 접목하면 메신저의 삶을 살 수 있다고 생각한다. 그렇게 나는 새벽에 일어나 최소 1꼭지씩을 쓴다.

간혹 새벽에 늦게 일어 날 때도 독서시간은 줄이고 꼭지 글은 쓴다. 지금 내가 쓰고 있는 글은 세부에 대한 이야기이다. 가제목을 '유학을 거치지 않고 좌충우돌 세부 정착 이야기'라고 정했다. 나의 필리핀 세부 정착이야기이다. 좌충우돌, 그야말로 맨땅에 헤딩하는 심정으로 세부에 와서 어떻게 세부에 정착했는지, 정착하기 위해 꼭 챙겨야 할 것은 무엇인지, 기타……, 다양한 소주제를 정해서 쓰고 있다. 이 글쓰기도 거의 막바지단계이다. 이틀 뒤에는 초고 완성 날이 될 것이다. 오늘 목표치 2개 꼭지를 쓰면 완성이다. 오늘 새벽기상도 조금 늦었다. 경험상 4시에 기상하면 새벽에 여유롭게 한 개의 꼭지를 쓸 수 있다. 하지만 5시 넘어서 기상하면 아침에 해야 할 일, 즉 기본적인 일들을 하고 책상에 앉으면 대략 1시간정도 지난다.

오늘은 새벽 6시에 책상에 앉았다. 책상에 앉으면 제일 먼저 하는 일이 노트에 시간대별 할 일을 적는다. 아이들을 깨우는 7시까지 한 시간정도 가용할 시간이 주어졌다. 시간이 없는 관계로 독서시간은 단 5분만 읽는 것으로 계획했다. 그리고 아침마다 읽는 책을 펼쳤다. 그리고 책을 읽고 감동받았거나 머리에 저장할 문구를 먼저 사진 찍는다. 이 사진은 블로그 포스팅을 위한 사진이다. 그렇게 5분 동안 그 작업을 한다. 그리고 오늘 쓸 꼭지 글을 쓴다.

글을 쓰다 보면 자연스럽게 집중이 된다. 그래서 1시간이 1분처럼 지나간다. 특히 새벽 글쓰기는 몰입이 잘 되기 때문에 1시간 만에 A4 2장을 채우기도 한다. 오늘은 집중할 시간이 1시간밖에 안되어서 아쉽다. 새벽에 몇 시에 일어나느냐에 따라 나의 몰입시간이 결정된다. 몰입시간을 늘리고 싶으면 새벽에 좀 더 일찍 일어나면 된다. 행복감과 만족감을 주는 그 몰입의 시간을 내일에는 좀 더 가져야 겠다, 라는 생각을 한다.

세부에 있는 엄마들이 가장 가치 있는 일 중의 하나는 책 쓰는 것이다. 평생 버킷리스트이기도 한 책 쓰기, 마음먹기에 달렸다. 스스로 한계를 짓지 않는다면 할 수 있다. 《하루 한권 독서법》 원고를 쓰기 전까지 나도 일기도 제대로 안 쓰던 사람이었다. 방법을 배우고 혼자서 고민하면서 쓰다 보니 한 꼭지 한 꼭지 모여서 한 권의 책의 분량을 쓰게 되었다. 처음 쓰는 한 꼭지가 가장 어렵다. 어려울 뿐이지 불가능한 것은 아니다. 책 쓰기가 불가능할 때는 딱 한 가지 경우뿐이다. 스스로 나는 책 쓰기 못해, 책 쓰는 것 아무나 하나, 라고 자신의 마음에 불가능을 입력하는 것이다. 그럴 상황에서는 책 쓰기 고수 할아버지가 와서 24시간 붙어 가르쳐 주어도 그 사람은 책 쓰기 어려워진다. 마음부터 바꾸어야 합니다.

세부에 있는 엄마들이 책을 써야 하는 이유는 여러 가지가 있다. 첫째는 세부살이, 아주 특별한 경험이다. 세부 유학원을 통한 어학연수경험의 글들은 많다. 하지만 어학원 말고 실제 세부 살면서 정착한 이야기나 세부 소소한 일상을 다룬 생활 이야기는 거의 없다. 세부의 다양한 사고와 경험을 책으로 남긴다면 세부살이를 하고자 하는 사람들에게 정말 요긴한 정보와 지식이 될 것이다. 둘째는 책을 쓰는 것이 경제적이다. 세부에서 특별히 갈만한 곳이 많지 않다. 가는 곳이라고는 몰이다. 몰에는 많은 물건들이 즐비하게 전시되어 있다. '견물생심'이라고 물건을 보면 굳이 필요하지 않을 물건들도 사게 된다. 그러면서 쓸데없는 물건을 사는 낭비가 일어난다. 하지만 책을 쓴다면 쓸데없이 시간 버리고 돈 버리고 에너지까지 낭비할 일이 줄어든다. 결국 경제적 손실도 줄일 수 있다. 셋째, 많은 시간을 지루하지 않게 보낼 수 있다. 아이들이 학교에서 돌아오는 시간은 4시쯤, 그때까지 8시간의 시간이 주어진다. 그 긴 시간을 무엇을 하고 지내야 할지 고민하지 않아도 된다. 세부에서 일을 하는 엄마들이 아니면 긴 시간을 어떻게 보낼지도 고민일 때가 있기 때문이다.

책을 쓰면 지루할 틈이 없다. 몰입의 행복감도 느낄 수 있다. 아이들은 학교에서 영어에 푹 빠지고 색다른 경험을 하는 동안 엄마는 집에서 책을 쓰는 것이다. 알찬 시간을 보낸다고 할 수 있다.

책 쓰는 방법과 기술은 간단하다. 그 간단한 기술을 오랜 시간 내 몸이 흡수하도록 익히는 것이 관건이다. 책 쓸 때 우선 자신의 관심 주제를 정하고 가제목을 정한다. 제목이 있어야 목차를 만들 수 있기 때문에 가제목은 반드시 만들고 들어가는 것이 좋다. 가제목이 콘셉트가 된다. 콘셉트이면서 타깃독자도 정해진다. 모든 사람을 만족시키는 책은 한 사람도 만족시키지 못한 책이 될 가능성이 높다. 그래서 단 한 명이라도 좋으니 나의 이야기를 들려줄 대상을 정하는 것이다. 그리고 목차를 만든다. 책 쓰기 방법에 대한 책은 시중에도 많이 나와 있기 때문에 책 한권을 구매해서 계속 반복해서 읽으면 책 쓰는 데 도움이 많이 된다.

세부 엄마들이 책을 출간하게 되면 인생에 어떤 변화가 있을 지 생각해보자. 어떤 책이든 일단 출간을 하면 그 분야전문가로 인정받는다. 그래서 세부 생활 전문가로서 인정을 받게 된다. 또한 세부살이를 하고 싶은 사람들로부터 강연요청이 들어올 수 있다. 한국에서의 요청이라면 당장은 힘들겠지만 한국에 한 번씩 들어갈 때 해도 되고, 또 완전 복귀해서 해도 된다. 책은 하루아침에 사라지는 것이 아니기 때문에 가능하다. 그리고 한 권의 책이 마중물의 역할을 하게 된다. 한 권이 두 권이 되고 세 권 계속 쓰게 된다. 또한 세부살이에 대한 컨설팅을 받을 수 있다. 한국에서 당신의 책을 읽은 사람이라면 세부에 오기 전이나 오고 난 후에도 컨설팅 요청을 할 수 있다. 그렇게 되면 메신저로서의 삶을 살게 된다. 브렌드 버처드의 《백만장자 메신저》를 보면 메신저가 무엇이며 역할, 앞으로 더 각광받을 직업의 일종이 된다는 것을 알 수 있다.

　세부에서 엄마들이 하는 일로서 최고라고 말할 수 있는 것은 책 쓰기이다. 책 쓰기의 여러 장점들이 많다. 특별한 해외 살이의 경험과 노하우를 책으로 남길 수 있다. 아니, 나는 세부에 오는 유능한 엄마들이 세부에 대한 다양한 이야기들을 책으로 써야 한다고 강조하고 싶다. 책을 쓰면 자신의 삶도 바뀔 수 있다. 세부의 삶 이후 한국에서의 삶도 바뀐다. 주변에 책을 쓰고 자신의 삶의 역할과 직업이 바뀐 사람은 쉽게 찾아볼 수 있다. 책은 한 권으로 끝나지 않는다. 처음이 어렵지 첫 출간 이후에는 계속 책을 쓰게 되고, 출간을 하게 되는 것이 일반적이다. 아이들의 인생만 중요한 것이 아니다. 엄마들의 인생도 중요하다. 아이들 때문에 세부를 왔지만 엄마의 인생도 세부에서 다시 찾을 수 있다. 세부에서 책 쓰기로 엄마의 멋진 인생을 제대로 챙기자. 마음의 한계를 걷어내라. 세부살이에서 엄마들이 해야 하는 일, 책 쓰기에 도전하기를 응원한다.

세부살이, 얻는 것이 더 많다

　나이가 들수록 낯선 환경 적응력이 떨어진다. 오감각기능이 약해지고 회복 탄력성도 떨어진다. 교사들은 주기적으로 이동을 한다. 한 학교에서 최대 5년을 있을 수 있다. 유예를 하면 1년 더 있을 수 있다. 정년이 다가오는 시점에서는 정년까지 계속 있을 수 있지만 그 외의 경우, 한 학교에 최대 있을 수 있는 기간이 유예까지 해서 6년이다. 나이가 들수록 이동하기를 꺼리게 된다. 왜냐하면 새로운 학교, 새로운 환경에 적응해야 하기 때문이다. 더군다나 보건교사의 업무는 학교에 따라 조금씩 차이가 있다. 이렇듯 학교마다 다른 업무환경에 적응하는데 부담을 느끼게 된다. 환경적응에 대한 부담이 없는 사람이 없겠지만 나이가 들면 적응하는데 더 많은 시간과 에너지가 소모된다.

　누구나 새로운 환경에 대한 무의식적 거부감을 가지고 있다. 젊었거나 나이 들었거나 새로운 환경은 괜히 싫어진다. 아주 사소한 것에서도 새로운 시도를 어려워한다. 운전을 할 때 나는 가던 길만 간다. 식당도 맛있었던 기억이 있는 곳을 찾는다. 지극히 작은 일이지만 자연스럽게 가던 길, 가던 식당을 찾게 된다. 특히 식당 같은 경우 음식 맛이 없을 경우 가장 화가 난다. 돈 낭비, 시간 낭비에다가 맛 없는 것이 아까워서 억지로 먹어야 하는 스트레스 또한 크다.

한번은 세부에서 처음으로 김치 배달을 시켰었다. 원래 사먹는 마트가 있었다. 하지만 교민 카톡방에서 광고를 보고 주문을 했다. 사진에는 배추김치, 총각김치, 파김치 등 정말 군침 돌 정도로 먹음직스럽고 맛깔스럽게 보였다. 기대감을 가지고 주문을 했으나 먹어 본 결과 얼마 되지 않는 돈이지만 아깝다는 생각을 하게 되었다. 의아할 정도로 맛이 없었다. 그 김치 한 달이 지나도 양이 줄지 않는다. 맛없는 김치는 찌개를 끓여도 맛이 없다는 말이 생각나서 버리기는 아깝고 해서 그냥 냉장고에 넣어뒀다. 냉장고 자리만 차지하고 있다. 그나마 다행이라고 생각하는 것은 그래도 처음 주문하는 것이라 적게 주문했다는 것이다.

새로운 것을 하는 것이 두렵지만 아무것도 하지 않으면 얻는 것도 없다. 실패하는 것이 두렵고 새로운 것에 적응하는 것이 두려워 시도 조차하지 않는다면 그 삶은 정말 무미건조한 삶이 될 것이다. 비록 실패하더라도, 비록 적응하는데 몸살이 날 정도로 힘이 들지라도 그렇게 해보자. 삶이 풍성해진다. 만약 실패가 있더라도 그것은 영원한 실패가 아니다. 새로운 환경 적응이 있음으로 나는 발전한다. 내가 경험한 만큼 나의 지혜가 되고 지식이 된다. 아이들은 또 무슨 죄인가? 나 같은 소극적인 부모만나 넓은 세상을 한 번 보지 못하고 태어난 곳에서 나처럼 그렇게, 우물 안 개구리처럼 살아야 하겠는가?

부모가 되어보니, 자식을 위해서 도전을 해야겠다는 생각을 하게 된다. 자식은 부모의 뒷모습을 보고 배운다고 했다. 말로 가르쳐야만 배우는 것이 아니다. 말이 없더라도 부모의 행동을 보고 자식들은 무의식적으로 따라한다. 삶의 도전 없이 직장에서 집으로만 왔다 갔다 하며 살면 자식도 부모처럼 어른이 되어 그렇게 재미없이 살지도 모른다. 세상은 넓고 할일은 많다, 라는 말도 있다. 넓은 세상을 봐야한다. 젊은 시절 못 봤다면 자식을 위해서라도 넓은 세상으로 나가보자. 아니, 자식을 핑계 삼아 나의 삶에 새로운 세상을 선물로 안겨주자. 사실 나도 아이들이 아니면 세부살이를 시작하지 못했을 것이다. 자식 앞에서 부모는 강해진다는 것이 맞다. 아이들이 있었기 때문에 세부살이를 강행할 수 있었다.

남들이 다하는 해외살이, 나에게는 어려웠다. 왜 그렇게 어려웠을까? 일단은 용기가 안 났다. 두려웠다. 사소한 것에서도 실패를 두려워했던 나였기에 감히 해외라니, 엄두를 내지 못할 일이다. 틀에 박힌 조직생활을 20년 이상하다보니, 나의 사고도 틀에 박힌 것을 추구하게 되었다. 틀에 박힌 환경이 아니면 두려워졌다. 직업병이랄 수 있을까? 공무원 생활 대학 이후 20년 넘게 하면서 그렇게 되었다. 공무원에 적합한 사고로 나를 만들었기에 지금까지 공무원 생활을 할 수 있었던 거다. 조직문화에 익숙한 사고의 틀은 직장 생활하는 데는 유용하다. 하지만 직장 밖에서는 그것으로 인해 새로운 사고, 새로운 환경에 주눅 들고 더 두려워했다. 잘 적응할까하는 걱정도 많다. 자유로운 직업을 가진 사람들은 이렇게까지 경직되지는 않을 것이다. 나는 가끔 그들의 사고가 부러울 때도 있다.

직장생활을 하면서 쌓인 그 동안의 조직적이고 다소 경직된 사고를 조금씩 풀어주자. 직장생활, 조직생활을 하면서 나 자신도 모르게 사고가 경직되었다. 상상력은 오히려 직장생활을 하는데 방해 요소가 되었다. 틀을 벗어나지 않는 최소한의 상상력으로 주어진 업무를 하다 보니, 삶의 패턴, 사고의 패턴도 그렇게 변화되었다. 하지만 이제는 서서히 바꾸어야 한다. 직장을 떠나면 이제 그 동안 못했던 것들을 하면서 자유롭게 살아야 한다. 퇴사 전에 나의 몸과 마음을 새롭게 세팅한다는 의미로 해외 살이는 의미 있는 시간이 된다.

나는 세부살이가 나의 삶에 있어서 어떤 의미가 있을지 생각해보았다. 우선 나의 가장 소중한 보물인 아이들, 그 아이들은 세부에 있으면서 어떤 것을 얻을 것인가?

아이들은 현재 초등학교 4학년, 3학년이다. 알파벳도 모르고 이 곳 세부시티 옆, 막탄에 왔다. 한 학년이 2반 정도 있고, 유치원에서 고등학교 과정까지 있는 이 곳 학교에서 잘 지내고 있다. 1년이 지났다. 아직 아이들의 변화가 두드러지지는 않지만 분명히 변화는 있다. 다만, 간혹 수홍이는 "엄마, 아이들, 선생님 말을 대충 알아듣겠어." 라고 이야기한다. 영어가 생활 언어로는 많이 익숙해진 듯하다. 그리고 작은아이는 이렇게 이야기한다. "엄마, ○○ 선생님은 완전 여자 같아, 그래도 아주 좋으셔~!" 이 곳 세부는 성 소수자, 즉, 게이나 레즈비언이 많다. 자신의 성정체성을 숨기지 않는다. 그리고 그들은 정상적인 직장을 가지고 있는 경우가 많다. 정아는 남자이지만 여자 같은 선생님도 이상한 것이 아니라 한 개인으로서 받아들이게 된다. 성 소수자도 평범한 한 인간이라는 것을 알게 되는 것이다.

이 곳 세부는 아이들에게 특별한 경험을 할 수 있는 시간이 된다. 일단은 영어가 공부의 대상이 아니라 생활 언어의 수단이란 것을 인식하게 된 것에 의미를 두고 싶다. 우리 세대는 영어가 공부의 대상이었다. 단어와 문법을 외우고 시험을 봐서 점수가 잘 나오면 영어 잘하는 사람이 되었다. 하지만 시험 없는 사립학교를 입학한 우리 아이들은 영어를 공부가 아닌 의사소통을 위한 것으로 인식한다. 한국말처럼 의사소통을 위해 필요하다는 것을 알게 되었다는 점이 중요하다. 또한 다양한 문화를 받아들이게 되는 경험도 빼놓을 수 없다. 나중에 아이들이 컸을 때 이런 색다른 체험이 사는데 좋은 영향을 미칠 것이라 기대한다. 먼 훗날 시간이 지나 아이들이 어른이 되었을 때 세부살이를 좋은 추억으로 인식할 수 있을 것이다.

그리고 외국에 대한 체험을 통해서 외국도 우리나라와 같이 평범한 사람들이 사는 평범한 이웃이란 것을 알게 된다. 실제 외국에 살면서 자연스럽게 느끼게 된다. 그러면서 외국에 대한 두려움, 외국 사람에 대한 거리감이 줄어든다. 물론 필리핀 사람뿐 아니라 그 외 다른 나라 사람들에 대해서도 자연스럽게 받아들이게 된다. 성장 후에는 외국에 대한 사고의 한계 없이 한국적인 시각이 아니라 세계적인 시각을 가지게 되리라 기대한다. 그런 사고가 아이들의 삶에도 좋은 영향을 끼칠 것이다.

도전하는데 나이가 따로 있지 않다. 오히려 나는 50대에도 뭔가를 시도하라고 이야기하고 싶다. 물론 한 살이라도 젊어서 하는 것도 좋지만 50대일수록 더욱 도전하기를 권한다. 젊은 사람에 비해 신체적 기능이 다소 떨어질지라도 정신적으로는 삶의 경륜이라는 것이 있어 더 강할 수 있다. 그래서 충분히 도전하고 멋지게 이루어낼 수 있다. 40대 후반, 50대가 세부살이 하기에 최고의 시기이다. 앞으로 여생은 이 시기를 어떻게 사느냐에 따라 결정된다. 더 많이 경험하고 더 많이 생각하면서 삶에 대한 확실한 목표를 세워라. 만약 자신만의 소박한 사업을 하고 싶더라도 이때 실행을 해야 한다. 사춘기시절 어느 대학에 갈 것인지 어떻게 삶을 살아야 할 것인지 고민하듯이, 50대에 나 자신에 대해, 인생에 대해 고민을 해보자. 그렇지 않으면 사는 대로 생각 없이 살다가 허무한 시간을 맞게 된다.

세부살이 과감히 도전해라, 잃는 것보다 얻는 것이 많다. 아이들은 아이들

대로 학교에서 영어에 푹 빠지는 생활을 한다. 다른 사고, 다른 생활, 다른 문화를 느끼면서 좁은 사고에서 벗어날 수 있다. 잠재적 교육으로 부차적 이득도 있다. 이런 영향은 어린 아이의 뇌에 각인되어 성장한 이후에도 계속 유지된다.

엄마들은 자신만의 시간을 넉넉히 가질 수 있다. 그 넉넉한 시간을 자신의 재능을 찾고 키우는 시간으로 만들어 제 2의 삶을 준비하는 시간이 될 수 있다. 작은 것부터 하나하나 만들어 갈 수 있다. 아이들은 넓은 시각과 영어 능력 획득, 엄마들은 타고난 재능을 살려 제2의 인생 준비가 가능한 세부살이, 120% 남는 장사이다.